京津冀一体化问题研究

王旭东　主编

中国财富出版社

图书在版编目（CIP）数据

京津冀一体化问题研究 / 王旭东主编. —北京：中国财富出版社，2015.11

ISBN 978-7-5047-5386-1

Ⅰ.①京… Ⅱ.①王… Ⅲ.①区域经济一体化—研究—华北地区 Ⅳ.①F127.2

中国版本图书馆 CIP 数据核字（2015）第 279069 号

策划编辑 张 茜 **责任编辑** 沈兴龙 徐 宁
责任印制 方朋远 **责任校对** 杨小静 **责任发行** 斯 琴

出版发行 中国财富出版社
社　　址 北京市丰台区南四环西路 188 号 5 区 20 楼 **邮政编码** 100070
电　　话 010-52227568（发行部） 010-52227588 转 307（总编室）
010-68589540（读者服务部） 010-52227588 转 305（质检部）
网　　址 http：//www.cfpress.com.cn
经　　销 新华书店
印　　刷 北京京都六环印刷厂
书　　号 ISBN 978-7-5047-5386-1/F·2511
开　　本 710mm×1000mm 1/16 **版　　次** 2015 年 11 月第 1 版
印　　张 17 **印　　次** 2015 年 11 月第 1 次印刷
字　　数 287 千字 **定　　价** 42.00元

版权所有·侵权必究·印装差错·负责调换

以物流一体化为先导推动京津冀协同发展

——在第八届中国北京流通现代化论坛上的讲话

王旭东

（代序一）

尊敬的各位来宾，老师们、同学们：

大家上午好！

首先，请允许我代表北京物资学院，向莅临学校、出席第八届中国北京流通现代化论坛暨推进京津冀物流一体化发展高峰会议的各位领导、各位专家、各位企业界的朋友、新闻媒体的朋友表示最热烈的欢迎和最诚挚的谢意！

2014 年 2 月 26 日，习近平总书记在听取京津冀协同发展专题汇报后的重要讲话中提出："优势互补、互利共赢、扎实推进，努力实现京津冀一体化发展。"京津冀协同发展上升为重大国家战略。现代物流业是国民经济的基础性、先导性产业，对国民经济的运行和发展起着重要支撑作用，京津冀物流一体化发展是京津冀协同发展战略的重要内容。在这样的背景下，北京物资学院在京津冀三地物流协会和院校专家的支持下成立了京津冀物流一体化研究中心，并于 7 月召开了第一次专题论坛。

由中国市场学会、中国物流与采购联合会和北京物资学院共同主办的中国北京流通现代化论坛，经过 7 年的发展，已经成为中国流通领域决策咨询、理论探讨和交流、企业经营沟通对话的高峰论坛。本届论坛，在河北省现代物流协会、天津市现代物流协会、北京市物流协会协办下，以"京津冀物流一体化发展"为主题，共同探讨京津冀物流一体化如何进行顶层设计，在京津冀物流一体化中基础设施规划一体化及交通先行问题，如何实现京津冀物流政策环境一体化及统一物流市场建设，如何发挥好京津冀物流的纽带作用，通过加强流通领域信息化、自动化、标准化技术的研发和应用，支持京津冀企业信息化改造和综合公共信息平台建设，京津冀的电子商务物流配送体系建设及发展好电子商务服务业，解决好首都“城市病”与京津冀协同发展等问题。通过专家学者对这些问题的深入探讨，旨在推动京津冀协同发展过程中物流一体化的理论与实践，通过交流观点、总结经验、凝集共识、探讨对策等为政府决策和行业发展提供指导与参考。

京津冀地区区位条件优越，产业和人力资源积累丰富，市场广阔，发展潜力巨大，把京津冀地区打造成继“珠三角”和“长三角”之后我国经济的“第三增长极”，实现区域经济总量做大、实力做强，不仅是实现京津冀协同发展的根本所在，而且对推动我国经济可持续较快发展具有重大战略意义。

经济协同发展，物流是支撑。京津冀三地物流发展各有特点、各有所长，需相互合作、优势互补。物流一体化是物流顺畅发展的基础条件，物流不可能在某一个特定区域之内孤立发展，物流活动的范围越大，物流发展的效益才会越高。打破行政区划的界限，引导物流资源跨区域整合和优化配置，实现京津冀物流协同发展，逐步形成区域一体化的物流服务格局，不仅是现代物流业发展的客观需要，也是京津冀广大物流企业的共同期盼。

当前，推动京津冀物流一体化，加强顶层设计，加强三地协同，加强错位发展和功能分工，尤为重要。京津冀物流一体化合作过程中既要重视硬件也要重视软件。物流的一体化既可以在设施层面去考虑，这是产业发展的基础；也可以在产业运作的层面去认识，使供应链的协同运作；还可以从产业发展的环境层面去把握，这就是政策的协同和规则的协同。

在京津冀物流一体化实现路径上，要多维度、多层面考虑，包括政府层面、行业协会层面、企业层面和科研院所层面；既要关注基础设施的对接，也要关心信息的互联互通，同时还要关心市场规则、政府政策的互联互通。

作为我国唯一一所以物流和流通为特色的高等院校，北京物资学院具有较深厚的行业背景，在物流基础理论、现代物流技术和物流产业规划等方面拥有较丰富的专家资源和科研成果。我们期望，也很有信心，在大家的鼎力支持下，学校能够为推进京津冀物流一体化发展发挥应有的作用，做出应有的贡献。

预祝本次论坛圆满成功。祝各位嘉宾身体健康，工作顺利。

谢谢大家！

政产学研共同推进京津冀物流一体化

——在第八届中国北京流通现代化论坛上的讲话

李石柱

（代序二）

各位嘉宾，老师们，同学们：

大家好！

党的十八届三中全会以来，以习近平为总书记的党中央高度重视京津冀协同发展，并做过多次重要批示。京津冀经济一体化协同发展已上升为国家重大战略，在这一大背景下，为贯彻落实这一重大战略，做好京津冀协同发展的理论和政策研究，探讨京津冀物流一体化协同发展的理论和实践问题，就显得尤为重要。

中国市场学会卢中原会长就京津冀一体化中的物流现代化提出了四个关注点，即关注产业关联、关注技术关联、关注组织关联、关注政策空间。在关注产业关联中，强调了要按照专业化和市场化的要求去促进产业重组，也就是要发挥市场在资源配置中的决定性作用。其中，在关注技术关联中，提醒我们要注意我们现在创新有三条线索：一是制造业的总承商，叫系统集成商，从上游往下游扩散，形成瀑布效应；二是终端零售商引领着倒推，向上游技术创新，如沃尔玛就提出了自己的品牌，提出自己的标准，发包给生产商；三是服务业，包括金融和设计研发等，由服务业，特别是为现代生产提供服务的服务业正在引领技术创新，这已在国际上形成了趋势。关注组织关联，在产业关联、技术关联带来的新要求下，企业组织要发生调整。物流一体化当中要注意产业关联、技术关联带来的组织关联，实际上就是变革。

中国物流与采购联合会蔡进副会长认为要从三个方面通过内贸流通来推动整个社会经济的转型升级：第一方面是消费升级。消费升级一要集中围绕着国民素质提升来做；二要围绕全民文化素质提高来做，未来文化教育这方面的一些消费也会进一步地提升；三要围绕生活质量提高促消费升级，包括休闲、娱乐、旅游等。第二方面是要营造好国内市场需求的发展环境，营造好一个流通的环境，按照依法治国的基本理念去打造一个非常有信誉的市场流通体系，同时要加快商贸的基础设施建设。第三方面是要实现流通方式的转型升级：一是电子商务；二是物流配送；三是连锁经营。这三者的结合就构成了完整的现代流通方式。

2014 年 10 月 24 日国务院办公厅发布了《关于促进内贸流通健康发展的若干意见》，商务部流通发展管理司王选庆副司长在演讲中又进行了进一步的解读，认为现代流通业因互联网的出现发生了颠覆性的变化，从自然经济到商品经济再到市场经济，流通业的作用极为关键，只有大流通才能有大市场，互联网产业发展过程中兴起的新业态给流通业带来新的深刻的变化。同时，王副司长认为京津冀协同发展的核心和关键问题一是要联合制定京津冀物流的发展规划，分工合作，优势互补；二是要打通区域内的物流信息服务平台；三是要推进区域内物流的标准化；四是要通过大的项目来引领区域内的物流一体化。

北京市发展和改革委员会刘伯正副主任向大家阐述了京津冀协同发展作为国家重大战略的原因，还向大家介绍了京津冀协同发展的具体进展情况：交通一体化，生态环保和产业协同，这三个领域叫作三个率先突破，都各自形成了方案，三省市也形成了方案。目前北京市也成立了领导小组，公布了三个率先突破的方案，跟河北和天津签订了协议、备忘录等。从京津冀协同发展一年情况来看，在实践层面，形成了若干个可值得借鉴复制推广的模式，如亦庄的北京市经济技术开发区，以协会为主导的产业链合作模式，以首都集团为代表的，基地在外边，总部在北京。以中关村为代表的共建产业园区的模式，形成若干个模式，现在这些模式都在不断地丰富完善、总结、借鉴和推广。最后，刘副主任介绍了京津冀协同发展的具体措施，京津冀协同发展从北京来看叫疏解，津冀叫承接，但是协同发展的过程中不是经济存量经济规模的平行转移，而是共同做大增量，打造中国经济的第三增长极，构建一个开放型的经济体系；京津冀协同发展不是一朝一夕的事，这是一个过程，是大家统一思想的过程，利益协同的过程，因此，京津冀要打破一亩三分地的思维模式，要让渡权力，特别是地方政府的权利要进行有限的让渡，要注意解决相关者利益的问题。

北京市物流协会副会长兼秘书长林有来先生向大家介绍了北京地区在京津冀协同发展的几个重点领域：一是在服务开放型口岸方面继续把天津、河北的港口作为重要的出海口，北京内陆港与天津、河北港口的对接将进一步推进。二是在服务产业、产业链的运作和供应链方面，将在更高层面整合京津冀产业的发展，合理安排三地产业分工，逐步理顺京津冀产业发展链条，形成区域间的产业合理分布和上下游的联动机制。三是在服务居民生活消费和城市保障物流方面，进一步深化北京与河北供京蔬菜主产区，农业龙头企业合作，推进农产品流通产销一体化建设。在满足北京特大型消费城市需求方面，还将在建设以城市快销品物流为特色的物流园区方面开展合作。四是在物流标准化方面和信息化方面将协同发展。

国家发改委区域合作与开放研究所景朝阳所长演讲的题目是“从区域合作与开放看京津冀协同发展的问题”。提出了京津冀产业协同中面临的挑战：一是地区差异比较大；二是产业结构严重趋同；三是缺乏深层次的产业分工与协作等。因此，提出了京津冀产业协同发展的实现路径：要凸显地方产业发展特色，完善产业规划体系，健全产业协调机制，打造京津冀创新共同体，加强京津冀的要素溢出效应，健全生态补偿机制等。

专家的报告都非常精彩，获益匪浅，但对我来说主要有两点启发：

第一点启发就是我们这个论坛办对了，主题选对了。今天这个论坛既是第八届中国北京流通现代化论坛，同时也是第二届京津冀物流一体化论坛。今年上半年我们举行了第一届京津冀物流一体化论坛，并且也决定每半年举办一次京津冀物流一体化论坛，这是第二届京津冀物流一体化论坛。京津冀物流一体化论坛是由北京物资学院和京津冀三地的物流协会共同主办。通过两次论坛的举办，我们感到京津冀这样一个论坛由三地共同参与，这是非常好的机制，能够把三地的力量有机地结合起来。

第二点启发就是听完各位专家的演讲，我觉得在京津冀一体化，特别是京津冀物流一体化方面有两类决策者需要引起我们的高度关注。一类决策者就是政府，一类决策者是企业家，特别是物流方面的企业家，政府在这里面负责规划，负责重大项目的推进，负责协调等工作，他们是宏观的操盘者，企业是产业协同的具体实施者。作为学校，作为专家，作为研究者，作为高校教师，我们需要做的工作，就是要考虑如何为这两类决策者服务，如何为他们出主意想办法。因此我有两点建议：

第一点建议，专家们为我们理清了京津冀一体化的发展脉络，存在的问题，未来的方向，同时也告诉我们决策者们需要什么，哪些东西是前沿性的问题。我们作为研究者能不能抓住这里面的前沿性的问题去深入研究，还是表面化的浅尝辄止地去研究。这是给我们提出的一个很急迫的问题。现实当中这些问题已经摆在我们面前，对我们的需求也很明确，如果这个时候我们还听不出来这里的需求的话，还抓不到这里的问题的话，我觉得确实是我们的研究功力缺乏。为了支持这方面的研究《中国流通经》杂志专门设置了栏目发表这方面的研究成果，但是到目前为止高质量的论文还不多，欢迎大家深入研究投稿。为了进一步鼓励师生进行学术交流，活跃学术气氛，我们正在研究近期出台有关政策，如举办专门的学术报告会等。希望老师同学们，积极抓住这里面的问题，抓住前沿问题，深入研究。

第二点建议，就是通过我们这个论坛，引导业界认清发展的大势，自觉地进入到产业协同中去。我们还要继续举办京津冀物流一体化论坛，从下次论坛开始将会邀请更多的企业家参与到论坛中来，让他们了解物流一体化的发展方向，寻找商机，自觉地参与到产业协同里面去。同时也鼓励我们更多的学者，我们的老师们，围绕着企业在京津冀物流一体化过程当中各自的一些需要，各自提出的一些问题，积极开展研究。

谢谢大家！

目录

CONTENTS

第一部分　流通一体化

第二部分　物流一体化

第三部分　区域经济协同

第四部分　交通·生态·体育协同发展

第一部分

流通一体化

基于商业集群视角的京津冀经济一体化问题分析[①]

尹德洪[②]

摘　要：京津冀都市圈是拉动中国经济增长的重要引擎，但在经济一体化的进程中，三地政府谋求自身利益最大化的行为已经成为阻碍京津冀经济一体化进程的主要因素。究其原因，在于市场并没有在一体化进程中起到决定性作用。为此，要想实现经济一体化就必须以市场一体化为先导，通过协同发展京津冀三地商业集群，充分利用商业集群的市场配置资源作用，在此基础上为推进京津冀经济一体化打下基础。

关键词：京津冀都市圈　经济一体化　市场一体化　商业集群

一、引言

京津冀都市圈作为环渤海地区的核心区域，日益成为拉动中国经济增长的一个重要引擎。据国家统计局公布的数据显示，2012 年，京津冀都市圈 GDP（Gross Domestic Product）总量为 57261.18 亿元，约占全国 GDP 总量（519322 亿元）的 11.03%；2013 年，京津冀都市圈 GDP 总量为 62172.16 亿元，约占全国 GDP 总量（568845 亿元）的 10.93%；2014 年京津冀都市圈 GDP 总量为 66475 亿元，约占全国 GDP 总量（636463 亿元）的 10.4%。近年来，为了加快京津冀都市圈的经济发展，实现区域经济一体化，京津冀三

---

① 本文得到北京物资学院高级别项目培育项目资助。

② 尹德洪（1968—）男，江苏省连云港市人，北京物资学院经济学院副教授，经济学博士。研究方向：流通经济学理论。

地政府不断进行理论探讨：2004 年 2 月，京、津、冀地区经济发展战略研讨会在廊坊召开，三地发展与改革委员会的代表共同签署《廊坊共识》，正式确定“京津冀一体化”发展思路，并决定从易于突破的交通设施建设领域入手，渐次启动京津冀区域发展总体规划编制工作，强调产业布局的整体协调，统筹区域一体化的各项合作。2004 年 6 月，以京津冀三地为核心的环渤海合作机制建立（简称《合作框架》），并确定其总体目标：一是推动区域内的信息交流，整合经济社会资源；二是推动环渤海与国内、国际其他地区之间的经贸与合作。如果说上述两个文件还只是停留在理论层面的话，那么国家发改委于 2004 年 11 月开始调研编制的《京津冀都市圈区域规划》（以下简称《规划》），标志着京津冀三地合作开始从务虚转为务实。2011 年 3 月举行的十一届全国人大四次会议上，“推进京津冀区域经济一体化发展，打造首都经济圈”被明确写入国家“十二五”规划纲要草案，首都经济圈的规划和编制工作随之被提上议事日程。

但由于各种原因的存在，多年来《规划》的编制工作进展缓慢，始终没有出台一部最终的方案，究其原因，如何实现京津冀三地的产业定位是阻碍京津冀都市圈经济一体化的一个重要因素。正如《京津冀都市圈区域规划》所描述的那样：北京重点发展第三产业，以交通运输及邮电通信业、金融保险业、房地产业和批发零售业及餐饮业为主。同时，充分发挥大学、科研机构林立，人才高度密集的优势，与高新技术产业园区、大型企业相结合，积极发展高新产业，以发展高端服务业为主，逐步向外转移低端制造业。天津主要发展航空航天、石油化工、装备制造、电子信息、生物医药、新能源新材料、国防科技和轻工纺织等先进制造业和现代物流、现代商贸、金融保险、中介服务等现代服务业，并适当发展大运量的临港重化工业。河北省作为原材料重化工基地、现代化农业基地和重要的旅游休闲度假区域，是京津高技术产业和先进制造业研发转化及加工配套基地。此外，河北省在第一产业中着重发展农业和牧业，作为京津的“米袋子”和“菜篮子”。这样的产业定位实质上是将北京作为经济增长的中心地区，而将天津尤其是河北作为经济增长的外围地区，很显然这样的产业定位无法使天津，尤其是河北方面获得满意。

2014 年 2 月 26 日，习近平就推进京津冀协同发展提出 7 点要求；2015 年 4 月 30 日，中共中央政治局召开会议，审议通过《京津冀协同发展规划纲要》，明确提出要“加快破除体制机制障碍，推动要素市场一体化，构建京津冀协同发展的体制机制，加快公共服务一体化改革。要抓紧开展试点示范，打造若干先行先试平台”，而商业集群作为大量汇聚产品和要素的市场，打造京津冀商业集群协同发展的先行先试平台，进行试点示范，无疑对京津冀经济一体化会起到重要的作用。

二、文献综述

（一）商业集群的发展历史

商业集群现象在现实生活中随处可见，从农村的农贸市场到城市的商业街、商务中心区，再到风靡全国的如奥特莱斯这样的购物中心（Shopping Mall）。商业集群的起源可以追溯到19世纪德国经济学家屠能（Johann Heinrich von Thü nen）①。屠能在管理自己大片土地的过程中，根据自身的经验撰写出了《孤立国同农业和国民经济的关系》一书，并于1826年出版。在这本书中，屠能的本意是想说明不同产业因为运输费用的不同如何去决定一个孤立国家的土地和地租的。为此，屠能根据运输费用的大小提出了被后人称之为“屠能圈”的理论，即孤立国最终会形成一个以城市为中心，由内向外依次分布着自由式农业、林业、轮作式农业、谷草式农业、三圃式农业以及畜牧业的同心圆结。实际上，“屠能圈”就是一个以城市为中心的商业集群，在这个商业集群中聚集了蔬菜、牛奶、木材以及猪牛等商品的供给者和需求者。因此，也可以说屠能是最早研究商业集群现象的经济学家了。

后来，由于新古典经济学的出现，加上受到当时数学工具的制约，新古典经济学采用了一种极端的处理市场交易的方式——让生产者和消费者直接“见面”，通过一个假设的“拍卖人”，让生产者和消费者直接就商品买卖达成协议。在新古典经济学的意识中，市场不是空间维度中的一个实实在在存在着的交易场所，而只是一个虚无缥缈的“节点”。新古典经济学之所以会有这种想法，这与新古典经济学产生的时代分不开。新古典经济学产生于19世纪末期，当时的生产力水平相对还比较低下，需求远远大于供给，人们信奉

① 屠能并不是严格意义上的经济学家，而只是一个管理自己大片土地的大地主。

的是“供给创造自身的需求”的所谓“萨伊定律”。因此，新古典经济学忽视对空间流通的研究也就是理所当然的事情，没有了“空间维度”的概念，商业集群自然也就无从谈起。由于新古典经济学在很长一段时间内一直居于主流经济学的地位，因此，直到今天，西方主流经济学仍然继承了新古典经济学的传统，对于空间流通问题基本上抱着不屑一顾的态度，基本上不谈商业集群问题。“空间维度”一直被主流经济学家所“歧视”，究其原因无非是一提到“空间维度”就令他们联想到仍然处于“描述和绘图”研究阶段的地理学而已，有着“社会科学皇冠上的明珠”美誉的经济学怎么可能和“碌碌无为”的地理学为伍呢。

到了20世纪三四十年代，伴随着区位理论的产生，商业集群问题的研究又出现了转机。1933年，德国经济学家克里斯特勒（Walter Christaller）以德国南部城镇的空间分布为研究对象，在一系列假设条件的基础上，克里斯特勒构建了一个包括三级商品、市场和城市中心在内的空间经济，形成了一系列彼此重叠的六边形市场范围，即商业集群，克里斯特勒得出的结论是城市中心即商业集群的数量和该地区提供的商品种类负相关，中心地具有向周围地区提供中心商品的职能。另一位德国经济学家阿格斯特·廖什（August Losh）则试图根据基本原则寻找到经济体从事经济活动的最有效分布，并且根据假设，经济体最有效的分布是由完全竞争的经济自发形成的，即这些经济体都倾向于出现集中的空间分布模式，形成商业集群，产生集聚经济效应。

到了20世纪90年代，随着保罗·克鲁格曼（Paul R. Krugman）、藤田昌久（Masahisa Fujita）、蒂斯（Jacques – Francois Thisse）、维纳布尔斯（A. Venable）等著名经济学家对新经济地理学的研究不断深入，“空间维度”被纳入到了经济学的分析框架，借助于“Dixit – Stiglitz模型、冰块、演化和计算机”，他们研究了经济活动的空间集聚和区域增长集聚的动力。自此开始，可以看成对商业集群的研究开始正式进入了主流经济学的殿堂。

（二）商业集群对消费者和生产者的影响

A. Ghosh和G. Rushton（1987）在雷利零售引力法则[①]（Reilly's Law of

① 雷利零售引力法则是指“具有零售中心的两个城市，从位于它们中间的城市吸引的交易量与各自城市的人口数成正比例，而与从中间城市到各城市的距离的平方成反比”。

Retail Gravitation）的基础上，将消费者行为以及消费者的社会经济属性一并纳入到商业集群的分析框架之中，进而提出了消费行为的空间结构模型和重力模型。

Arentze、Oppewal 以及 Timmermans（2005）运用实证分析方法论证了消费者多目标购买行为与商业集群之间存在的正相关关系。

关于商业集群对商家的影响，Louis P. Bucklin 认为，当市场交易集中在某一中心形成商业集群时，商家接触到所有潜在购买者所花费的费用相对较少。

关于商业集群对消费者的影响，石原武政还对商业集聚的依存关系做了进一步的说明。石原武政认为，买卖集中原理是指许多买卖向商业者集中，买卖集中的目的是使供求双方容易相互发现并结合，但由于买卖集中原理作用而产生的业种店，不能充分应对消费者的关联购买行为①，而业种店通过形成商业集聚，作为一个整体，就可以应对消费者的关联购买行为。

三、导致京津冀经济一体化进程缓慢的原因分析

虽然自 2004 年开始，围绕京津冀都市圈经济一体化的讨论便已经开始，但时至今日京津冀都市圈一体化问题并没有取得实质上的进展，究其原因，与三地政府各自从自己的利益出发，导致三地的产业定位和目标不能统一有着巨大的关系。具体表现在以下几个方面。

第一，京津冀三地产业机构趋同问题严重，这对京津冀都市圈经济一体化进程形成了结构性阻力。由于历史的原因，京津冀三地在包括资源禀赋、区位条件以及制度建设等诸多方面都有很大的雷同性，三地在产业发展规划方面又都片面地追求“大而全”，盲目发展自己所谓的优势产业，缺少区域经济合作的精神，产业结构雷同现象的发生就是不可避免的事情了。例如，在“十一五”期间，京津冀三地都不约而同地形成了以钢铁、化工、电力、建材、汽车和重型机械为主的传统支柱产业，但三地实际上又都推出了有利于本地 GDP 增长的垄断经济政策，从长远的角度来看是不利于京津冀三地经济发展的。

① 把消费者一次购物出行购买多种商品叫做消费者的关联购买。

第二，京津冀都市圈港口建设的无序竞争。作为连接内陆经济和海外经济的关键节点，港口具有综合运输枢纽的功能，对经济发展起到了重要作用。但由于所属的行政区划不同，京津冀三地政府从自己的利益最大化角度出发，争相建设属于自己的港口，形成了“既没有分工也没有合作”的四大港口——唐山港（又细分为曹妃甸港区、京唐港区和丰南港区三个部分）、秦皇岛港、黄骅港和天津港，但由于地理位置比较接近，腹地交叉较多，各港口之间的同质化竞争异常激烈。

第三，京津冀三地竞相发展包括信息技术、生物技术、新材料技术在内的高新技术产业。《北京“十二五”规划》明确规定，“激励高新技术企业申请专利、注册商标，支持企业和产业技术联盟构建专利池”，建成“北部研发服务和高新技术产业发展带”“加速促进高新技术成果孵化转化，建设‘生态良好、产业集群、用地集约、设施配套、城乡一体’的世界领先的研发服务和高技术产业集聚区”。《天津“十二五”规划纲要》则明确天津要“构筑高端化、高质化、高新化的现代产业体系”“建设滨海高新区国家创新型科技园区，加快聚集国家级和世界知名科研机构，培育壮大国家生物医药创新园”“加强动植物细胞工程、基因工程育种技术的研究和推广，培育食味米、转基因棉花、农产品保鲜等一批高新技术产业”“构建形成京津走廊高新技术产业发展带和临海产业发展带”“优化高新技术产业布局，提升建设一批高新技术产业园区，初步建成综合性国家高技术产业基地。到 2015 年，高新技术产业增加值占全市生产总值比重达到 20%”。河北省也不甘落后，《河北省“十二五”规划纲要》则指出，河北省要“加快发展高新技术开发区等各类创新园区”“到 2015 年高新技术产业增加值占全省生产总值的比重达到 10% 以上”“以核心引领为关键大力培育战略性新兴产业。制定落实新兴产业发展规划和配套政策，加快推进保定国家新能源、邢台光伏发电、张家口和承德风力发电等产业发展，加快推进廊坊、秦皇岛等电子信息产业基地建设，加快推进石家庄高端医药产业园等项目建设，加快推进邯郸新材料、承德钒钛新材料、唐山钛材料、邢台碳材料等项目建设，力争高新技术产业增加值达到 1600 亿元、增长 25% 以上，形成新的经济增长点”，力争新增“高新技术企业 150 家”“加快培育高新技术”等新兴产业。对高新技术产业发展的渴望本身并没有错，但如果对高新技术产业的发展不考虑自身的实际情况，就有可能得不偿失。更加关键的是，如果京津冀三地没有一个统一的规划，而片面地追逐各自的高新技术产业，最终的结果恐怕是三败俱伤。

第四，京津冀对有限市场资源的争夺。在市场经济条件下，市场是经济运行的中枢，由市场来实现稀缺资源的有效配置也是市场经济运行的一般规律。京津冀经济一体化归根结底是如何提高京津冀三地稀缺资源的有效配置效率，但近年来随着生产力发展水平的不断提高，京津冀三地面临的市场资源越发显得稀缺。与此同时，由于京津冀三地分属于三个省级行政区，他们为了保护自己现有的市场资源，而不断推出具有明显地方保护主义特色的行政壁垒，使原本稀缺的市场资源变得更加稀缺，使生产要素和某些商品无法有效运转，严重阻碍了京津冀三地的经济一体化进程。

四、借助商业集群的市场一体化推进经济一体化进程

从以上分析可以看出，京津冀都市圈一体化难以推进的根本原因就在于三地基于自身利益最大化的考虑，难以统筹兼顾，导致多年来一体化进程近乎停滞。但如果单纯依靠政府的行政命令，强行要求京津冀三地按照政府要求重新进行产业布局，一方面又回到计划经济年代靠行政命令解决经济问题的老路上去了，另一方面政府的行政命令不可能至善至美，存在着政府失灵，也总会有一方或几方认为政府的决策有偏袒不公之处，不可能心悦诚服地接受政府的行政命令。最主要的是，如果政府动辄就采取行政命令的方式来干预市场也与我们一贯推行的市场经济相矛盾。

因此，要想有效缓解京津冀经济一体化的难题，我们就必须另辟蹊径，真正从市场经济的角度出发来寻找解决问题的思路，而市场经济与计划经济的根本区别就表现在市场经济是由市场来配置稀缺资源。尤其是在消费者统治[①]的社会中，生产者必须根据消费者的意愿来组织生产和提供商品，进而实现社会稀缺资源的有效配置，消费者也从中获得最大的满足。能充分体现消费者意愿平台的是市场，只有通过市场的有效竞争才能够实现物质和生产要素资源的有效率流动。而商业集群作为汇聚了大量生产者、商家和消费者在

① 消费者统治是指在一个经济社会中，消费者在商品生产这一最基本的经济问题上所起的决定性作用。

内的交易场所，无疑有助于京津冀市场一体化的率先形成，在此基础上加速京津冀经济一体化进程。

首先，商业集群能给消费者带来购物的便利性，即方便消费者关联购买。所谓关联购买是指消费者在一次购物出行购买多种商品，与关联购买相关的用语是“一站式购物”。石原武政认为，“业种店通过形成商业集群，作为一个整体，就可以应对消费者的关联购买行为了”“即使每个商业者的个别备货物分别受到业种的限制，也可以通过异业种店的邻接、备货物的互补，使集聚整体形成更丰富的备货物”。由于商业集群能够简化消费者的购买行为，进而节约交易成本，真正实现消费者统治，因此，京津冀都市圈的产业定位就应该围绕商业集群中消费者的需要进行，凡是能满足商业集群中消费者需要的产业就能够得到发展，反之则有可能被淘汰。这样，京津冀三地的企业就会自发地按照市场经济的规律来安排自己的生产，如果某地生产的商品在与其他两地生产的产品的竞争中处于劣势，那么就会自发地调整资源配置，而无须政府出面，要求企业如何进行生产。

其次，商业集群也有助于企业获取经济利润。正是由于利润的存在，才是商业集群形成的根本驱动力。在商业集群中，公共基础设施、信息共享以及政府可能提供的优惠措施等，都有可能激励京津冀三地的商业企业进入商业集群，这就会导致京津冀三地的商业企业不得不面临激烈的竞争，通过竞争真正实现优胜劣汰，这在客观上有利于京津冀三地自发调整自己的产业布局，以应对激烈的市场价值。

最后，商业集群所具有的外部经济性能够最大限度地发挥京津冀三地经济的互补性。所谓外部经济性是指生产者或消费者的一项经济活动会给社会上其他成员带来好处，但他自己却不能由此而得到补偿。此时，消费者或生产者从其活动中得到的私人利益就小于该活动所带来的社会收益。这种观点认为，“需求的外部性使顾客被某家或几家零售店（通常是商业集群中的大型店铺）吸引到商业集群，该顾客可能顺便惠顾商业集群的其他店铺并且购物，从而增加其他店铺的营业额”。京津冀三地的某些产业具有很强的互补性，如果能够借助于商业集群的外部经济性而实现三地互补经济的进一步发展，无疑是一个三赢的结果。

实际上，京津冀三地的政府也已经开始关注商业集群在促进经济一体化过程中的作用了，已经实施或计划实施的商业集群项目包括：北京的大红门服装批发市场自2009年开始，已经有部分企业和商户前往河北廊坊永清台湾工业新城内的浙商新城；北京的新发地批发市场已经部分转移到河北的涿州；北京动物园服装批发市场，将整体搬迁至河北廊坊等。到目前为止，河北已经形成以廊坊为首的京东新城商业集群，以涿州为中心的京南新城商业集群和以张家口为中心的发展绿色经济的京西新城商业集群，这些新的商业集群在京津冀都市圈经济一体化过程中正发挥着越来越重要的作用。

五、结语

为了实现京津冀经济一体化，就必须做好以下几个方面的工作。

首先，充分发挥市场机制的作用。市场机制能够实现资源的有效配置，市场经济的实质就是市场决定资源配置的经济。商业集群作为一种生命有机体，并不是僵化的“中间性组织”，商业集群的发展与生物进化之间就必然存在很多相似性，商业集群的形成是商业企业之间不断竞争的结果：集群内商业企业之间的既竞争又合作的关系，就像生物界中的“自然选择”一样，起到了优胜劣汰的作用。只有通过市场的竞争，才能实现稀缺资源的有效配置，提高整个商业集群系统的效率。在竞争的过程中，各商业企业为了尽可能避免“价格战”的出现，就会加大创新的力度，通过改善售后服务以及广告宣传等手段，来扩大自己的市场占有份额。这种因竞争而引发的“创新”，会在整个商业集群系统内迅速传播，使整个商业集群内企业的销售量在短时间内大幅增长，为集群内的商业企业创造丰厚的利润，这就会反过来使商业企业进一步加大创新的力度，进而将整个商业集群纳入良性运行的轨道。而这一切必然是建立在市场机制有效运行的基础之上的，如果没有有序的市场运行，就无法实现商业集群稀缺资源的有效配置。因此，必须充分发挥市场机制在资源配置中的决定性作用。

其次，制定有利于商业集群发展的法律法规。商业集群在厂商和消费者之间架起了一座沟通的桥梁，通过商业集群有助于降低交易成本，提高交易效率，实现交易上的规模经济，反过来又可以推动分工的进一步发展，进而实现经济的增长，但商业集群发挥作用的一个重要前提就是有一个充分竞争的环境氛围。在现实的非完全竞争的市场经济中，由于垄断、外部影响、公共物品、不完全信息的存在，会出现市场失灵，市场失灵的存在会阻碍商业集群的形成和发展。为此，必须由政府出面制定有利于商业集群发展的法律法规。作为制度主要供给者的政府，应该从宏观的角度出发制定出激励和引导、保护和协调兼顾的商业集群发展制度，有意识地在经济发展的某些阶段，在某些地区建立一些商业集群，比如商业街、商务中心区以及产业园区等。此外，政府应该强化在公共服务方面的制度建设，使所有的市场参与者能够拥有一个公平的市场竞争环境，从而降低商业集群在构建过程中的交易成本。

最后，推动京津冀商业集群协同发展。在京津冀经济一体化的大背景下，京津冀三地的商业集群也应该统筹规划，协同发展。现阶段，京津冀三地的商业集群体系基本上互不相关，彼此独立，但同时三地的商业集群之间重复建设问题又比较严重，导致京津冀三地的商业集群之间存在着较为严重的同质化竞争。因此，对于京津冀三地的商业集群发展，必须有一个清晰的整体规划，尽可能发挥三地的比较优势，做到彼此互补而不是彼此竞争。

参考文献

[1] 约翰·冯·屠能．孤立国同农业和国民经济的关系［M］．吴衡康，译．北京：商务印书馆，1997.

[2] 克里斯特勒．德国南部中心地原理［M］．常正文，王兴中，等，译．北京：商务印书馆，2010.

[3] 菲利普·麦凯恩．城市与区域经济学［M］．李寿德，蒋录全，译．上海：格致出版社，上海人民出版社，2010.

[4] 巴克林．流通渠道结构论［M］．张舒，译．北京：科学出版社，2012.

[5] 石原武政．商业组织的内部编成［M］．吴小丁，译．北京：科学出版社，2012.

[6] EDGAR M HOOVER，FRANK GIARRATANI. An Introduction To Regional Economics［M］. New York：Alfred A. Knopf，1984.

[7] FUJITA M，KRUGMAN P，VENABLES A. The Spatial Economy：Cities，

Regions and International Trade [M]. Cambridge: The MIT Press, 1999.

[8] ASHER WOLINSKY. Retail Trade Concentration due to Consumers' Imperfect Information [J]. The Bell Journal of Economics, 1983, 14 (1).

[9] EPPLI M J, J D BENJANUN. The Evolution of Shopping Center Research: A Review and Analysis [J]. The Joumal of Real Estate Research, 1994, 9 (1).

京津冀协同发展背景下的北京批发市场疏解问题研究

张　军　许海晏

摘　要：《京津冀协同发展规划纲要》中对河北的定位是全国现代商贸物流重要基地、产业转型升级试验区，对北京市的定位是全国政治中心、文化中心、国际交往中心、科技创新中心，对天津的定位是北方国际航运核心区。在过去的二十多年里，北京批发市场发展迅速，为满足人民生活需要、活跃市场发挥了重要作用，形成了新发地、动物园服装批发市场、雅宝路、大红门等一批知名市场，使北京成为我国重要的商业中心。然而，随着人口的迅速增加、商务活动的几何级数增长，北京的“大城市病”凸显，交通拥挤、环境污染等问题日益突出。其中，批发市场和物流基地及其周边成为全市的交通堵点，调整疏解势在必行。本研究分区考察了北京批发市场的疏解现状，借鉴了广州、郑州、武汉等地批发市场搬迁和升级经验，提出了相对系统化的批发市场和物流基地疏解方案。

关键词：京津冀协同发展　批发市场　疏解

一、文献综述

批发业在国民经济中具有重要地位。我国对批发业的研究分为三个阶段，20 世纪 30—60 年代，依附于区位论的批发业区位研究，流行用与批发贸易相关的指标来测量城市中心性；20 世纪 70—90 年代，对批发业区位、形成机制的探讨程度加深；20 世纪 90 年代中期至今，研究批发业的空间优化，并与现代物流业紧密结合（潘裕娟，曹小曙，2014）。我国对批发业的研究起步较晚，集中在批发市场方面，石忆邵（2002）认为批发市场通过分工机制和集群化发展，可产生组合优势和联动效应。李朝鲜等（2008）指出，应该构筑纺织服装批发市场信息化建设的完整解决方案，用信息化建设使双方重新获得竞争优势。批发市场发展趋势，洪涛（2000）提出，批发市场随着其功能的衰退，许多国家批发市场被展销会、超市及无形批发市场所代替。Rosenbloom（2007）认为，作为中间流通商的批发组织不仅仍在全球经济中大量存在，而且基于批发组织介入的流通渠道“再中间化”势头正在增强。马龙龙（2011）认为独立批发商经历了先抑后扬的曲折发展过程，最终在社会生产和流通中的地位逐渐趋于稳固。高援朝（2004）以日本、美国为例，认为专职批发业仍具有很大发展空间。王晓东等（2011）基于独立批发商平衡渠道利益关系分析了批发业的重要作用。农产品小生产、大流通的基本国情，决定了我国的批发市场和物流园区的自身特色。祝合良（2004）指出，我国农产品批发市场存在问题的根源在于对批发市场的性质和功能缺乏足够的认识，农产品批发市场发展可以走以信息导向为核心、以减少交易成本为基点的发展之路。目前我国体制性成本在物流成本中占据很大比重，物流体制性成本对于降低社会物流成本非常重要（宋则，2009；王之泰，2013）。

谢涤湘等（2008）研究了广州市批发市场的空间分布，郭崇义（2010）指出，北京大型玩具批发市场、服装批发市场、农产品批发市场都能辐射到河北、内蒙古、山西、山东等省区；在辐射强度上，距离北京由近到远递减。但北京大型批发市场在辐射能力、交易方式等方面都存在问题。张远（2013）指出，北京市要以经济手段为主导、以行政调控为辅助、以空间规划为依据，通过完善监管机制、提高运营成本等措施，推动中心城区批发市场转型升级。

随着城市规模的扩大，批发流通中的信息与交易功能逐渐向城市中心部转移，物流功能逐渐向城市外部转移。同时，主要具有交易与信息功能的企业总部逐渐向大城市集中，而主要具有物流功能的企业分支机构逐渐向大城市周边的中小城市分散，从而使城市与城市之间呈现明显的层级关系（汤宇卿，2008；夏春玉，2006）。批发市场货流空间的研究、批发业交易功能与物流功能的空间分离关注较少，缺乏批发市场的空间演变及其形成机制的研究（潘裕娟，曹小曙，2014）。

二、京津冀功能定位分析

京津冀整体定位是“以首都为核心的世界级城市群、区域整体协同发展改革引领区、全国创新驱动经济增长新引擎、生态修复环境改善示范区”。区域整体定位体现了三省市“一盘棋”的思想，突出了功能互补、错位发展、相辅相成；三省市定位服从和服务于区域整体定位，增强整体性，符合京津冀协同发展的战略需要。

随着我国城市的快速发展，现有批发市场位置由原来的郊区变成市中心，带来了较大的负面影响，国内许多大城市都已经开始搬迁批发市场和物流园区。京津冀协同发展对传统的发展思路提出了挑战。北京市新的功能定位是政治中心、文化中心、国际交往中心、科技创新中心。这就要求“十三五”时期北京商贸流通行业发展过程适应这一改变。目前北京批发市场和物流基地尚未形成统一、规范、高效的批发市场体系。在首都功能新定位的过程中，现有的批发市场和物流基地在某种程度上加剧了“大城市病”。因此，批发市场和物流基地调整疏解势在必行。在市场经济条件下实现有序疏解，对政府管理水平提出了挑战，这就要求深入分析问题的根源，提出有针对性的政策建议。

目前北京全市71%的产业活动和71.8%的从业人员都集中在中心城区，也就是城六区。人员、交通、资源环境处于一种“紧平衡”的状态，可以说一定程度上已经接触到了天花板。这种情况下，整个发展用以往方式继续保持常态聚集资源的发展方式难以维系，需要寻找一种新常态，即通过疏解功能谋求新的发展。

区域性批发市场是疏解对象，但是农贸市场是生活必需的环节。农贸市场不是搬走的问题，而是加强管理、逐步升级的问题。因此，新发地和动物园服装批发市场有区别。农贸市场事关居民生活供给和保障，这个过程当中，既有怎么保障城市有效供应的问题，也有怎么适应京津冀协同发展的需要。新发地目前已经走出了一步，在保定高碑店建了一个新发地的河北市场，目前发挥了很好的作用，对疏解城市功能，特别是分流车辆、货物的集散，发挥了很好的作用。从这个角度来说，即使是像新发地这样的批发市场也在积极寻找出路，主动适应京津冀协同的机会。在协同过程当中，即使是疏解对象也同样有发展的空间。

三、其他城市的经验

近几年随着批发市场对城市交通等的负面影响日益凸显，批发市场优化升级逐渐加速，国内许多大城市都非常关注这个问题。广州市人民政府2014年出台了《关于推动专业批发市场转型升级的实施意见》，从工作思路、工作目标、工作任务、工作要求等方面对批发市场转型升级进行了规范。广州市经贸委印发了《广州市批发市场转型升级评价试行办法的通知》，目的是对现有的批发市场进行准确的、定量的评价，以推动批发市场向价值链高端延伸，推进现代服务业发展。郑州市人民政府2012年出台了《关于推进中心城区市场外迁工作的实施意见》（以下简称《意见》），以优化商品交易市场聚集区布局，《意见》规定，凡在三环以内及商都路两侧的商品批发交易市场和具有批发功能的农贸市场，凡是严重影响城市交通和居民生活环境的；城市规划区内因受地域空间限制，经济效益差，环境污染大，配套设施不齐全且提升改造困难的；消防安全不合格，存在消防安全隐患的；不符合城市整体发展规划的商品批发交易市场及配套的仓储物流，均须列入外迁范围。四环内除规划的公益性农贸市场等，原则上不再新建商品交易批发市场和仓储物流项目。此外武汉、杭州、长沙等地都对批发市场升级、搬迁等工作进行了部署，并取得了积极进展。各地在解决该问题时形成了各自的经验，其中广州、郑州、武汉的经验比较值得北京借鉴。

（一）广州经验

广州作为全国总体规模最大、市场数量最多、成交金额最活跃、辐射面最广的专业市场集聚地，对促进广州商贸流通业发展、增强中心城市竞争力有着重要的作用。

1. 摸清批发市场现状，招标建立批发市场数据库

2014年11月，广州市专业批发市场布局规划及配套的汽车货运场布局规划项目开始招标，规划范围涵盖全市7343km^2内的批发市场，并研究存量市场的转型升级策略、增量市场选址与发展策略。招标公告显示，该规划要求自合同签订之日起120日提交成果，规划招标价格为700万元。本次规划范围包括广州市域 11 区，面积 7434km^2，对象是经过国家工商部门正式注册、具有批发《市场登记证》的商业性企业，主要涵盖广州市“市、城”等类型的专业批发市场。规划期限近期为 2014—2016 年，远期为 2016—2020 年。规划目标是为专业批发市场转型升级及规划建设提供科学依据，强化巩固广州市专业批发市场在全国的地位，推动专业批发市场的价值链从低端向高端转型、管理服务从无序到有序、市场辐射从国内向国际、交易手段从传统向现代的转变，推动广州市建设国际商贸中心。招标公告中明确，要对全市批发市场“标图建库”，对一般市场的位置进行标点，并收集市场概况、现状，建设情况、规划情况、权属信息、许可证等信息和数据，在 GIS 中挂接入库。其中，重点市场还需对用地、建筑的范围进行标注，对建筑层数、功能等相关的信息进行入库。最终形成与“三规合一”平台相衔接的具备信息显示、数据更新的数据库，并分析广州市专业批发市场的地位、功能与作用，总结广州市专业批发市场从计划经济时代以来的发展历程与机制，分析广州市专业批发市场的现状、规模、布局、影响力等特征，摸清与批发市场配套的货运站、仓储的现状和问题，总结专业批发市场存在的问题及原因。

2. 对不同市场采取多种形式转型升级

针对不同市场，分别采取原地转型、关闭搬迁、业态转营和规划调整等多种形式实施转型升级。如以白马服装市场、太平洋电脑城等为试点实施原地转型，提升服务功能、引进现代交易方式。以南洲二手车市场等为试点实施业态转营，推动传统批发市场向零售、商业街等业态转变。以兴发广场、华南汽贸广场、芳村茶叶城等为试点实施规划调整。以黄沙水产市场、西城同德鞋业市场等为试点，对低端市场、临建类市场实施搬迁或关闭。

3. 做好对接工作

政府推动传统批发市场与新建的展贸市场对接，引导中心城区内有发展前景的市场分期分批搬迁到批发市场优先发展区。如果有消防隐患、交通堵塞的情况，可能就要搬迁；如果是属于广州在全国有影响力、有知名度的市场，最后的结果就是就地改造，不会盲目或者不负责任地对待每一个市场。

（二）郑州经验

在广袤的中原腹地，中部中心城市郑州拥有铁路枢纽，交通方便。河南省人口众多，具有较强的消费能力，这为郑州商业发展奠定了基础。2007 年郑州提出的“建设商贸都市”思路，厘清了以生产性服务业为突破口、发展现代服务业的关键思路。

1. 政府大力支持并出台相关文件，给市场和商户送上“定心丸”

郑州市政府出台了《关于加快推进中心城区市场外迁工作的实施意见》。该意见不仅明确了规划引领、先建后迁的原则，而且给出了具体的规划方向及一系列的优惠政策。市政府计划每年在预算内安排 1 亿元，作为中心城区市场外迁引导资金。同时县（市、区）要对市财政专项资金给予 1∶1 配套，对按期完成市场建设并搬迁开业的，根据项目建筑面积、投资额及工程进度情况对市场开办方进行资金奖补（具体奖补办法另行制定）。

2. 不同业态，区别对待

批发业态要走出去，零售、展示可保留。有一些市场，方方面面都做得非常好，相关手续等都有，在既不影响交通又不影响规划的情况下，可在原地进行进一步升级。比如茶叶市场，体积很小，不影响市民生活，可以继续在市内集聚发展，可以发展成茶叶特色街；还有和市民生活息息相关的农贸市场，也要在市内。

3. 土地属性明确

搬迁后的土地属于商业用地，要“招拍挂”，如果通过“招拍挂”的方式，对土地进行供应，郑州很多批发市场开发者很多都不具备购买土地的资本。而对从事这项市场经营的人，政府给予优先竞拍权。商业用地的年限为四十年。

4. 定位明确

新建“一区两翼”批发市场群重点打造十大批发市场：荥阳广武主打农产品，中牟主打汽车，新郑龙湖主打建材，新密曲梁主打服装等。

5. 规划引领、先建后迁，分阶段进行，不急于求成

2013—2014 年为重点搬迁阶段。该阶段需要迁建的市场有 57 个。同时对以火车站商圈的服装类和以东风路为核心的电子类等 43 家商品批发市场进行改造提升。2015 年为全面搬迁阶段，该阶段需要迁建的市场有 77 个，计划 2015 年年底以前，完成 177 家中心城区的商品交易批发市场的外迁工作。

（三）武汉汉正街搬迁经验

武汉地处长江中游，号称九省通衢，20 世纪初期和中期一直是中国大陆的五大城市之一。汉正街位于武汉市硚口区，汉口的繁华地带，它的存在为武汉的历史增添了浓墨重彩的一笔。现在汉正街在全国十大市场中名列前茅，过去的汉正街则把握着武汉早期商业的命脉。汉正街自古就有“天下第一街”之美誉。汉正街批发市场横跨汉口 78 条街，总占地面积约 2. 56km^2，老街集市类型的批发市场及新增加市场的总零售面积约 240 万 m^2，有批发商逾 2. 7 万人，大小不一的批发市场上百个。然而，汉正街批发市场的产品多属于服饰、鞋类、布料、手工品、日用家庭用品、副食品等劳动密集型产品，产品附加值不高，商户主要依靠放量来获取利润增长，每年向武汉市上缴的利税总额不足 2 亿元。

汉正街搬迁前期搬迁难以进行，一方面是由于汉口北多数市场仍处在建设期，零星的商户难以形成聚集效应，生意确实不如在汉正街好做。另一方面是部分既得利益者对整体搬迁造成不小的阻力。20 世纪八九十年代，一般只需要 10 万元就能买到一个铺子，现在铺主光收租一年就能净得 100 多万元。租铺商户搬出汉正街后，政府给予铺主的补偿都是一次性的现金或物业，没有了源源不断的租金可赚，所以铺主一直阻挠搬迁。

政府强硬态度促成搬迁。政府一边加大补偿力度，一边加强新市场的人气提升，渐渐地商户开始成批搬往汉口北新市场。但仍有部分既得利益者拒绝搬迁。2014 年，武汉市政府为加快搬迁进程对汉正街实施交通管制，禁止货车通行，禁令掐断了物流链条，汉正街生意渐冷，搬迁成大势所趋。汉口北新市场人气渐旺，现已承接多半汉正街的商户，很多商户表示如今的生意好于当初在汉正街。随着新市场吸引力的加大，相信汉正街的整体搬迁即将完成。

武汉批发市场在搬迁过程中注意产城结合，构建新型城镇化发展模式，对于很多批发市场来说是一个非常新的思路。原来很多运营企业更多关注批发市场自身发展，但汉口北走出了一条带动区域综合发展的新模式。作为实体批发市场，汉口北在拉动经济增长、带动就业、促进行业发展以及实现内外贸一体化等方面，也发挥了积极的作用。汉口北在项目投资与发展的过程中，超前的眼光、坚韧不拔的精神、规划先行和配套到位等经验，这些都是全国批发市场转型升级以及外迁中可资借鉴的重点。

（四）其他城市批发市场调整疏解对北京的借鉴

批发市场要适应北京经济发展新常态，剥离首都非核心功能势在必行。外地在市政府的统筹、相关规划的完善等方面提供了很好的经验，但是我们也要看到，相对而言，北京的问题更加复杂。因为相对而言，广州、武汉、郑州、长沙等地搬迁都是在同一行政区域内搬迁，不会涉及税源等问题，由于北京批发市场搬迁大多需要搬迁到河北去，这就涉及批发市场承接地政府的配合问题。

首先，需要尊重批发市场的发展规律，不要采取简单的“一刀切”的政策。北京市现有两千多万居民，消费需求是多元化的，必须由不同的业态来满足，因此对批发市场出台相关政策需要慎重。

其次，多采用经济手段、法律手段，尽量少采用行政手段。争取充分调动市场管理主体、商户的积极性，有效化解批发市场搬迁的阻力。

再次，将批发市场搬迁和升级结合起来。随着消费者需求的升级换代，传统的批发市场业态已经难以满足居民的需求。因此，现有业态必须进行相应的升级换代，提升消费者的购物感受，丰富消费者的体验。

最后，注意新建市场与旧市场的时间衔接问题，处理好“市”和“场”的关系，兴建“场”容易，但是建立“市”需要具备相应的交通等条件，还需要相应的消费能力和一定的培育期，因此必须注意新建市场和原有市场的时间衔接问题，保障商户的合理利益。

四、北京市批发市场疏解现状

目前，朝阳区、丰台区、西城区、海淀区的市场搬迁力度比较大，取得了积极进展，普遍注重采用法律手段、经济手段，辅之以行政手段，取得了积极进展，并且保持了社会稳定。

（一）朝阳区疏解现状

朝阳区确定了245个专业类批发市场外迁或者升级。目前北京市各个区对批发市场搬迁力度最大的应该是朝阳区。朝阳区采取果断措施，依法关闭没有正规手续的市场（如四元桥汽配城），推动严重污染的市场搬离北京（例如西石河石材市场），石材市场已至河北选址。考虑到建材家居市场的负面影响相对较大，建议管庄建材市场等考虑搬迁至香河等地，实现市场的分类集中，同时带动当地经济发展，可以服务北京居民的正常生活需求。目前十里河建材市场目前只搬迁了民乐市场的一小部分，市场升级转型工作还有许多任务有待实现。

截至 2015 年 8 月底，朝阳区共清退西直河石材市场、四元桥汽配城等有形市场 63 家，退出工业污染企业 69 家，清退再生资源回收场（站）25 家，拆除出租大院 139 家。西直河市场位于朝阳区十八里店乡五环路边，占地 172.55 公顷，曾经拥有近 5000 商户，是华北地区最大的石材市场，周边低端产业聚集。西直河石材市场建于 2002 年，一开始只是一个小市场，零零散散有些南方的石材商来此经营。此后，市场越做越大，鼎盛时期年交易额约达 300 亿元，成为北方地区最大的石材集散地。然而，市场蓬勃发展的同时，也给周边地区带来很大问题。受市场的带动，周边逐渐形成了货运、仓储以及餐饮、住宿等低端产业链，周围的治安、卫生环境受到影响。疏解并不是简单地把商家清走，疏解同时还为市场外迁和企业转型搭建平台。朝阳区相关负责人介绍，在西直河石材市场疏解中，通过多次与外地政府接洽，已帮助企业确定了天津滨海、河北香河、黄骅、易县 4 个承接地。其中，香河万国石材商贸城园区招商工作正在进行，易县国际商贸城已奠基开工。

（二）西城区疏解现状

北京市西城区政府已经在动物园服装批发市场附近的国谊宾馆成立了北展地区建设指挥部，负责引导、协调该地区进行产业调整工作以及涉及的拆迁和补偿工作。考虑到批发市场涉及的利益主体比较多元化，还成立了北京西城区北展地区社会经济发展协会，作为政府与市场主办方沟通的桥梁。

西城区的经验是尊重市场的选择，依法行政，没有实行“一刀切”的政策，尊重市场的选择，措施比较果断，对于租赁合同已经到期的天皓成批发市场果断关闭，但没有引起激烈反弹，鼓励采用司法的手段解决市场和租户的经济纠纷。采取了严格查处道边违规寄存业务等手段来规范市场，提高其经营成本，有利于促进市场搬迁。

（三）丰台区疏解现状

2014 年 5 月，聚集在京南大红门的 8 家批发商场与廊坊市永清县签订初步协议，集体落户永清国际服装城。与此同时，位于河北保定的老牌箱包批发市场集散地、白沟小商品批发市场也向北京的商户抛出了橄榄枝。据了解，2015 年上半年，市商务委与河北省商务厅就多次对接，并于 4 月 28 日在河北保定共同主办京冀区域市场转移承接对接活动。京津冀三地商务部门 2014 年 9 月在河北廊坊签订了“廊坊行动方案”，2015 年 7 月 23 日在天津形成了“天津共识”，落实 10 项具体任务。据统计，上半年，各区县已清退、拆除市场 60 个，营业面积 42 万 m^2；完成市场升级改造 10 个。目前本市西城区、丰台区已分别启动动物园、天意、大红门等服装和小商品批发市场的转移疏解工作。

新发地高碑店农副产品物流园占地 2081 亩，建筑面积达 160 万 m^2。目前已累计完成投资 36 亿元，建成交易、仓储及配套服务设施 130 万 m^2，已签约商户 5000 户，其中近一半来自北京。高碑店新发地分市场将推动部分品种的仓储加工功能外迁。年内将承接北京市场 4000t 香蕉粗加工和仓储业务。该园区已于 2015 年 5 月投入试运营，今年 10 月将正式运营。

丰台区针对企业不同的选择出台不同政策，扶持符合首都定位的企业在大红门地区进行产业升级，以达到“有退、有转、有升级、有回归”的功能完善目标。同时积极促成了大红门商圈和白沟的合作。2014 年丰台区已经启动关闭低端市场，部分商户退出了市场。2015 年丰台区将启动南苑乡的时村和东罗园的城乡一体化改造，这两个村就位于大红门区域内，其中的 12 个市场也将随之启动改造，腾退其低端产业，部分市场将拆除，部分市场将升级，涉及商户约 5000 户。

（四）海淀区疏解现状

海淀区近两年大力调整中关村西区电子卖场业态，区域内批发零售业占总体法人单位比重从 66% 缩减为 40%，就得益于紧密衔接政府、行业组织、市场主体之间的利益关系。政府一方面严厉打击中关村西区电子卖场内的水货、假冒伪劣产品，提高摊位经营成本；同时成立行业发展商会，倡导行业自律，引导批发市场主办方规范经营，配合政府推进业态转型升级。具体操作过程中，政府成立基金吸引社会资金来运营，基金从小商户手上整体趸租零散的摊位，化零为整，然后按照科技创新中心的定位成规模引入高端业态。政府给予适当补贴，让新业态有稳定收益，这样对剩下的零散商户形成正向利益刺激，主动参与转型升级，但是中关村的智力优势具有一定的独特性。

五、疏解中应做好的工作

虽然北京市的批发市场转移升级工作已取得了一定的进展，但是还有不少问题存在，在充分借鉴各地经验的基础上，建议做好以下工作。

（一）顶层设计，规划先行，根据首都功能区科学规划商业布局

由发改委和规划委整体规划，制订批发市场发展专业规划。长沙根据自身情况，制订了批发市场规划，应该借鉴其经验，进一步加强市场管理，科学规划城市商业布局。中心城区小商品市场的疏解退出，既要加快存量调整，更要严禁新增新建；既要加强存量管理，也要规划建设承接性替代性市场。落实《北京市新增产业的禁止和限制目录（2014 年版）》要求，禁止在首都功能核心区新建和扩建批发市场，遏制小商品批发市场的无序扩张。科学规划城市商业设施，在郊区新城、城市周边规划商业市场，承接中心城区小商品批发市场的转移疏解。

家居建筑装饰材料市场由于信息不对称带来的商品质量问题、诚信问题，与京津冀一体化政策与北京核心城市功能定位不相符合，需要适时进行调整与疏解。北京应当将一些不符合首都功能定位的批发业态转移出去。北京中心城区的批发市场受到新兴业态的影响，成本提高也在倒逼批发市场调整，发展连锁商店、超级市场、电子商务为代表的新兴商业模式，促进北京城市核心功能区批发业的升级和调整。在北京中心城区批发市场的布局调整上，应坚持以经济手段为主导，以行政调控为辅助，以空间规划为依据，严控新增，消化存量，通过政策设计改变微观主体的经济预期，逐步实现城市批发市场布局的优化调整与疏解转移。

（二）招标建立批发市场数据库

对批发市场进行认真摸底调查，招标建立批发市场数据库，要求能够对一般市场位置进行标点，并收集市场概况、规划情况、权属等信息和数据，在 GIS 中挂接入库。重点市场还需进行用地、建筑的范围进行标注，对建筑层数、功能等信息入库，分析其商品辐射范围、对交通影响等，最终形成与“三规合一”平台相衔接的具备信息显示、数据更新的数据库。

（三）建立统一结算中心，推进总部经济发展

借鉴外地经验，推行统一结算。设在浙江余姚的杭州果品交易市场的商户和采购方全部使用IC 卡刷卡统一结算，不仅实现了购销双方不携带现金、确保资金安全，还实现了有问题食品可追溯、交易统计的精确化，交易额和税收额也大幅度增长。

以大力发展采购和销售的总部经济为主线，促进北京与其他经济区域的战略合作，带动环渤海经济板块发展。鼓励实力雄厚的批发市场到外地开辟“连锁批发市场”，特别是在天津和河北。大力发展城南经济，引进中关村智力资源，对城南进行倾斜性政策，以解决服装批发市场迁出带来的负面影响。

（四）梯度发展，有序转移，构建环北京商贸卫星城群

北京经济服务业比重高，消费能力强，应该发挥北京作为一个巨大、高端消费市场对河北经济的升级引领作用，推进产城结合。以通州、顺义为优先发展中心，由北向南、由中间向两边分阶段扩展。选择香河、三河（重点是燕郊）及其与北京交界地区大力发展商贸物流，实现市场的分类集中，降低批发市场对北京的交通压力，服务北京居民生活。可以选择产城结合的模式包括：“区域制造业 + 专业市场 + 物流基地”的工业品产销模式；“公司 + 基地 + 合作社 + 农户”的农产品产销模式；“城镇综合体 + 特色街 + 社区商业”的综合流通网络；“产业 + 电子商务 + 物流”的直销模式。以城镇为枢纽，建设城乡双向的物流体系，形成城乡市场之间基础设施完备、要素流转通畅、组织功能完善的城、镇、乡层次结构物流网络系统。

同时在建设的过程中需要注意，由于北京强大的虹吸效应，应该尽量避免辐射三北（华北、西北、东北）的批发市场在北京周围积聚，这些卫星城市群的主要目标应该是为北京的居民消费提供服务。

（五）关闭一批经济效益差、负面影响大的批发市场

北京的大部分批发市场是自发形成的，由于准入门槛低，主要以租赁用地方式建设临时建筑，商户基本上以租赁为主，而且有很大部分是违规建筑或者临建等，随着今后管理的日益规范，应该对这部分市场加大管理力度。如果经济效益不好，服务质量差，影响交通严重的，应该加强监管，依法关闭一批市场，促进市场的集中发展。

一些与老百姓生活密切相关的批发市场，如何转型更应先听听市民意见。比如蔬菜、水果、水产品等批发市场，对运输成本要求比较高，将这些批发市场迁走，可能会给市民的生活带来不便，削弱城市活力。

（六）加大财政资金支持力度，支持农产品批发市场升级

加强对农产品批发市场升级的财政支持。北京作为一个特大城市，对农产品需求巨大，农产品自给率偏低，对外依存度高。考虑到农产品特别是蔬菜需要较多的水资源，目前北京农村又侧重发展效益比较高的观光农业，因此，大幅度提高农产品自给率难以实现。为了加强农产品的保障，有必要加强冷链物流设施建设等物流基础设施。因此，应该利用财政资金通过项目的方式引导批发市场新建冷库等设施。提高北京市场准入门槛，提高农产品质量标准等。同时，鼓励采用现代交易方式，将部分农产品批发市场内小商品、建材批发等功能进行疏解。

考虑进一步增加对农产品批发市场日常运转的财政支持。农产品批发市场主要收入来自摊位租金，收入较低，难以实现自身的快速健康发展。如果收费过高，容易诱发通货膨胀，影响居民日常生活。考虑到农产品批发市场的公益性，因此加强财政支持是必要的。现已有部分财政资金通过项目的方式支持农产品批发市场项目建设，但支持力度还不够，应严格执行鲜活农产品运输“绿色通道”政策。

参考文献

[1] 潘裕娟，曹小曙．批发业空间及其形成机制研究综述［J］．人文地理，2014（1）：15－19.

[2] 李朝鲜，李丽．我国纺织服装批发市场信息化建设经济学分析［J］．财贸经济，2008（4）：95－99.

[3] 洪涛．我国小商品批发市场面临的挑战和发展趋势［J］．中国流通经济，2000（1）：25－28.

[4] 马龙龙．论我国批发产业振兴战略［J］．财贸经济，2011（4）：73－79.

[5] 王晓东，张昊．论独立批发商职能与流通渠道利益关系的调整［J］．财贸经济，2011（6）：81－86.

[6] 祝合良．我国农产品批发市场发展的基本思路［J］．经济与管理研究，2004（2）：72－75.

[7] 宋则．应对危机，降低物流成本，彰显物流业影响力［J］．中国流通经济，2009（6）：26－28.

[8] 王之泰．流通成本及物流成本问题探讨［J］．中国流通经济，2013（5）：12－15.

[9] 郭崇义，庞毅．北京大型批发市场辐射力研究［J］．北京工商大学学报，2010（3）：32－36.

[10] 张远．关于城市中心区批发市场布局调整的思考［J］．中国流通经济，2013（9）：105－109.

[11] 夏春玉．城市批发流通系统空间结构与城市层级关系［J］．商业经济与管理，2006（11）：3－9.

[12] ROSENBLOOM B. The Wholesaler Role in the Marketing Channel: Disintermediation vs. Reintermediation［J］. International Review of Retail, Distribution and Consumer Research, 2007, 17（4）: 327－339.

京津冀电子商务服务生态圈构建模式研究

周　鸿[①]　杜　慧[②]　郭洁筠[③]　彭子函[④]

摘　要：传统行业电子商务化是京津冀协同发展背景下疏解首都非核心功能的重要手段。在电子商务产业发展过程中，对电商产业链上下游一体化的解决方案需求的出现要求产业链由单一线型向生态型进化，进而演变为电子商务服务生态圈。本文以电子商务产业和服务生态圈为研究对象，对京津冀电子商务服务生态圈的基本现状作了调研，基于经济学模型研究电子商务服务生态圈的构建过程，总结了两种主要的发展模式，就京津冀电子商务服务生态圈的发展提出了相关建议。

关键词：京津冀　电子商务　服务生态圈

自2014年以来，在国家大力推动下，京津冀协同发展战略进入实质化操作阶段。2015年4月30日，中共中央政治局审议通过了《京津冀协同发展规划纲要》（以下简称《纲要》）。会议强调，京津冀协同发展战略的核心是有序疏解北京的首都功能，调整经济结构和空间结构，走出一条内涵集约发展的新路子，探索出一种人口经济密集地区优化开发的模式，促进区域协调发展，形成新增长极。截至2015年7月，北京市委、天津市委、河北省委相继根据《纲要》做出战略部署，出台实施方案。

以传统产业电子商务化的方式推动北京市中心城区产业外迁是疏解北京

① 周鸿（1956—），副教授，男，北京物资学院现代物流产业研究院副院长，研究方向：电子商务、物流信息化。

② 杜慧（1988—），女，北京物资学院硕士研究生，研究方向：物流信息化。

③ 郭洁筠（1992—），女，北京物资学院硕士研究生，研究方向：物流信息化。

④ 彭子函（1991—），女，北京物资学院硕士研究生，研究方向：物流信息化。

的首都功能和京津冀三地协同发展的核心工作之一。然而传统行业与电子商务行业在品牌传播、技术手段、商业模式等多方面存在巨大差异，商户缺乏从事互联网商业的经验和技术，新搭建平台便利性、易用性不足、产业链业态不完整，电子商务化进程难以推进。1989 年 Davis F. D 针对个人对新技术接受程度提出了著名的技术接受模型（Technology Adoption Model，TAM），2011 年 Zhang N 等对该模型进行了改进，提出了个人信息技术采纳模型（Information Technology Adoption Integrated Model，ITAIM），对信息技术被民众采用的过程建立了总体理论框架。根据该理论框架，电子商务模式被商户广泛应用应符合技术便利、资源便利、易用性、有用性、相容性/和谐性等多个前提条件。

电子商务服务生态圈以其多元的服务类型、一站式的解决方案，为传统行业电子商务化提供了便利。本文对电子商务服务生态圈进行了研究，并希望借助构建京津冀电子商务服务生态圈的方式，缓解在京津冀协同发展背景下传统商贸行业被迫在短时间内电子商务化转型过程中遇到的诸多障碍，为京津冀协同发展提供理论支持。

一、电子商务服务生态圈基本框架

电子商务服务生态圈是以开放型电子商务平台为核心，相互竞争、合作的电子商务产业环境，是开放共赢的，把丰富、多层次的经济生态系统建立起来，向社会分享资源，鼓励共荣、无边界，不断优胜劣汰、自我创新的经济系统。

从商业环境的角度上，电子商务服务生态圈是开放型电子商务平台在提供基础服务之上，协同各类生态伙伴，为海量消费者和商家创造出丰富多样的应用，为整个网络购物市场打造一个透明、诚信、公正、公开的商业环境，以便利和丰富社会大众消费，提升生活品质，进而带动线下市场和生产流通环节的共同发展。在产业服务的角度上，电子商务服务生态圈应为商户群体创造一个贯穿产业链上下游，包含丰富的技术、运营、金融、物流等服务业的产业服务环境，使得商户可以借助各类外包服务，将精力集中在他们原本的优势领域，减少转型过程中的阻碍，最终塑造出一个优势互补、分工明晰、协同运作的产业环境。

1. **电子商务服务生态圈的层次结构**

电子商务服务生态圈与产业链不同，除基础的供应—交易—消费结构以外，还需为这个交易过程提供技术支撑和服务支持的第三方服务产业。电子商务服务生态圈是以电子商务平台为核心，包含围绕平台提供运营、支付、物流、市场营销和软件等第三方服务业的产业集群，如下图所示。此外，更外延的中介、教育、政府等机构和政策、法律、技术、舆论等环境因素也对电子商务服务生态圈产生影响。

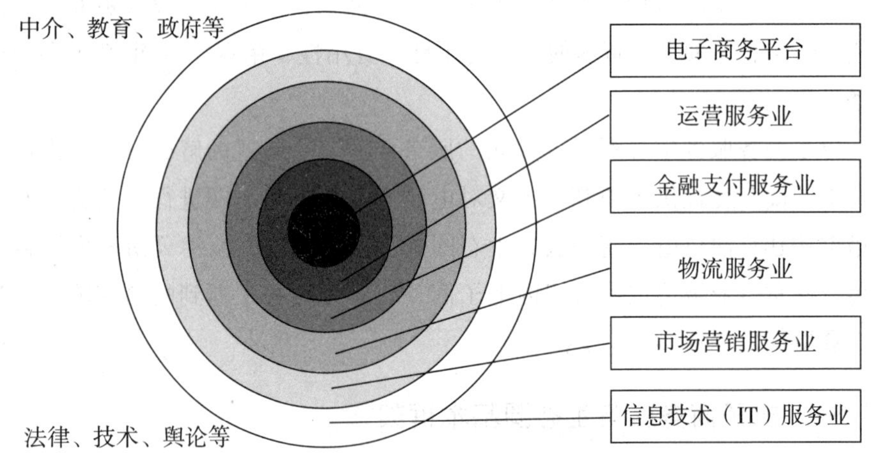

电子商务服务生态圈的层次结构图

随着电子商务产业在品类上的扩展和对用户服务的加深，商户对于支撑服务的需求不再限于在线交易、物流、支付这些基本的功能，而是日益多样化和个性化。平台企业无法满足庞大而复杂的市场需求，产业集群中便延伸出广阔的第三方服务业市场。例如，在原有的电子商务产业集群中出现了生鲜农产品，会延伸出冷库仓储市场；随着打包发货数量的增长，会延伸出专业的印刷包装市场；随着商户对店铺美化需求的提高，会延伸出摄影美工、专业模特市场；随着客服需求的增加，会延伸出专业的呼叫中心。这些市场将第三方服务商吸引入电子商务服务生态圈以后，又反相促进原有产业集群服务质量和工作效率的提高。电子商务的社交化发展使得许多设计师和个人用户也纳入了服务生态圈中。

电子商务第三方服务产业包括软件服务、市场营销服务、运营服务、物流服务和金融服务五大领域，其细分领域和服务内容如下表所示。

电子商务服务商类型表

领域	说明	服务内容
软件服务	工具类软件	满足商家店铺管理需求，如流量统计软件、自动客服软件等
	管理软件及系统集成	如后台进销存系统、企业资源计划等与网店系统的对接，独立外店系统、客户关系管理系统、分销系统等
市场营销服务	市场研究和咨询	支持商家进入电子商务所需要的市场研究与咨询
	营销推广	低成本地找到适合品牌定位的目标用户流量，包括直通车、营销众包（淘宝客）、搜索引擎、广告投放等
		吸引用户转化为实际消费者的店铺营销工具的手段
运营服务	摄影美工	如网店装修，商品拍照、美化，专业模特等
	客户服务	包括通过即时通信工具、电话等方式进行售前服务和报销、理赔、返修等售后服务，代表机构是呼叫中心
	分销服务	包括分销渠道建设、分销促销活动、渠道管理等服务
	人才服务	包括人力资源、人才培养和培训等
	认证服务	认证和评估商家和商品的资质
物流服务	物流基础设施	提供物流园区建设、管理的基础设施投资者
	物流咨询	提供流程、作业标准的服务提供商
	运输配送	提供运输、配送服务的运输、配送服务商
	仓储库存	包括各种仓库提供商和库存管理服务提供商
	物流信息	提供技术支持的 ISV 管理软件服务商
	印刷包装	提供包装材料、加工、售后服务的流通加工服务提供商
	物流金融	提供交割库、流通融资服务的流通融资服务提供商
金融服务	支付	提供各种支付渠道以及分期付款等支付衍生类服务等
	金融	为电子商务活动服务的各类资本等
	信用	提供信用认证、评级等服务

2. 电子商务服务生态圈的功能

电子商务服务生态圈的核心价值在于功能上的横向一体化和环节上的纵向一体化。生态圈中的企业之间共享信息，共同推广，大家将共同遵守的标准向全社会推广。服务生态圈同时还担负着信任的传递，将生态圈内熟人的信息传递给陌生人。电子商务服务生态圈为合作伙伴创造巨大的产业价值链，具体如下。

（1）共享“互联网+”时代的前瞻理念与价值观。在市场电子商务化的时代，了解用户需求比提高生产力更为重要，对市场趋势的把握和对于互联网思维的理解是极具价值的稀缺资源。电子商务服务生态圈可以攫取海量市场信息，调动圈内大量商家共同探索与实践，较早感知市场发展趋势，把握互联网精神内涵，从而在方向上领先竞争对手。

（2）实现电子商务专业分工和生产社会化。电子商务具有供应链短、产业链复杂的特征，技术门槛和创新的商业模式是传统商贸行业能以实现电子商务化转型的主要障碍。生态圈内丰富的服务行业使得商户有机会专注于自己熟悉的领域，各个主体各司其职，也有助于产生规模效益。

生态圈内企业共享信息，遵守共同的行业标准和运营流程，可以降低供应链中因沟通和对接产生的成本。生态圈内企业在长期的相互磨合中形成共同遵守的行业规则，使得供应链的运作更加顺畅。

二、京津冀电子商务服务生态圈现状研究

京津冀三地电子商务服务生态圈均有一定程度的发展，但参差不齐，缺乏协同机制。其中，北京市发展得最为成熟；天津以产业集聚区为核心，在大宗商品交易和大数据技术方面具有优势；河北省仍处于巩固和完善基础支撑服务体系的阶段。

1. 北京市电子商务服务生态圈现状

北京市电子商务服务业具有产业链完整、业态成熟、技术领先和服务类型多样化的特征，已经形成了一个成熟的电子商务服务市场。其中以信息技术、交易平台、金融支付和市场运营服务引领全国发展方向。推动以技术创新和跨境交易的平台型服务是北京市电子商务产业的重点发展领域，在市委办公厅颁布的《北京市人民政府关于促进电子商务健康发展的意见》中，明确提出了“鼓励开展基于信息技术的电子商务平台服务”和“支持面向国际、国内两个市场的电子商务服务平台发展”。在疏解北京非核心功能的大背景下，大部分电子商务服务业正在从中心城区疏解，向周边城区聚合。2014 年，大兴新区被授予“北京电子商务中心区”（北京 CED）称号，通州也在筹建

全国最大的电子商务中心。北京市将进一步聚合产业，依托电子商务聚集区，建立开放、融合、便捷、高效的北京电子商务中心区服务体系，构建绿色、生态、智慧的全产业链承载平台。

2. 天津市电子商务服务生态圈现状

以滨海高新区、武清区、空港经济区等电子商务产业集聚区为龙头，天津市电子商务产业集聚效应拉动电子商务服务业发展。在相关企业被不断引入的情况下，电子商务支撑服务体系也不断健全。网络基础设施进一步完善，已形成覆盖全市的宽带骨干网；支付体系服务主体呈多元化发展，以银行卡为主的非现金支付工具广泛应用；天津市拥有快递企业 236 家，业务增幅明显。

天津市在大宗商品电子商务全程服务和电子商务大数据服务业有明显优势。已建成的中国大宗商城、天津粮油商品交易所、渤海商品交易所、铁合金交易所、天津港散货交易市场、滨海化工网等一批大宗商品电子商务交易平台已投入运营；腾讯数据中心、惠普数据中心等一批互联网及信息业龙头企业也陆续落户天津。

3. 河北省电子商务服务生态圈现状

河北省电子商务总体交易规模偏小，缺少大型龙头企业。由于市场不成熟，河北省电子商务服务业仍处于日趋完善的过程中。据《河北省电子商务发展 3 年推进计划（2014—2016）》所述，河北省电子商务服务业发展的主要任务是“打造一批有影响力的电子商务交易平台”和继续“加强电子商务支撑服务体系建设”。

三、京津冀电子商务服务生态圈用户接纳模型

从一般意义上来说，产业分工和社会合作会提高经济效益，服务生态圈作为一个新建服务交易市场，还必须对用户、服务提供商、运营者这三个市场参与者均有利，才能够吸引各方参与者进入市场，健康运转。本文将从经济学的角度研究作为新建服务交易市场，在什么样的情况下才能吸引各方主体参与市场。

以商户 A、产业服务商 B 和某一平台运营者 C 建立基本的数学模型如下，从平台运营者 C 的角度，要考虑的核心问题是如何给 A 和 B 定价。提高 A 的

收费将导致更少的商户 A 使用这个平台，数量由 A 的价格需求弹性决定；由于跨边网络效应，产业服务商 B 的数量与商户 A 的数量正相关。同时由于市场竞争和服务多样性需求，A 从平台 C 获得的效用与 B 的数量正相关；由于市场容量越大，B 在寻找用户的成本越低，越有可能进入细分市场开展专业化服务，B 从平台 C 获得的效用与 A 的数量正相关。

假设一个平台 A、B 的人数分别为n_A、n_B，C 向用户 i 收取的服务费为p_i，平台 i 方用户和 j 方用户互动获得的收益为k_i。平台 i 方用户的效用为：

$$u_i = k_i n_i - p_i, \ \mathrm{i,j} = \mathrm{A,B}, \ \mathrm{i} \neq \mathrm{j} \tag{1}$$

由式（1）可知平台中一方用户的效用是另一方用户数量的增函数，给定单调增函数D_i，i 方的需求曲线如式（2）所示：

$$n_i = D_i(u_i) \tag{2}$$

假设平台服务方一个用户的成本为c_i，则平台利润为：

$$\pi = n_A(p_A - c_A) + n_B(p_B - c_B) \tag{3}$$

从消费者效用的角度，原式等价于：

$$\pi(u_A, u_B) = D_A(u_A)(k_A n_B - u_A - c_A) + D_B(u_B)(k_B n_A - u_B - c_B) \tag{4}$$

如果用v_i（u_i）表示 i 方用户的总消费剩余，则 v'_i（u_i）$=D_i$（u_i）。社会总福利 ω，即平台利润和消费者剩余之和为：

$$\omega = \pi(u_A, u_B) + v_A(u_B) \tag{5}$$

为了最大化社会总福利，使$\frac{\partial \ \omega}{\partial \ A}=0$，得到：

$$u_i = (k_i + k_j) n_i - c_i \tag{6}$$

根据式（1），最大化社会福利的价格为：

$$p_i = c_i - k_j n_j \tag{7}$$

由此可见，i 方的社会最大化的价格是服务一个 i 方用户的成本减去增加一个成员给 j 方带来的总额外收益。因为$k_j > 0$，因此社会福利最大化要求平台方收取的服务价格低于服务成本，也即社会效益最大化和利润最大化两个目标是必然矛盾的。

下面继续求解平台利润最大化的最优价格。

根据式（4），可得：

$$u_i = (k_i + k_j) \ n_j - c_i - \frac{D_i(u_i)}{D'_i(u_i)} \tag{8}$$

因此，利润最大化的价格为：

$$p_i = c_i - k_j n_j + \frac{D_i(u_i)}{D'_i(u_i)} \tag{9}$$

与社会总福利最大化的价格相比，利润最大化的价格高出一个和价格弹性相关的项——$\frac{D_i(u_i)}{D'_i(u_i)}$。

综上所述，得出以下结论：首先，电子商务服务生态圈中用户获取的效用和用户数量正相关。这意味着，在初始阶段，首批参与者效用接近零，随着生态圈的不断扩大，参与者效用也不断增加。因此，在服务生态圈初始用户积累阶段，平台运营者必须要采用低于成本的价格策略（极端情况下价格甚至可能为负）吸引用户，否则从经济学的意义上用户不可能选择进入生态圈。其次，平台的社会总福利最大化和利润最大化是相互矛盾的，因此，从宏观经济发展的层面看，通过非营利性的政府机构或社会组织维持是更好的选择。

四、服务生态圈的发展模式研究

商户对更多的一体化解决方案的需求将进一步拉动产业链由单一线型向生态型进化，而且由于服务生态圈具有良好的内部平衡能力，具有极强的自我调整和自我修复能力，抵御风险能力更强，服务生态圈将会是电子商务产业链未来的进化方向。电子商务服务生态圈是电子商务平台化发展到一定程度的结果，其实质是提供渠道和基础信息服务的电子商务平台与各种功能提供商的分工合作。电子商务服务生态圈对于推动区域产业升级和经济发展具有巨大作用。

1. 自由市场中电子商务服务生态圈的构建模式

电子商务产业是典型的平台型结构，交易活动都是在某个平台进行的，这个平台通过一定的价格策略向双边或多边交易方出售产品或者服务，并促使他们在平台上实现交易。平台型企业推广阶段多免费为用户提供服务建立稳定的用户群体，比如百度搜索、腾讯、360 安全卫士、网易邮箱等免费服务。在获得稳定的用户群体以后，平台型企业开始依托平台推出收费服务，并且将平台开放给第三方。随着产业链不断延伸，电子商务平台运营商无法满足用户日益膨胀和多样化的需求，印刷包装、摄影美工、物流仓储等第三方服务企业纷纷接入电子商务平台提供专业化和个性化的服务。电子商务平台连接起价值链的各个点，蜕变成以平台为核心，开展与第三方服务商的大规模合作，形成服务生态圈。

产业链协同和效应是平台型企业构建生态系统的动机，对产业链控制的需求会使企业控制范围朝着纵向和横向两方面发展，促使企业向生态型发展。阿里巴巴集团利用支付宝解决第三方支付问题，并通过并购雅虎进入搜索领域，与九大物流企业共建菜鸟网络完成物流建设，实现“流量入口—交易—支付—物流”的纵向一体化。阿里巴巴以 B2B（企业对企业）平台为切入点，分别以阿里软件和阿里妈妈进入管理软件领域和网络广告领域，实现横向一体化。就协同效应来说，服务生态圈可实现规模效应、增强研发能力，为生态圈节约成本或创造价值。

2. 政府主导型电子商务服务生态圈的构建模式

随着国内电子商务经济的快速兴起和传统产业转型升级的迫切需求，一些传统产业成熟、电子商务产业相对落后的区域无法等待由自由市场自然形成电子商务服务生态圈，转而采用了政府主导型电子商务服务生态圈构建模式。

政府主导模式通常分为三个阶段：规划阶段、招商阶段和运营阶段。首先，政府针对本地区的区位、产业优势、网商水平等情况进行调研和战略规划，确定区域电商发展方向和扶持方法；其次，根据规划划定电子商务园区和扶持政策，有计划地逐步引入电子商务平台企业和重点企业；最后，扶持和监管引入企业在本地区开展正常的经营活动，做好投融资、工商税务、政策扶持、生活配套完善等许多环节的保障服务。在运营过程中，这些电子商务平台同在自由市场中一样会产生对第三方服务业的需求，为当地仓储配送、印刷包装、摄影美工等服务业形成市场，自然构建电子商务服务生态圈。电子商务服务生态圈逐渐成熟以后，就为传统产业开展电子商务提供一站式的服务，降低当地传统企业电子商务化的门槛，从而推动整个区域产业的转型升级和经济的快速发展。

五、建设京津冀电子商务服务生态圈的若干建议

目前，国内最大的电子商务服务生态圈是以阿里巴巴集团为核心，以江

浙沪为中心，覆盖全国、辐射世界的阿里系电子商务服务生态圈。北京电子商务行业在新技术、新模式方面引领全国发展方向，但是缺乏一个能够统领全行业的平台。此外，由于商户疏散的紧迫性，也缺乏由市场竞争逐渐形成统一平台的环境。结合前文对服务生态圈经济性的分析，政府主导型电子商务服务生态圈的构建模式应是构建京津冀电子商务服务生态圈的最佳选择。

1. 积极推进京津冀统一市场的形成

京津冀统一市场的形成是实现批发零售业商物分流和北京优势产业带动地方经济发展的基本保障。没有京津冀统一市场，商物分流难以协同运行，通过商物分流的方式对北京市批发市场进行电子商务化升级改造就无法实现。北京市商务主管部门应以体制机制为根本，上下联动、多主体协同积极推进京津冀统一市场的形成，不断整合三地市场资源，实现信息共享和交流互动，同时深入挖掘京津冀协同发展中的市场机会，建立京津冀地区统一开放、竞争有序的市场体系，实现三地要素资源的自由流动和优化配置。

京津冀统一市场已经破冰，2014 年 9 月，北京、天津、河北商务主管部门共同制定了《关于落实京津冀共同推进市场一体化进程合作框架协议商务行动方案》，确定了京津冀三省市本着优势互补、共建共享、统一开放、共赢发展的原则，共同推进京津冀市场一体化加快发展。其中提出了构建京津冀物流标准化区域合作试点、鼓励京企在天津设立物流仓库和集散中心，支持外阜产业在京建设直销点等多项内容。政府部门应进一步推进具体合作协议的签署和合作项目的落地，同时在政策、标准、公共服务等方面达成更多一致性，包括通关一体化、物流一体化、技术交易和共享平台、资质互认、跨区域人才交流机制、统一金融市场等多项内容，目前三地已经就其中部分内容达成合作协议。2014 年 7 月 1 日，京津海关京津通关一体化已经实现，7 月 18 日，京津冀产权市场发展联盟成立。10 月 29 日三地的国税局、地税局签署了《京津冀协同发展税收合作框架协议》，提出了通过统一建立互联网办税平台和优化热线服务，采取资质互认、征管互助、信息互通的“一统三互”措施。

2. 京津冀协同推进电子商务服务业发展

根据《纲要》精神，在京津冀协同推进电子商务服务业发展过程中，北京作为总部经济中心和科技研发中心，天津作为先进制造研发基地和国际航运核心区、跨境电子商务的自由贸易区，河北作为全国现代商贸物流重要基地和产业转型升级试验区。北京应有序疏解商贸流通产业和部分电子商务服务业，河北、天津积极做好承接产业转移的工作。河北建设全国现代商贸物流重要基地，就要充分发挥我省区位和产业基础优势，以立体综合交通网络为支撑，以区域性物流节点城市为龙头，加快大型商贸物流园区建设，全面提升商贸物流业的现代化、国际化、高端化发展水平。

北京市一方面应依托新建电子商务聚集区，发挥核心优势，推动高技术、创新型电子商务服务生态圈的构建，打造高效率、协同、标准化电子商务服务生态环境；另一方面应顺应疏解首都非核心功能的要求，推动一批电子商务服务企业和技术的外溢。天津应依托自身大数据、大宗商品交易的产业优势和天津港的地缘优势，形成具有鲜明特色的电子商务服务生态圈，引领部分垂直领域的电子商务产业发展。河北应做好产业承接工作，继续推进电子商务支撑服务业建设，为产业发展和承接京津地区企业外溢打下基础。

3. 构建跨地区电子商务平台，提供电子商务一站式服务

中关村电子商务产业链在成熟度、技术、模式创新和人才培养方面引领全国。中关村聚集了一大批电子商务龙头企业，产业链覆盖了交易平台、电子支付、物流、信息技术等所有环节，并且均在全国处于领先地位。政府主管单位应依靠中关村现有产业链的基础优势，在电子商务服务业从中心城区向新建聚集区转移的过程中，整合京津冀多方资源，依据各地优势建设点电子商务服务的职能中心，最终构建跨区域的电子商务服务平台，推动建设运营外包、呼叫中心、人力资源、培训、在线结算等全程业务协同运作机制，提供一站式服务，以期形成京津冀电子商务服务生态圈。

4. 以产业调控为契机，打造具有全球竞争力的产业集群

以产业调控为契机，促进传统商贸产业升级。通过主动转移落后产业模式，鼓励创新及其推广应用是提高批发市场产业质量、打造具有全球竞争力的产业集群的突破口。一方面，要明确重点发展的产业方向；另一方面，要加快创新驱动发展战略。中心城区批发市场商贸产业转变发展方式的重中之重是推进产业结构特别是产业内部结构的深度调整，其中最为关键的就是要加快实施创新驱动发展战略，推动新技术、新模式在传统商贸产业的应用。市相关主管部门要抓住这次产业升级的契机，充分发挥其创新引领作用，凝聚更多的高端创新资源，承载创新成果转化项目，形成强大的创新增长极。

参考文献

[1] 薛惠娟．加快推进京津冀世界级城市群建设　京津冀城市群建设专家座谈会综述［J］．经济与管理，2015（7）：10－14.

[2] 北京市人民政府办公厅．北京市人民政府关于促进电子商务健康发展的意见［Z］．京政发〔2013〕15号.

[3] 天津市人民政府办公厅．天津市人民政府关于印发天津市推进电子商务发展三年行动计划（2014—2016年）的通知［Z］．津政发〔2014〕4号.

[4] 陈滢．京津冀协同框架下大数据产业差异互补发展研究［J］．经济与管理，2015，29（3）：27－30.

[5] 张旺，申玉铭．京津冀都市圈生产性服务业空间集聚特征［J］．地理科学进展，2012，31（6）：742－749.

[6] 聂巧平，王梦颖．基于区域环境治理创新机制视角下的京津冀产业升级思考［J］．当代经济管理，2015，37（1）：66－72.

[7] 刘翠玲，龙瀛．京津冀地区城镇空间扩张模拟与分析［J］．地理科学进展，2015，34（2）：217－228.

[8] 陆大道．京津冀城市群功能定位及协同发展［J］．地理科学进展，2015，34（3）：265－270.

[9] 石林．京津冀地区产业转移与协同发展研究［J］．当代经济管理，2015，37（5）：65－69.

[10] 付薇．京津冀协同发展　美丽河北迎最大机遇［EB/OL］．［2015－09－28］．http：//yanzhao. yzdsb. com. cn/system/2015/09/28/014304604. shtml.

[11] 李京文，李剑玲．京津冀协同创新发展比较研究［J］．经济与管理，2015，29（2）：13－17.

[12] 马俊炯．京津冀协同发展产业合作路径研究［J］．调研世界，2015（2）：3－9.

[13] 孙久文．京津冀协同发展战略的比较和演进重点［J］．经济社会体制比较，2014（9）：1－11.

[14] DAVIS F D. Perceived usefulness, perceived ease of use, and user acceptance of information technology [J]. MIS Quarterly, 1989, 13 (3): 319 - 340.

[15] ZHANG N, GUO X, CHEN G. Why Adoption and Use Behavior of IT/IS Cannot Last? —Two Studies in China [J]. Information Systems Frontiers, 2011, 13 (3): 381 - 395.

京津冀一体化下滦平商贸物流发展探究[①]

朱群芳　王晓明　魏倩雨

摘　要：处于大北京首都经济圈外围的滦平，商贸物流业发展落后，一直是薄弱环节。随着《京津冀协同发展规划纲要》的出台，虽然京津水源涵养地的定位对滦平的发展有所限制，但同时也带来了巨大的契机。本文在分析滦平商贸物流相关产业发展的自身条件和劣势的基础上，针对性地提出几点建议措施，以期促进商贸物流相关产业的发展，从而带动商贸物流业的发展。

关键词：京津冀一体化　滦平　商贸物流

2014 年 2 月 26 日举行的京津冀协同发展工作座谈会上，习近平总书记明确提出“实现京津冀协同发展是一个重大国家战略，要加快走出一条科学持续的协同发展路子来。”习近平总书记的讲话首次将京津冀协同发展上升到国家战略层面，并就京津冀协同发展提出 7 点要求。2014 年 3 月 5 日，李克强总理在作政府工作报告时也提出，要加强环渤海及京津冀地区经济协作。随着今年《京津冀协同发展规划纲要》（以下简称《纲要》）的出台，明确了京津冀三地的各自定位：北京定位为政治、文化、国际交往和科技四大中心；天津定位为全国先进制造研发基地、国际航运核心区、金融创新示范区和改革开放先行区；河北则定位为全国现代商贸物流重要基地、全国产业转型升级试验区、全国新型城镇化和城乡统筹示范区以及京津冀生态环境支撑区。《纲要》提出“要在京津冀交通一体化、生态环境保护、产业升级转移等重点领域率先取得突破”，主要涉及商贸物流和生态等产业。2015 年 10 月 4 日，

① 本文由滦平县商贸物流发展规划课程组提供。

京津冀三省市贸促会、物流协会领导及相关部室主要负责人，就共同举办“京津冀贸易投资促进协同发展物流业推介洽谈会”在石家庄举办筹备工作会议。发展商贸物流，是落实京津冀协同发展战略的具体行动，有利于推进承接非首都功能转移，同时有利于发展滦平自身经济。

一、引言

商贸物流是指在商业贸易活动中进行的物流过程，一般包含商流、物流、资金流和信息流。商贸物流的发展有利于促进商业业态多元化发展，优化与提升城市的产业结构，增强城市聚集力。要加快推进商贸物流产业的发展，必须立足现有的优势和基础，着力从做大、做强、做优上下功夫，促进商贸物流相关产业发展，从而反过来促进商贸物流的发展。本文将从农业和服务业两个方面来分析滦平的商贸物流发展，利用其自身优势发展农业和服务业，从而带动商贸物流产业的发展。

由于滦平目前商贸物流产业发展较落后，且第二产业是其支柱产业，受到水源涵养地的定位，第二产业发展停滞不前，加上滦平地处京北欠发达地区，收入水平偏低，商贸物流一直是其薄弱环节。

随着京津冀一体化协同发展战略的提出，滦平县作为大北京首都经济圈外围的14个卫星县之一，被确定为重点发展高层次人才创业、科技成果孵化、新兴产业示范、现代物流四类园区。滦平若抓住这一发展的良机，坚持可持续发展理念，大力发展商贸物流相关产业，不断增强商贸物流对农业和服务业的助推作用，在商贸物流领域将大有作为。滦平县要借助北京建设世界城市的契机，主动接受首都辐射带动作用，树立起拓展北京市场的理念，依托自身优势发展条件，积极应对周边各县市同质化竞争，加大农副产品供应，强化产品物流服务对接，大力发展绿色旅游产业，积极培育针对北京休闲养老的服务能力，从而为滦平发展创造更加广阔的空间。

二、滦平商贸物流发展条件

（一）水资源涵养地的自然环境

滦平县境内有滦河、潮河等四大河流，是京、津两市主要饮水的重要水源地。作为京津冀都市圈生态屏障的重要组成部分，生态保护和水资源涵养区的发展功能定位已非常明确。表面上看制约了滦平选择产业的多元化发展，然而客观上将把环境和社会生活可能产生巨大危害的淘汰型、污染型和高耗能的产业拒之门外，确保当地环境生态的安全性，从而为营造生态健康产业创造了得天独厚的环境条件。

（二）交通优势

滦平位于承德市西南部，毗邻京、津，背靠辽、蒙。处于京、津、辽、蒙的省市“金三角”交汇点，素有北京北大门之称，是沟通京、津、辽、蒙的交通要冲。滦平县内外公路交通便捷，以滦平县城为中心，形成了以京承高速公路、国道101线、112线为骨架，以省道京承线、滦赤线、张隆线等为支撑，以县级公路作补充，以农村公路为网络的功能齐全、布局合理的公路网。随着环京津卫星城市带建设进程的加快，京承、承张、承赤、承唐高速公路和张唐铁路的建成通车，将进一步改善滦平的交通条件。充分利用与北京接壤的优势，对接北京、承德产业发展及市场需求，促进产业结构的生态化转型，有利于扩大商贸物流的市场规模和范围。

（三）绿色健康的农副产品

滦平物产丰富，依托自然环境资源，盛产苹果、红果、板栗、杏仁、蘑菇、黄岑、柴胡等500多种具有高营养价值经济的作物。滦平依托其优良的生态环境大力发展绿色生态农业，优化提升肉鸡、生态有机猪、北京鸭、有机蔬菜四大主导产业，成为了蔬菜种植和畜禽养殖大县，农产品中畜禽和蔬菜产量产值比重高，2014年滦平县蔬菜产量达到5.2亿千克。

中草药种植及加工具有一定基础。全县中药材有160余种药用动植物资源分布，其中药用植物资源120余种，药用动物资源40余种（蜈蚣、全蝎、土元等）；可用于人工栽培的药用植物20余种，可人工养殖的药用动物10余种。截至2014年，全县中药材种植总面积达到5.16万亩，总产量4.5万吨，总产值3.8亿元，主要种植有黄芩、穿山龙、柴胡、牡丹、金银花、桔梗、防风、牛膝、板蓝根、旱半夏、荆芥等10余种药材，尤以“热河黄芩”最负盛名，堪称“道地药材”，可作为地理标志产品。

（四）丰富的自然人文资源

滦平自然环境优良，2014 年县城环境空气质量综合指数为 5.30，二级以上优良天数为 218 天，达标天数比例为 60%，pm2.5 浓度年均值是每立方米 66μg。城市集中饮用水水源地水质达标率保持 100%，地表水水质断面达标率为 100%，地表水优于Ⅲ类断面比率为 100%。一年四季物候特点明显，旅游物候优势呈现为夏季凉爽、秋季多彩、春季绚烂，冬天披雪，季季有景色，步步有典故。滦平紧邻北京，优越的地理区位具有吸引京、津地区周末休闲和假日旅游的地缘优势。

自然风景以位于滦平境内的世界文化遗产“金山岭长城”为代表，成为国家一级风景名胜区，国家 AAAA 级旅游景区，全国重点文物保护单位。同时拥有白草洼国家森林公园、碧霞山地质公园、转山湖景区、涝洼观星台等多处秀美自然景观。

人文景观以清代御道和行宫为代表的皇家文化景观历史积淀深厚。山戎文化主题公园、大屯兴州古文化园等一批休闲文化旅游项目正在规划和建设中。山戎民族文化和御道文化更是留下了 700 多年的古迹，有清代御路遗址 5 条、行宫遗址 8 处，省级以上重点文物保护单位 10 处，各类遗址、遗迹及古建筑 360 余处，康熙、乾隆、嘉庆、咸丰 4 位皇帝秋狝避暑往返此区域 230 次，留下了无数美丽传说和遗迹逸事。寻根圣地小兴州是中国历史上八大移民基地之一，中国十大寻根圣地之一。另外，滦平非物质文化遗产丰富，被评定为市级非物质文化遗产代表作的项目有 13 个，被评定为省级非物质文化遗产代表作的项目 5 个，被评定为国家级非物质文化遗产代表作的项目 1 个；滦平地区普通话发音标准，是中国普通话标准音采集地之一。

（五）在建的农产品检疫检测中心

由国家、省两级食药监部门支持的区域性检验检测中心建设，目前已完成工程设计等前期工作，正在编制预算，气质联用仪（检测农药残留）、原子吸收仪（检测重金属含量）等检测设备已陆续到位，建成后将具备食品、药品以及农副产品国家级检测标准，能为本地、周边区域乃至整个承德市打入京津市场的食品、药品以及农副产品提供安全检测，解决跨区域销售的食品药品安全问题，为农副产品电商健康发展提供可靠的质量保障。服务支撑体系逐步建立，将提高农副产品市场的绿色监管水平，有利于产品上档次和上水平。

三、滦平商贸物流发展劣势

（一）政策虹吸效应

京津冀一体化协同发展战略对滦平有很大影响。由于受地形、水文等自然条件制约，京津冀地区经济重心确定在平原地区，北京的东、南、西三个方向将成为其非首都功能疏解的重点地区，将对要素资源产生一定的虹吸效应，从而对滦平未来发展构成很大影响。

（二）打通断头路

到 2020 年，京津冀地区将形成 9000km 的高速公路网和主要城市 3 小时公路交通圈、9500km 的铁路网和主要城市 1 小时城际铁路交通圈。城市轨道交通加速推进，京津冀三地主管部门已达成一致，将建成“轨道上的京津冀”，包括干线高铁、城际铁路、区域快线以及城市地铁系统四个层面。京津冀协同发展上升为国家战略以来，对滦平影响比较大的项目是南大梁隧道贯通，它作为国道 111 线连接承德丰宁与北京怀柔的重要节点控制性工程，将进一步改善北京与丰宁两地的交通条件，在丰宁县城北接承张高速公路，有利于丰宁、隆化、围场发挥区位和资源优势，承接北京产业转移，加强其生态产品对京输送，此改建将大大减少内蒙古南下车辆在滦平的过境性消费，而东北的物流多会选择走平坦的京沈和京哈运输线，比过境滦平的京承线在通行上更快捷更高效。因此，不利于滦平吸引内蒙古和东北的产品过境。在强力打通京津冀断头路的大背景下，滦平县的对外、对内交通条件会有所改善，为滦平县的发展创造条件的同时，也会带来周边地区更加激烈的竞争。

（三）周边同质竞争

由于滦平与丰宁、赤城、围场、隆化和兴隆等地均属于环首都经济圈的西、北部区县，资源环境具有同质性，多是依托丰富的矿产、农业、旅游等资源，形成采矿冶金、特色农业、生态旅游为主导产业，同构现象突出。

1. **中草药产业**

2014年滦平首次大规模大面积种植中草药，面积达5.16万亩。2014年9月，河北省农业厅、省财政厅、省卫计委、省中医药管理局联合发文，将滦平县祥瑞种植专业合作社黄芩种植示范园和虎营苗圃千亩牡丹种植示范园列为省级标准中药材示范园。而赤城、围场和隆化三个县也发展了中草药种植。如表1所示，滦平中草药发展在种植面积和品类方面并不具备明显的优势。

表1　　赤城、围场、滦平中草药种植面积对比　　单位：万亩

	种植面积	合作社（个）	种植基地（规模×数量）	主要品种
赤城	5.0	20	500×20；试验田4处	黄芪、黄芩、苦参、知母等30种
围场	6.15	6	1000×10	黄芪、桔梗等16种
滦平	5.16	25专业村	千亩；3个标准化基地	黄芩、穿山龙、柴胡等10种
隆化				黄芩、杏仁等中草药驰名国内外，野生药材近300种

2. **蔬菜种植业**

滦平蔬菜种植和其他县区比较，种植面积不占优势，位居倒数第二，但单产较高，名列第二位，低于兴隆。①各县发展特色不同。围场种植面积最大，已形成马铃薯产、加、销、科、工、贸一体化的龙型产业体系，引进荷兰马铃薯精制加工成套设备，年产万吨级国际特级淀粉的三九马铃薯淀粉有限公司已建成投产。其马铃薯脱毒中心是国内从事马铃薯品种引进、繁育、科研的权威机构，实现了种薯、脱毒薯工厂化生产，可培育不同薯形、不同淀粉含量、不同成熟期的各类马铃薯新品种200多种，而且十分重视绿色有机产品的认证。着力抓好“三品一标一地”的培育、认证及管理工作，全力支持龙头企业和专业合作组织，树形象、创名牌。②发展精品示范基地。走单品深加工发展模式，提高市场竞争力，已成为滦平主要的蔬菜竞争对手之一，如表2所示。

表 2　　五个县域蔬菜种植情况

	种植总面积（万亩）	总产量（万吨）	总产值（亿元）	单产（吨/亩）
兴隆县	7.81	34.5		4.42
滦平县	15.03	61.28		4.08
隆化县	17.2	60.3	9.95	3.51
丰宁县	23.1	75	9	3.25
围场县	29.8	74	7.1	2.48

四、建议措施

《京津冀协同发展规划纲要》提出“要在京津冀交通一体化、生态环境保护、产业升级转移等重点领域率先取得突破”，推动实现“三个一体化”，即交通一体化、要素市场一体化和公共服务一体化。到 2020 年，京津冀地区将着力打造“一环六放射二航五港”的交通一体化体系。京津冀协同发展将以“一核、双城、三轴、四区、多节点”为架构进行空间布局，构建以重要城市为支点，以战略性功能区平台为载体，以交通干线、生态廊道为纽带的立体网络。

依据京津冀一体化协同发展新要求，滦平必须充分利用水源涵养地得天独厚的自然条件，发挥经济已有的绿色农副产品供应的发展优势，抢抓大北京经济圈和京津冀协同发展的机遇，主动承接适合滦平发展的商贸物流、旅游、休闲、养老、医疗等产业，为北京疏解非首都功能提供服务，建立绿色流通体系，创新提升旅游服务，将滦平建成“服务京津冀”的集绿色生活、生态旅游和宜居养老于一身的消费服务示范县。突破制约自身发展的瓶颈，积极应对周边同质化竞争的挑战，创新发展“中国滦平”的绿色产品集聚化发展势在必行，从而实现滦平商贸物流跨越式的发展。

（一）依托水源涵养地环境，发展绿色生态农副产品

滦平属于冀北及燕山森林生态亚区，以京津冀一体化协同发展为契机，坚持“生态优先”的原则，大力优化和增加林果资源总量，全力构建林业生

态体系、林业产业体系和林业支撑保障体系，突出提升林业整体资源效益，实现林业的生态、社会和经济效益的统一，做优做强林果产业，形成林果生产与生态旅游和观光农业相结合的旅游商贸发展模式。

本着“质量求生存，管理求规范，特色求优势的”目标，抓住京津冀协同发展的机遇，充分利用水源涵养地的优势，发挥已有农副产品生产优势，加强与周边县市的农业合作，加大环境保护，大力发展生态农业，绿色加工工业，形成以健康绿色产品为特色的商贸物流服务体系，拓展市场空间，全力打造无公害、绿色、有机的健康系列品牌集群，成为直供京津冀地区的绿色、有机农副产品供应基地。

利用拥有被京津冀互认检疫检测中心的条件，提高农产品生产、加工、批发、仓储、配送的能力，培育绿色农副产品交易市场。建成京津冀绿色有机的农副产品贸易（批发）、流通加工、物流的集散地。吸引周边的赤峰和围场及东北农产品进驻，变同质竞争为同质合作。引进绿色健康理念，努力创新，研发健康系列产品，强化中草药深加工发展，进而形成保健系列产品，打造健康产品集群，把环境资源优势转变成产品优势。

（二）大力发展旅游经济

紧邻北京优越的地理区位吸引了大批中外游客，2010—2014 年，旅游收入从 1000 万元增加到 5000 万元，年均增长 24%，中外游客从 20 万人次增加到 50 万人次，其中国外游客占 73%。这些国内外旅游消费者给滦平带来商机，随着滦平旅游业的发展，将极大推动特色购物餐饮、高端酒店、商务会展等商贸流通业的发展。

充分认识旅游业发展的重要性，从更高层次看待旅游业对商贸物流业的带动作用，大力开发丰富的旅游产品，着力提升旅游景区的服务水平。依托丰富的旅游文化资源，将滦平良好的生态旅游环境和深厚的文化底蕴相结合，提升传统假日旅游品质，强化体验式旅游服务，提升滦平住宿、餐饮等旅游配套服务能力，完善旅游商贸物流服务体系，同时加大宣传力度，将滦平打造成京津冀生态健康特色旅游的著名品牌，全面扩大、带动、活跃滦平的旅游消费市场，成为北方的旅游名县，从而转化成看得见的旅游商贸经济效益。

（三）大力发展健康养老产业

中国2000年已进入老龄化社会，据预测2020年我国的老龄人口将达到总人口的17%。大健康产业美国占据GDP的17%，而我国仅占GDP的5%，健康养老产业在我国有广阔的市场前景。滦平距离北京市二环165km，区位优势明显，而且生态良好，空气清新，是休闲旅游、健康养老产业发展的极好环境所在地，将进一步带来稳定的商贸物流服务需求。全面深化与北京医疗领域的战略合作，加强与北京各医院的合作，依托中草药生产加工及医疗康复能力的优势，提供疗养、养生、养老和康复方面的消费服务。发挥有机中草药的特殊功效，活跃市场消费，增加医药品物流需求，从而获取规模效益。

充分利用两间房草药有机培育基地，全力打造以优质中草药精加工和养生保健品研发为基础的京津冀中草药及保健品品牌生产基地，提升中草药在市场的绿色药材可信度，树立优质中草药品牌形象，提升中草药相关产品的利润空间。充分利用“长寿村”的美名，与养生、养老、休闲旅游业结合，开设养生、疗养和养老中心，展示中草药系列产品，将养老养生的老人及医疗咨询专家团队进行无缝对接，提供高品质养老服务。

参考文献

［1］河北新闻网．京津冀物流业发展建设现代商贸物流基地［EB/OL］．［2015－10－04］．http：//hebei. news. 163. com/15/1004/08/B52PQFCC02790HT3. html.

［2］中国日报．中日专家探讨养老健康产业与政策［EB/OL］．［2015－06－02］．http：//www. chinadaily. com. cn/hqcj/xfly/2015－06－02/content_13787764. html.

“团带式”商业规划模式在“京津商谷”中的应用研究

吕　波　魏国辰

摘　要：本文结合京津冀一体化背景，以北京市平谷区“京津商谷”规划研究为对象，在分析“商圈理论”和“组团理论”等基础上，提出了“团带式”商业规划模式，并提出了该模式应用的六个支撑要素，即一个区域在具备交通干线、经济发展、招商引资、辐射区域、商业人才和商业项目六方面要素的有力支撑时，可以运用该模式进行商业规划。利用“团带式”商业规划模式可以有效解决区域在跨越式发展时所带来的负面效应影响，引导区域商业由中心式分布向均衡式分布过渡，改变在组团核心地带商业过于密集和人口过于拥挤的现状，并预防交通过于拥堵、生活环境趋于恶化等问题。该研究给予科学制订区域性的商业发展规划，提高城市商业的服务功能提供了一种理论和实践模式。

关键词：团带式　商业规划　布局　模式

商业是城市发展的标志，承担着商品从流通领域向消费领域转换的职能。科学制订商业发展规划，推进区域性商业布局的建设、优化和调整，使商业布局更趋合理，商业功能更加完善，商业环境更为优美，对于提高城市综合服务功能具有十分重要的意义。然而在新的发展形势和环境之下，用什么理论来指导商业规划，对此，本文以“京津商谷”规划为载体提出了一种新的发展思路——团带式发展模式。本文所提的“京津商谷”规划是指北京市平谷区商业规划。独特的区位优势为平谷区商贸流通的发展提供了巨大的发展空间。平谷区地处京津冀三省（市）交界的战略节点，特殊的地理位置把平谷融于首都经济圈和京津冀都市经济区中，这成为平谷相对顺义、通州乃至亦庄的最大竞争优势，为平谷区商业的发展创造了极为有利的条件。虽然从目前情况来看，由于交通条件限制，区域优势对商业发展的贡献尚不突出，但随着交通条件的不断完善，平谷区独特的区位优势必然会成为推动平谷区商业发展的重要因素。

一、"京津商谷"的内涵与环境分析

在京津冀一体化背景下，平谷区"京津商谷"是在北京、天津两大城市发展战略框架下、结合平谷区区位和资源优势而产生的特色商业集聚和繁荣区域。它是以平谷区域作为京津商业活动的对接点和辐射点，以特色商业活动为核心，以特色商业企业及相关服务企业为主体，由一系列相互关联的企业以及相关机构组成的地理集聚体。

（一）京津商谷的内涵

1."京津商谷"具有一定的地域辐射力

商谷是在一定地域内形成的商品或服务贸易的集聚。对于平谷区"京津商谷"而言，它首先是一片地理区域。从地理位置上来看，平谷处在京津两大城市之间，西接北京首都空港，东连天津新港，位于京津塘"金三角"区域和环渤海地区的中心地带。平谷"京津商业区"的地理内涵就是指以平谷为核心向京津冀辐射的一片地带。

2."京津商谷"是具有战略意义的商谷

"京津商谷"的基本立足点是将平谷区作为京、津经济活动的一个重要节点，寻求京津空间环境下平谷区商业发展的差异性和独特性；寻求平谷区京津空间环境下自身资源优势的突破口；寻求同京、津城市经济发展互补的功能定位。它是一个具有战略意义的商谷。

(1)"京津商谷"是北京世界城市、国际商贸中心建设体系的一部分。"京津商谷"的建立和完善不仅有利于平谷区加强提升同首都经济社会的融合和共生，更可以加快北京建设国际商贸中心的步伐。

(2)"京津商谷"是京津冀都市圈和环渤海经济圈的一部分。首先，"京津商谷"承接北京、天津转移出来的部分城市功能。近些年来，随着北京、天津的经济发展和城市规模的扩大，“大城市病”日益突出。因此，国家启动京津冀都市圈规划和环渤海经济圈规划，希望能通过大城市的功能转换和卫星城建设带来扩散效应。京津商谷以北京平谷区为核心建立起来，属于北京和天津的卫星城市，通过建立特色商业集聚区来吸引相关的产业、企业、资金、人员等。其次，“京津商谷”除了发挥城市功能转移作用外，还起到地缘连接和优势互补作用。“京津商谷”位于京津冀地区的中心地带，起着对接作用。从北京来看，作为政治文化中心和在建中的国际商贸大都市，有着相当大的号召力和影响力，有着较为密集的商业和商务活动，吸引着大量的人流、物流、资金流。“京津商谷”可以成为其商业和商务活动的基地。从天津来看，作为北方的经济中心，其未来发展重在港口经济和现代服务业发展。“京津商谷”具有地理优势，使其成为天津港延伸物流和商业贸易基地。

3. “京津商谷”核心是特色商业，以特色商品贸易和生态旅游商业为主导

商谷的核心产品或服务是商谷能持续发展的重要条件。要能发展成为商业繁荣的集聚区，关键在于其核心产品或服务能产生吸引力，能产生竞争优势。这种吸引力及竞争优势往往源于这样两种途径：源于传统特色产品的特色商业；结合特色资源，能吸引大量商流的新业态上的特色商业。

（1）从传统特色产品的角度来看，“京津商谷”是一个特色商品交易繁荣的区域。平谷已经形成有号召力的特色商品。平谷大桃闻名中外，已经获得国家地理标志产品保护和欧盟地理标志产品保护。除了大桃外，平谷的观赏石也颇具吸引力，其出产的金海石、轩辕石均属北京三大奇石之列。平谷的乐器制造也有20多年的历史，是传统的乐器制造地。京津商谷的发展就是要依托这些传统特色并在此基础上升级，增加其附加值。

（2）从新兴商业来看，“京津商谷”的特色在于生态旅游商业。建立生态旅游商业的优势在于其特有的地理优势和资源优势。一方面，平谷位于京、津、冀的中心，具有可以承接北京和天津部分城市功能以及承担相应特色商业的作用，如商贸物流、会议、会展等商务旅游以及休闲旅游。另一方面，平谷具有丰富的旅游资源和良好的生态环境，是一个适合旅游商业发展的地方。

4. “京津商谷”是结合三次产业发展的有机商业系统

“京津商谷”突出“商”特征，但它并不是一个单纯的商业集群，而是以商业为核心，依托其他产业发展的一个有机系统。“京津商谷”的核心在于特色商业，需要吸引大量的特色产品交易人群、休闲旅游人群、商务旅游人群。要把这三大类人群结合起来，需要融合农业、工业和服务业这三类产业。从农业来看，主要体现在特色农产品的生产和交易上，它也是生态旅游商业的基础和供应源之一。从工业来看，主要体现在特色产品的制造和交易上。工业的发展不仅为特色产品提供生产功能，同时还为商谷提供大量的休闲旅游和商务旅游人群。从服务业来看，商谷的商业活动最终体现在商品的分售服务、商贸物流服务、旅游及相关服务、文化、体育服务。商谷的商业活动以这些服务活动为主体，以教育、金融、房地产、会展等服务为支持，形成一个共生的有机商业系统。

5.“京津商谷”有其独特的文化商业内涵

“京津商谷”中特色商品交易体现出的是文化商业内涵。“大桃文化”“观赏石文化”“音乐文化”等不仅为大桃，奇石、乐器的商贸活动提供一个更高、更宽的商业平台，而且还可以围绕富有文化内涵的产品催生一系列相关的企业和机构，也可以和生态旅游商业紧密结合起来形成历史文化商业区而不只是形成简单的专业市场。

（二）“京津商谷”面临的环境分析

1. 有利的政策为“京津商谷”建设提供了强大的支撑

在京津冀一体化背景下，有利于“京津商谷”建设的政策包括以下两方面。

一是规划纲要中国家明确提出要“科学规划城市群内各城市功能定位和产业布局，缓解特大城市中心城区压力，强化中小城市产业功能，增强小城镇公共服务和居住功能，推进大中小城市基础设施一体化建设和网络化发展”。此外，“打造首都经济圈”也被写入北京市发展规划和国家发展规划。

二是北京市印发的《关于进一步加强与周边地区合作，促进区域协调发展的意见》，提出加大对周边地区发展的支持带动力度，并建立北京支持和带动周边地区发展的财政支持机制，用于支持与周边地区开展产业合作、技术服务、劳务技能培训等。

此外，北京市对区县功能的重新定位及平谷市政府大力发展高附加值第三产业的战略部署，也都为平谷区商业的发展及“京津商谷”的建设提供了有力的政策环境。

2. 适当的机遇为“京津商谷”建设提供了必要的条件

在京津冀一体化背景下，“京津商谷”建设面临的机遇包括三方面。

一是北京东扩、京津冀一体化、环渤海经济圈的发展等战略机遇不仅使平谷区的区位优势日益明显，而且在很大程度上也提供了平谷区大发展的良好机遇。

二是京平高速与津蓟高速公路的对接贯通。平谷地处京、津、冀交汇处的区位优势和生态资源优势被进一步激活，为平谷区进一步参与区域合作、集聚生产要素拓展了发展空间。

三是北京要成为世界城市和国际商贸中心，城市的部分功能溢出效应和部分功能向郊区地带的转移必不可少。平谷区连接着京津两大城市，处于环渤海经济圈的中心地带，面向环渤海发展，构建服务于北京及周边城市的“北方旅游集散地、特色农产品交易中心、特色商品市场群”，打造“京津商谷”是千载难逢的历史机遇。

3. 独特的资源为“京津商谷”建设提供了必要的根基

“京津商谷”建设所具备的丰富资源包括以下几方面。

一是“京津商谷”理念的提出顺应了现阶段平谷区商业发展的规律，符合平谷区当前商业发展水平。平谷区“十一五”期间，平谷商业取得了很大的发展：市场建设投入力度加大、商业单位数量增加、流通规模显著扩大、商业企业实力增强、从业人员素质进一步提高等，这都为平谷区建设商业中心提供了发展的保障。

二是平谷区具有优势明显的大桃市场、乐器市场、奇石市场等，现有的资源也为“京津商谷”的建设、发展提供了保障。

三是平谷区所处的独特地理位置决定了其将成为有效连接京、津、唐的重要商业集群的重要节点。虽然从目前情况来看，由于交通条件限制，区域优势对商业发展的贡献尚不突出，但随着交通条件的不断完善，平谷区独特的区位优势必然会成为推动平谷区商业发展的重要因素。

四是平谷区的自然环境状况较好，不存在工业污染问题，全区常年空气清新，风景优美；同时，平谷区还具有较丰富的矿产资源、旅游资源等。这些条件正符合人们"回归自然的新观念"。自然资源的不可再生性决定了这些外部条件成为平谷区吸引外部投资、吸引大城市居民外迁的一个不容忽视的优势。

五是平谷区拥有京东唯一的海关口岸、保税库，且均处在京平高速公路马坊出口，物流成本很低。这些优势也将有助于"京津商谷"的建成。

此外，平谷区在大力发展经济的同时，政府服务绩效、政府政策公开透明度不断提高，具备了较高的政府服务水平，为平谷区经济的经济发展创造了良好的环境。

4. 多元的需要为"京津商谷"建设提供了必要的动力

2009 年全区实现社会消费品零售总额 43.3 亿元，同比增长 12.1%。随着居民消费水平的不断提高，其消费需求也越来越高；2010 年平谷区生产总值突破百亿元，经济发展步入新阶段。随着平谷区国民经济与社会发展"十二五"规划的实施，平谷区将迎来一个新的发展时期。新的发展条件下，平谷区的商业发展具有充分的需求驱动力。

一是北京城市功能转移决定了北京城区对平谷区商业发展的需求进一步扩大。

二是平谷区旅游业的进一步发展，将会更大范围地吸引京津冀地区的游客，游客到平谷的吃、住、游、购、娱都会产生对平谷商业发展的驱动力。

三是随着平谷经济的发展，人们的生活水平和购买力都将进一步提升，随着购买力的提升，商业发展的市场驱动力将更加显著。

四是平谷区大桃等特色果品的市场扩张及其他平谷区特有的农产品、农副产品生产扩大都迫切要求平谷区进一步增强其商业的发展规划，提升商业发展水平。

二、"团带式"商业规划模式的提出

（一）平谷区商业发展的指导思想

1. 立足京津冀区域，突出特色

现代商业的发展应与经济发展保持一致，平谷区作为京津冀经济圈中的一个组成部分，在构建现代商业体系时则应从开放的大系统着眼，跳出平谷看平谷，从京津冀区域的角度主动参与区域商业的竞争与合作，为京津冀地区提供服务。W. 克里斯泰勒的中心地理论认为，中心地是分级的，高级的中心地市场腹地大，可以提供市场门槛值高的高级服务项目。因此，平谷区商业发展应主动对接北京市国际商贸中心建设，充分发挥一体化发展所带来的商业优势互补作用，发展特色商业，打特色消费和绿色消费牌，以此来吸引包括北京市及周边地区在内的顾客来平谷区消费。

2. 提升商业主组团区，健全商业网络

平谷区商业主组团区是区域形象、区域竞争力的集中表现。通过提升商业主组团档次和功能、大力发展商业副组团、健全平谷区商业网点系统层级网络，将实现平谷区中心、中心边缘、乡镇社区网络化发展，最终提高平谷区商业整体水平。

3. 以农产品和旅游资源为核心，确立平谷区商业发展切入点

现代核心竞争力理论认为，任何地区的资源和能力均是有限能效，因此，应集中主要资源能力有取舍地选择发展领域及发展顺序。平谷区本地产业发展聚集性弱，但作为生态涵养区农产品资源丰富，特别是大桃在中国的资源优势明显，同时，旅游资源丰富，具有较大的开发潜力。因此，平谷区应充分发挥自身的农产品和旅游资源优势，大力发展农产品流通业、旅游休闲商业。

4. 从响应需求向创造需求转变，促进商业集群形成

平谷区商业经济总量规模较小，商业发展需求略显不足。如果发展现代商业仍从响应现有城市生产及生活需求入手，则对城市发展促动不大。为此，要转变传统观念，转向从创造产业需求的层面来规划现代商业系统，通过构建大型购物中心、建设特色商业街和农产品集散中心以及各类市场等方式来促进商业集群形成，不断满足消费者多样化、个性化的需求，提高消费者的消费效率和消费价值，促进平谷区商业繁荣和经济的快速发展。

（二）相关商业规划理论

对于城市商业布局理论的传统论述，本文认为主要有以下 5 种理论模式。

1. 土地价值理论

该理论认为地价是土地价值的反映。零售区位的等级职能越高，支付地价的能力也越高，区位选择将趋向于高地价的都市中心部；相反，则选择地价较低的周边部。商业分布是从市场地域的中心到边缘，按照地价的高低依次分布着地区级购物中心、社区级购物中心和近邻型购物中心。

2. 零售商业区位理论

该理论认为，决定商业区位选择的因素包含市场、空间的接近性和竞争三个方面。市场指的是消费者的集合，如消费者的数量、收入、人口构成和生活方式等；空间的接近性是指空间距离和交通条件；竞争则是指在市场地域中同行业竞争者的数量以及能力等。商业区位的选择是这些因素综合作用的结果。

3. 中心位置理论

该理论考虑交通费用的作用，认为零售区位布局的原则是交通节点指向。人口和聚落的分布有四种形态，分别是线状分布、二维面状分布、沿交叉的交通线以任意单位距离分布，以及在集汇的各交通网线路上的任意分布。四种分布形态里的中央点、交叉点和集汇点是最佳区位点，因为从这些点到所有各点的总费用最小。城市商业区主要由中央商业区、区域性商业区和邻里性商业区共同有序构成。

4. 商圈理论

商圈是指商业企业吸引顾客的区域范围。商圈是由店、消费者购买行为空间和销售活动空间三者构成。核心商圈能吸引55%～70%的顾客；次级商圈为15%～25%；边缘商圈则最小，比较稀疏。中心商业区和大型商店对次级商圈和边缘商圈的顾客的吸引力相对要大。商圈通常不是圆的，更多是椭圆形或多边近圆形。

5. 新城市主义模式

自20世纪80年代始，美国等西方发达国家提出了一种被称为“新城市主义”的社区发展模式。根据这种理论，商业规划要在居住区中采用土地混合使用策略，在居住区内设置社区公共服务设施，特别是要设置大型商业项目，这样可以为居住区内部及周边地区的居民创造一定数量的就业机会，从而在邻里间平衡发展居住、商业和就业，减少邻里与邻里间的通勤量，以促进郊区的城市生活。

上述的各种国外城市商业规划理论，其研究都是以完全市场经济、市场自我调节为前提条件的，忽略了政治、流通体制、市场的秩序与控制，以及管理、新技术的应用等对商业规划的影响，使这些理论的应用都有其局限性。特别是上述理论中关于集中布局的设计理念，常常引发一系列“城市病”。我国人口众多，正处在城市化进程中，城市居民消费结构正在发生根本性变化，如果大型商业过分集中在城市中心，特别容易引发如下矛盾，比如交通极度拥挤、环境日趋恶化、人流密度大等，这已经成为我国大中城市的一个突出问题。此外，近几年来房地产业热衷于在城市中心区开发，由于片面追求土地利用率，忽视社会效益，导致容积率过高，又进一步加大了城市中心区的压力。

（三）团带式规划理论的提出

基于这些传统商业理论的不足，结合我国实际，本文提出了团带式的发展模式。“团”是指“组团”，我国一些城市在商业规划的实践中，为了避免商业在某一地区的过于集中，在实践中常常采取多组团的规划选址思路。比如在国家颁布的标准《城市居住区规划设计规范》中，提出了如下指标要求，即建设组团级的商业中心，其商业服务部分的建筑面积要总体上达到725m^2。这种规划旨在将生活与工作进行有效、合理、科学的统筹安排，充分整合现代生活的诸多要素，使居住、工作、学习、购物、休闲等多重功能有机地“链接”起来，构成一个完善、便利、现代的生活空间，确保日常的各类生活、公务、商业活动都能在这一组团内得以迅速解决。本文认为这种规划方法具有其合理性，因此在本文所提的“团带模式”中保留了“组团化”概念。

然而“组团式”模式的缺点在于，它不能解决同一组团内商业过于集中和拥挤的状况。我国由于人多地少，城市住宅区建设一直沿着高密度、组团化发展的道路进行。在中小城市，住宅的类型多以6~7层的多层住宅为主；而在一些大城市，由于人口过度密集，城区的住宅类型以高层住宅为主。随着经济发展和城市化进程的加快，高层住宅类型的建设有向中小城市扩展的趋势。我国居住区的建设密度，多层居住区容积率通常为1~1.2，高层居住区为1.8~4，而且越靠近组团的核心，这一情况就越体现得充分。因此，按照多组团的规划理论，仍然无法解决在同一组团内其核心区商业布局过于密布和人口过于集中的问题。为此，在"团"的基础上，本文提出了"带"的概念。"带"是指"商业带"，即在同一组团内，沿着交通干线规划出不同的"商业带"，把商业由原来的"中心式布局"引导至"商业带布局"，倡导区域性商业由中心式分布向均衡式分布过渡，以期改变核心区商业过于密集和人口过于拥挤的现状，解决组团核心区域交通过于拥堵、生活环境恶化的现实。

三、"团带式"商业规划模式的应用

"团带式"商业规划思路是在提倡"多组团"的基础上，建议在不同的组团内，沿着不同的交通干线，规划建设不同的商业带，最终形成在商业组团下设商业带的规划格局。本文以制定北京市平谷区"京津商谷"商业规划为例，对"团带式"商业规划模式进行实际应用分析。

（一）"团带式"商业规划模式的支撑要素分析

1. 交通干线支撑

具有商业发展潜力的交通干线，是形成团带模式的重要前提。交通干线对于商业的影响重要程度不言而喻，相关实践最早可以追溯到20世纪20年代。当时，美国商务部颁布了《城市规划和区划的标准法案》，明确规定对交通设施建设不充分的地方，不允许开发商业。除了交通干线，地理位置、节点属性等地理因素也是规划"商业带"的重要影响因素。当然，并不是所有的交通干线都适合布局商业带，比如完全封闭的高速公路，或者没有站点依靠的轻轨地铁，在理论上都无法形成商业带。以北京市平谷区为例，平谷区在发展高速公路交通体系及轨道交通时，预先考虑交通对商业的带动作用，预先规划商业汇集点，为商业布局提供了便捷的交通条件。随着汽车普及率的进一步提高，快速便捷的轨道交通延伸到平谷区，完善便捷的交通系统建设，为该区的商业布局提供了交通基础。

2. 经济发展阶段支撑

"团带式"商业规划必须建立在经济基础之上，其所依赖的区域经济最好正处于腾飞阶段。以平谷区为例，参照国际城市化发展阶段指标，北京城市化已进入高速发展的阶段，郊区将成为北京市发展的新战略空间。平谷区由于环境优越，未来将成为居住的热点区域，这种变化在未来五年内将得到充分体现。届时平谷区的人口规模将不断扩大，人口结构将向多层次、多元化转变；先进制造业、房地产业、现代商业、旅游度假区和大学城建设等诸多领域也在向郊区延伸；平谷区广阔的地域空间、土地级差优势、多山多水的良好生态环境、消费力的集聚都为商业开发建设提供了有利条件。这些条件说明平谷区正处在一个经济加速发展的阶段，适合用“团带式”模式来规划商业。

3. **招商支撑**

“团带式”模式的规划布局，必然需要不同的商业业种和业态，需要大量的品牌商业和大型项目来支撑，如果一个地区不具备吸引商业资源和金融资本的优势和条件，“团带式”模式无法真正落地。就平谷区来说，国际化资本、国际品牌、先进技术、现代管理及服务理念将不断引入平谷区，新的商业业态将在平谷区不断涌现，整体商业环境、金融环境和政策环境将变得更加优越，这将有利于平谷区的招商引资及商贸结构调整提升，有利于大型商业综合体的引进和融资，具备了“团带式”模式的商业基础。

4. **辐射区域支撑**

“团带式”的商业规划，必然要考虑其辐射性，辐射的区域要合理定位。就平谷区来说，它是京津两大直辖市的北部通道之一，是连接京津两大直辖市的重要交通走廊和节点城市之一，在北京和天津间起着桥梁作用。平谷区距离市中心的交通时间在 1 ~ 1.5 小时，到首都机场的时间为 45 分钟，到天津新港的时间为 140 分钟。从地理位置上来看，平谷区地处北京、天津、河北两市一省的交界，正处于环渤海地区的节点位置上，与环渤海其他地区的距离都在 300km 半径以内。这些地理属性使平谷区有潜力成为环渤海经济区的一个中心节点，因此，平谷商业的定位可以是未来成为“京津商谷”。

5. **人才支撑**

“团带式”商业规划要成为现实，须有相应的大量专业人才进行支撑。随着北京东部发展带的兴起和平谷新城的发展壮大，平谷区将成为北京东部的重要增长带。这本身将吸引北京市以及其他郊区县的产业、资金、人才向本区扩展。同时，环渤海的联动发展为平谷区提供了广阔的人才腹地。当然，对人才最有吸引力的地方是平谷区规划的新城区，一批大型项目的引入和配套政策的实施，都将吸引周边人才的涌入，平谷区发展“团带式”商业模式具有足够的人才基础。

6. **项目支撑**

商业项目是“团带式”模式的根本支撑点。在规划平谷区商业规划时，在商业带内都规划一批重点商业项目，每个商业带各有发展重心，分别发展综合商业体项目、商业街和专业市场，其中综合体项目包括平谷中央商务区商业项目、御马坊度假城项目和中国乐谷乐器展示交易中心；商业街项目包括平谷新城餐饮商业街、平谷城区中心商业街；专业市场则包括东寺渠区域性批发市场、区域性建材批发市场和汽车交易市场。重点商业项目成为商业带发展的根本支撑因素，它们成为商业带发展的龙头带动力量。

基于以上因素支撑，按照“团带式”模式，平谷区未来的商业规划具体内容如下：首先是整体规划为“一个主组团、三个副组团”；其次是在主组团内布局“三个商业带”；再次是在不同的商业带内重点建设体现规模效应、集聚效应和辐射效应的商业项目。主组团是以平谷新城区为核心的，它将对平谷区商业发展起主导作用，是平谷区商务、购物、住宿、餐饮、休闲等多种功能为一体的集中商业活动区。“商业带”是体现平谷不同商业特色的带状区域，而且各有一条交通干线贯穿其中。在主组团之内，连接北京与平谷区的高平高速公路，以及规划中轨道交通线，无疑将成为两大吸引商业集聚的交通干线，在理论上可以规划为两条东西向的商业带。同时，作为平谷区贯穿南北的交通干线密三路，是平谷区贯通南北的、独一无二的南北经济动脉，未来将成为平谷商业发展的南北主轴，也适于建设为南北向的商业带。因此，在平谷区的主组团内，可以规划建设京平高速商业带、密三路商业带、轨道交通商业带，这三条商业带在地理上体现为“两横一纵”。最终，平谷区的商业主框架由组团和商业带组成，分成主组团、副组团、商业带、特色商业、商品交易市场、社区商业等功能区，并在各功能区中合理分布商业街、集散市场、特色旅游市场、星级酒店和连锁酒店等大型商业设施，构建“团带式”的商业格局，形成均衡分布、相互依存、相互补充的新型商业网点布局，以承接北京市在建设国际大都市的过程中购物娱乐休闲消费由城区向郊区外流的趋势，成为未来的“京津商谷”。

(二)"团带式"商业规划模式的构建

在定量分析上，传统的一些经典有关理论，虽然并不是专门针对商业规划的，但是对商业规划提供了系列模型和工具。在商业规划时，应当充分借鉴并参考这些理论。本文认为值得借鉴的数量分析方法主要是购物概率模型（荷夫模型）以及多因素模型（布莱克模型）。

1. 购物概率模型

美国学者荷夫（Huff）认为，在数个商业集聚区（或商店）集中于一地时，顾客利用哪一个商业聚集区（或商店）的概率是由商业集聚区（或商店）的规模和顾客到该区（或商店）的距离所决定的，即一个商店对顾客的吸引力取决于两个因素：商店规模和距离。该模型是在数个商店（群）集中于一地的情况下，一个住户利用其中哪一个的概率由各商店的规模和住户来此的距离所决定。商店（群）规模以营业面积表示，距离用顾客到商店的时间衡量。该模型可表示为：

$$E_{ij} = P_{ij}C_i = \frac{S_j/T_{ij}^a}{\sum_{j=1}^{n} S_j/T_{ij}^a}C_i \tag{1}$$

式中：E_{ij}——从人口中心 i 被吸引到零售点 j 的预期需求；

P_{ij}——顾客从人口中心 i 出行到零售地点 j 的概率；

C_i——人口中心 i 的客户需求；

S_j——零售点 j 的规模；

T_{ij}——从人口中心 i 到零售点 j 的出行时间；

n——零售点 j 的数量；

a——经验估计参数。

2. 多因素模型

随着零售业的变化发展，购物概率模型有了更进一步的突破，1987 年美国学者布莱克（Black）提出了多个因素作用模型：

$$P_{ak} = \frac{A_{ak}^N/D_{ak}^n}{\sum A_{ak}^N/D_{ak}^n} \tag{2}$$

式中：P_{ak}——区域 a 内顾客到零售店 k 购物的可能性；

A_{ak}——零售店 k 吸引区域 a 内顾客到零售店 k 的因素总和；

D_{ak}——阻碍区域 a 内顾客到零售店 k 的因素总和；

N，n——经验作用指数。

该模型表明：吸引顾客来店购物的因素，除了商店规模外，还包括商店的形象、商誉、购物气氛、服务等，阻碍顾客来店购物的因素包括交通时间、交通成本、机会成本及其他费用。尽管商誉、机会成本等因素很难定量化，但该模型的提出使人们对商圈有了更深层次的认识，即一个零售点的商圈的吸引力将随着各种因素的变化而变化。

3. **"团带式"理论模型**

借鉴上述量化分析模式，"团带式"模式认为吸引顾客前来一个区域的影响因素也是多方面的，主要体现在以下六个因素：交通干线（T）、经济发展（E）、招商引资（B）、辐射区域（A）、商业人才（H）、商业项目（P）等方面的支撑。如果上述六个因素的支撑力越强，则"团带式"商业发展的动力越大。一个地点的商业吸引力是上述六个因素的函数，即：

$$P_n = f(T,E,B,A,H,P) \tag{3}$$

式中：P_n——某一个商业地点吸引消费者前来消费的概率值；

T——交通干线因素，具有商业发展潜力的交通干线，是形成"团带式"模式的重要前提；

E——经济发展因素，"团带式"商业规划必须建立在经济基础之上，其所依赖的区域经济最好正处于腾飞阶段；

B——招商引资因素，"团带式"模式的规划布局需要不同的商业业种和业态，需要大量的品牌商业和大型项目来支撑，如果一个地区不具备吸引商业资源和金融资本的优势和条件，"团带式"模式无法真正落地；

A——辐射区域因素，"团带式"的商业规划必然要考虑其辐射性，辐射的区域要合理定位；

H——商业人才因素，"团带式"商业规划要成为现实，须有相应的大量专业人才进行支撑；

P——商业项目因素，商业项目是"团带式"模式的根本支撑点。

当无法通过建立模型对式（3）进行量化分析时，可以借助式（2）的原理，对上述六个因素进行对比打分，将比较值打分也可得到近似比值，即：

$$P_k = \frac{f_k(T,E,B,A,H,P)}{\sum_{k=1}^{n} f_k(T,E,B,A,H,P)} \tag{4}$$

式中：P_k——第 k 个商业地点吸引消费者前来消费的概率值；

T——交通干线的比较得分值；

E——经济发展的比较得分值；

B——招商引资的比较得分值；

A——辐射区域的比较得分值；

H——商业人才的比较得分值；

P——商业项目的比较得分值；

n——共有 n 个商业地点进行比较。

（三）“团带式”商业规划模式应用分析

本文以制订北京市平谷区“十二五”商业规划为例，对“团带式”商业规划模式进行理论的应用分析。

1. 北京市平谷区商业发展条件的比较分析

北京市平谷区地处北京市远郊山区产业圈中，是首都的生态屏障，在全市整个生态环境方面占有举足轻重的地位。近年来，平谷区经济总量不断攀升，商业经济取得长足发展。但是与北京不同区域的经济指标进行对比分析可以发现平谷区的差距。以 2009 年为例，平谷区的各项经济指标，如地区生产总值、财政收入、城镇居民人均可支配收入等，在全市各区县的排名中都相对靠后。在北京的 5 个生态涵养发展区县中，平谷区的社会消费品零售总额（同口径比较）排名第 4，处于落后水平。具体如图 1 所示。

由图 1 可知，持续较快的发展速度和相对落后的排名状态，必将促进平谷区迎来一个跨越式发展的阶段。随着国家环渤海经济圈发展战略的确立，借助于独特的区位条件、自然生态资源优势、有力的政策支持，平谷区已开始进入加快发展的战略机遇期，平谷区商业将呈现快速、有效、持续、稳定地发展。上述这些条件都为平谷区的商业规划提供了机遇，但同时也对传统

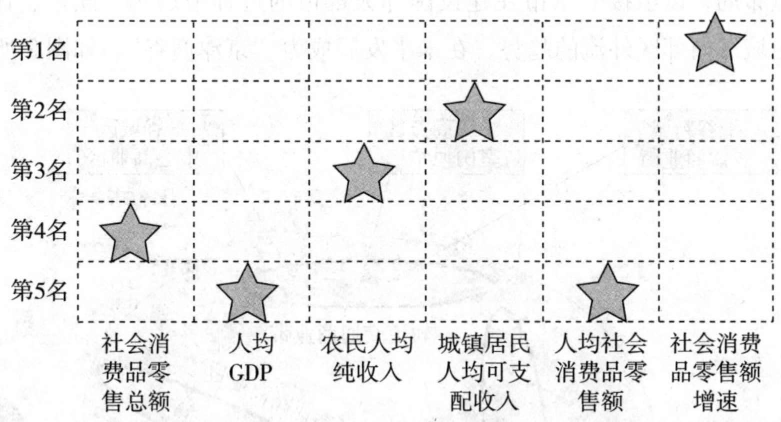

图1　北京市5个生态涵养区平谷区所处位置示意

规划理论提出了严峻的挑战。

2. 北京市平谷区对“团带式”商业规划模式的应用

基于以上优势分析，按照“团带式”模式理论，平谷区未来的商业规划如图2所示，具体体现为：首先是整体规划为“一个主组团、三个副组团”；其次是在主组团内布局“三个商业带”；最后是在不同的商业带内重点建设体现规模效应、集聚效应和辐射效应的商业项目。主组团是以平谷新城区为核心的，它将对平谷区商业发展起主导作用，是平谷区商务、购物、住宿、餐饮、休闲等多种功能为一体的集中商业活动区。“商业带”是体现平谷不同商业特色的带状区域，而且各有一条交通干线贯穿其中。在主组团之内，连接北京与平谷区的高平高速公路，以及规划中轨道交通线，无疑将成为两大吸引商业集聚的交通干线，在理论上可以规划为两条东西向的商业带。作为平谷区贯穿南北的交通干线密三路，是平谷区贯通南北的、独一无二的南北经济动脉，未来将成为平谷商业发展的南北主轴，也适于建设为南北向的商业带。因此，在平谷区的商业主组团内，可以规划建设京平高速商业带、密三路商业带、轨道交通商业带，这三条商业带在区位上体现为“两横一纵”。最终，平谷区的商业主框架由组团和商业带组成，分成主组团、副组团、商业带、特色商业、商品交易市场、社区商业等功能区，并在各功能区中合理分布商业街、集散市场、特色旅游市场、星级酒店和连锁酒店等大型商业设施，构建“团带式”的商业格局，形成均衡分布、相互依存、相互补充的新型商业网点布局，以承接北京市在建设国际大都市的过程中购物、娱乐、休闲等消费由城区向郊区外流的趋势，在未来发展成为“京津商谷”，如图2所示。

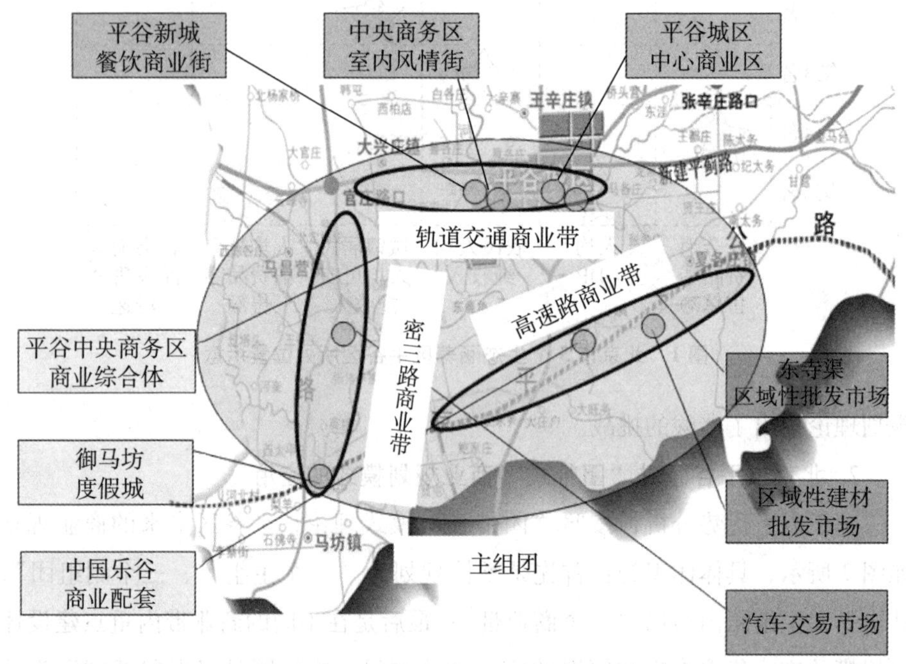

图2　北京市平谷区“团带式”商业规划模式示意

3. **北京市平谷区“团带式”商业规划模式的量化分析**

“团带式”商业规划思路是在提倡“多组团”的基础上，建议在不同的组团内，沿着不同的交通干线，规划建设不同的商业带，最终形成在商业组团下设商业带的规划格局。北京市平谷区具备了“团带式”规划的支撑要素，主要表现在以下方面。

交通干线支撑：平谷区在发展高速公路交通体系及轨道交通时，预先考虑交通对商业的带动作用，预先规划商业汇集点，为商业布局提供了便捷的交通条件。

经济发展支撑：参照国际城市化发展阶段指标，北京城市化已进入高速发展的阶段，郊区将成为北京市发展的新战略空间。平谷区由于环境优越，未来将成为居住的热点区域，这种变化在未来5年内将得到充分体现。招商引资支撑：就平谷区来说，国际化资本、国际品牌、先进技术、现代管理及服务理念将不断引入平谷区，新的商业业态将在平谷区不断涌现，整体商业环境、金融环境和政策环境将变得更加优越，这将有利于平谷区的招商引资及商贸结构调整提升，有利于大型商业综合体的引进和融资，具备了发展“团带式”模式的商业基础。

辐射区域支撑：从地理位置上来看，平谷区地处北京、天津、河北两市一省的交界，正处于环渤海地区的节点位置上，与环渤海其他地区的距离都在300km半径以内。这些地理属性使平谷区有潜力成为环渤海经济区的一个中心节点，因此，平谷商业的定位可以是未来成为“京津商谷”。

商业人才支撑：随着北京东部发展带的兴起和平谷新城的发展壮大，平谷区将成为北京东部的重要增长带。这本身将吸引北京市以及其他郊区县的产业、资金、人才向本区扩展。同时，环渤海的联动发展为平谷区提供了广阔的人才腹地。当然，对人才最有吸引力的地方是平谷区规划的新城区，一批大型项目的引入和配套政策的实施都将吸引周边人才的涌入，平谷区发展“团带式”商业模式具有足够的人才基础。

商业项目支撑：在制定平谷区商业规划时，在商业带内都规划一批重点商业项目。每个商业带各有发展重心，分别发展综合商业体项目、商业街和专业市场，其中综合体项目包括平谷中央商务区商业项目、御马坊度假城项目和中国乐谷乐器展示交易中心；商业街项目包括平谷新城餐饮商业街、平谷城区中心商业街；专业市场则包括东寺渠区域性批发市场、区域性建材批发市场和汽车交易市场。重点商业项目成为商业带发展的根本支撑因素，它们成为商业带发展的龙头带动力量。

综合考虑“团带式”商业规划6个因素对平谷区商业发展的影响，依据平谷区关于社会消费品零售总额的历史统计资料，再根据式（3），通过回归分析可得：在前两年期间，将表现出一个以年度（X）为自变量、以社会消费品零售总额（Y）为因变量的一元线性回归方程，如式（5）所示：

$$Y = 4.98X + 23.75 \tag{5}$$

即在“十二五”期间的最初两年，由于商业发展处在建设商业基础设施阶段，平谷区难以实现商业发展的跳跃。但在“十二五”期间的后三年，由于商业产业设施、招商工作等都逐步完成，商业发展将迎来一个超常规发展阶段。根据新建商业项目的经济预测，可得到一个以年度（X）为自变量、社会消费品零售总额（Y）为因变量的指数函数方程，如式（6）所示：

$$Y = 26.495e^{0.1181x} \tag{6}$$

上述的发展趋势如图 3 所示。可知，在“十二五”期间，平谷区的商业发展将出现以下发展趋势，即在 2013 年将迎来超常规发展期。而如果按照传统的规划理论，只能得出平谷区在未来 5 年的发展将按照以往的发展惯性和规律，呈现稳定式、平滑式增长，不会实现跨越式发展。由于“团带式”规划提倡的是多团组、多商业带，因此，当区外、市外和境外的资本和商业在进入平谷区商业领域时，将按照规划均衡分布在各个商业带内。而新规划的每个商业带，将沿着预先设计的方向逐步形成不同的特色，有的商业带是密集购物、休闲、餐饮和娱乐为一体的大型购物中心，有的商业带则以旅游度假和休闲会务为特色，还有的商业带则是以新兴业态为主，各个商业带独自发展，避免了在核心区各类商业扎堆的情况，最终实现既能跨越式发展，又能均衡式发展，体现出商业规划的前瞻性、可持续性和科学性。

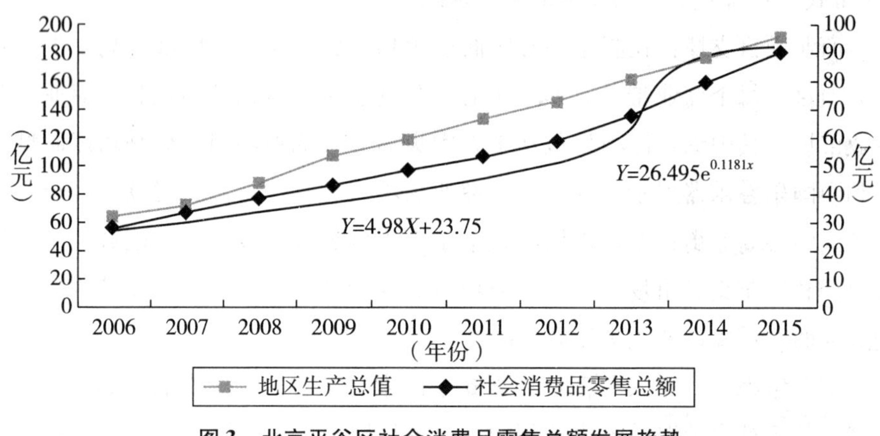

图 3　北京平谷区社会消费品零售总额发展趋势

四、结论与展望

本文认为“团带式”商业规划的影响因素主要有 6 个，即分别是交通干线、经济发展、招商引资、辐射区域、商业人才和商业项目。当一个区域面临商业跨越式发展阶段时，特别适合用“团带式”模式来进行商业规划。利用“团带式”商业规划模式可以有效解决该区域在跨越式发展时所带来的负面效应影响，引导区域商业由中心式分布向均衡式分布过渡，改变组团核心地带商业过于密集和人口过于拥挤的现状，并预防交通过于拥堵、生活环境趋于恶化等问题。以北京市平谷区的应用分析表明，这种商业规划模式对提高城市商业的服务功能提供了一种有效的理论和实践模式，可以促进一个区域迎来跨越式发展。但是鉴于对6个影响因素的量化分析是较复杂的，因此该模式的应用还具有一定的局限性，在实践中仍需要进一步丰富和发展。

参考文献

[1] 金家荣. 关于城市商业规划布局的一些探讨［J]. 福建建设科技，2008 (1)：23－24.

[2] 李德华. 城市规划原理［M]. 3版. 北京：中国建筑工业出版社，2008.

[3] 候丽敏，郭毅. 商圈理论与零售经营管理［J]. 中国流通经济，2000 (3)：25－28.

[4] BUCKNER R W. Site selection：new advances in methods and technology [M]. Chain Store Publishing Corporation，1998.

[5] PETER KATZED. The New urbanism：Toward an architecture of community [M]. New York：McGraw－hill，1994.

[6] DAVID BENNISONA，IAN CLARKEA，JOHN PALA. Locational decision making in retailing：an exploratory frame work for analysis［J]. The International Review of Retail，Distribution and Consume Research. 1995，5（1）：1－20.

[7] DAVID L HUFF. A probability analysis of shopping center trade areas［J]. Land Eeonomies，1963（2）：81－90.

[8] DAVID L HUFF. Defining and estimating a trade area［J]. Journal of Marketing，1964（7）：34－38.

第二部分

物流一体化

京津冀物流一体化的基本工作内容分析

张志勇[①] 周晓睿[②]

（北京物资学院北京现代物流研究基地）

摘　要： 随着京津冀协同发展国家战略的不断推进，支撑京津冀区域经济协调发展的京津冀物流一体化问题受到了业界的普遍关注。本文从物流的基本概念切入，以区域物流一体化的内涵作为学理依据，总结了京津冀物流一体化工作的五项基本内容，即制定规定规范、分析商流业态、建设基础设施、实施控制管理、创新物流模式，分析了相关工作在目前阶段存在的主要问题以及对策建议。在此基础上，我们还从系统的角度思考了京津冀物流一体化问题的研究方法，强调了理性推进与重点突破并进的工作原则。

关键词： 京津冀　区域物流　物流一体化

一、引言

十八届三中全会以来，党中央高度重视京津冀区域的协同发展，并将其确定为国家的重大战略。近年来，随着国家宏观政策的调整、物流业产业地位的确立以及区域投资与市场环境的日益改善，京津冀物流一体化已经成为了学术界广泛关注的热点话题。打破行政区划界限的阻碍，引导物流资源跨区域整合及优化配置，实现京津冀物流的一体化发展，不仅是现代物流业发展的客观需要，也是京津冀地区众多物流企业的共同期盼。没有物流的支持与连接，区域间协同发展就无从谈起。实现京津冀协同发展，区域物流一体

①② 张光勇，周晓睿均来自北京物资学院北京现代物流研究基地。

化应先行。同时，推动京津冀区域物流一体化，也是贯彻京津冀协同发展这一国家战略的必然要求。

目前，京津冀物流一体化的发展已经具备了一些有利的条件。例如，京津冀区域内铁路网络密度和覆盖通达程度是全国领先的；京津冀拥有的巨大物流需求是实现规模化物流服务的便利条件；京津冀作为我国经济增长的“第三极”，在产业分工与合作方面具有的广阔前景，有利于实现物流间的合作与共赢等。当然，京津冀物流一体化的发展也面临着许多不利的因素或挑战。比如，京津冀区域物流的技术水平还很不平衡，有的还非常落后，物流先进技术的创新应用还有巨大空间；京津冀三地的物流节点衔接不够，流通渠道不畅，尤其在交通、港口、机场建设等方面表现明显。为了促进京津冀物流一体化的发展，部分学者提出了自己的建议。比如北京市社会科学院副院长赵弘认为，要加快建设以城际铁路为核心骨架的京津冀交通体系；周立群指出天津应该以服务北京为重，不断坚实京津冀三地周边包括运输、产业等在内的支撑体系。

虽然已有不少专家在对京津冀物流一体化问题进行研究，但大都是从具体问题或者特定方面切入的。从物流概念的基本内涵角度切入研究的还比较少。本文试图从物流的概念内涵入手，总结分析京津冀物流一体化的基本工作内容，具有一定的新意。物流是物资实体空间运移相关作业活动的总称。需要克服时空距离是物流概念的核心，追求一体化是物流的天性。下面，我们将基于对物流概念和基本特性的科学界定，从物流活动作业功能一体化、行政区域内物流活动一体化，以及行政区域间物流资源的一体化三个层面来探讨区域物流一体化的工作内涵。通过分析物流及区域物流一体化的内涵，我们将京津冀实现物流一体化过程中需要做基本工作划分为，制定规划规范、分析商流业态、建设基础设施、实施控制管理、创新物流模式五项内容。通过对京津冀区域物流一体化五项基本工作内容的分析，总结相关工作在目前阶段存在的主要问题，探讨相应的对策建议，以期为京津冀区域物流一体化的发展提供些许借鉴及启示。

二、区域物流一体化的内涵

现代经济社会的全面发展越来越多地依靠区域资源的高度整合和生产要

素的优化升级来实现。促进区域物流一体化可为提高区域的整体竞争实力提供服务保障。依据本文的研究思路，我们有必要先对物流以及区域物流一体化的概念内涵作一初步探讨。

（一）物流的概念内涵

长期以来，许多学者，如何明珂、王仲君、王健、宋洁珍等，都已经对物流的基本概念问题提出过自己的观点。但是物流概念的准确界定问题并没有得到完全解决。通过梳理已有的物流定义，我们认为《中国流通经济》中的物流定义更能体现物流的本质。该文将物流的定义表述为：物流是社会经济领域中，为实现由人监控的物品从供应地向接收地有计划地实体运移而进行的相关作业活动全过程的总称。与其他的物流定义相比，该定义强调了物流概念的五个基本特性。

一是经济性。即强调物流是一种社会经济现象，是与自然运动现象、机械运转现象相区别的经济运移现象。这为我们界定了物流的研究范围。

二是实体性。强调物流描述的是物品的实体运动。这是物流的最本质内涵，划定了物流和商流各自的研究边界。

三是目的性。强调物流是按人的预先计划发生的。这一特性突出了物流和商流的紧密联系。商流方向引导物流走向，商流起主导作用，物流服务商流。这为我们指明了物流的研究动因。当然，物流系统技术及其运作效率也会反作用于商流的形成。

四是可控性。强调了人对物流过程的监控。这一方面强调了物流的人工性及可控性；另一方面也强调了物流活动需要商流的导引和信息的支撑。这也就是说，物流系统是一个可控系统。

五是集成性。强调物流是相关作业活动全过程的总称。这是物流研究的重点。这一方面突出了物流活动的系统性；另一方面也改变了国家标准物流定义中逐一列举物流具体细分功能的做法，凸显了物流系统活动形式会与时俱进的多变品格和物流系统功能细分的复杂性。

（二）区域物流一体化的内涵

通过归纳总结现有的研究文献，本文将区域物流一体化的概念理解为：

在特定的区域范围内，为了更好地支撑区域经济的协同发展，而追求建立的区域的综合物流体系。一体化是不同主体为寻求系统效应而进行的融合。物流是由人监控的实体运移相关作业活动全过程的总称，需要克服时空的距离，因而追求一体化是物流的天性。

基于前述物流的五大基本特性，本文认为区域物流一体化应体现在以下三个层面：

一是物流活动中作业功能一体化。即物流仓储、配送、运输、装卸等基本物流作业功能的协调运作和各作业环节的系统化发展。物流作业功能的一体化是区域物流一体化的基础和核心，同时也是区域物流一体化的出发点。这是物流概念内涵的天性决定的，是物流概念的灵魂。

二是行政区域内物流活动一体化。其实质是一个物流管理的问题，即为了达到区域整体最优的效果，专业化的物流技术和管理人员运用自己的管理经验，充分利用专业化的物流设备和设施，实施一体化的物流运作。这是物流效率的保障。

三是行政区域间物流资源一体化。其实质是一个经济问题。即同一行业中多个企业在物流方面展开合作，并获得规模经济效益和物流效率，同时达到降低物流成本的效果。这是物流事业的理想。

此外，区域物流一体化还应遵循自愿参与、相互平等、互相让步等基本原则。

通过分析研究区域物流一体化的基本内涵，为我们进一步梳理京津冀物流一体化的工作内容提供了基本的学理依据。

三、京津冀物流一体化的基本工作内容

近年来，随着京津冀地区经济协同发展进程的不断加快，京津冀地区的经济总量有了持续增加，产业体系也得到不断完善。这对京津冀地区现代物流业的发展提出了更高的要求。发展京津冀地区的现代物流业已经成为加快京津冀经济增长的必然选择。随着京津冀协同发展国家战略的推进，实现京津冀物流一体化的问题现实且紧迫地摆在了人们的面前。通过理解区域物流一体化的内涵，我们总结梳理出了京津冀物流一体化需要做的五项基本工作内容。

（一）制定规划规范

目前，北京已经有了明确的核心城市功能以及战略定位，即“四个中心”，分别是政治中心、文化中心、国际交流中心以及科技创新中心。天津曾被称为“北方经济中心”，但国家或政府并未将其上升为天津的功能地位。而河北省长期以来没有过任何的城市定位。由此可以看出，京津冀两市一省，尚未形成一个整体的功能定位。因而导致京津冀缺乏协商，在制定社会和经济发展政策时，只求自身的利益。除此之外，京津冀地区行业垄断和政企界限模糊的现象屡见不鲜，地区保护流行，无法形成适应现代区域物流发展的市场经济体制和运行机制。这些均阻碍了京津冀区域物流一体化的发展。

由于京津冀地区在制定规划规范上存在上述“协商不足、地区保护流行”的问题，所以目前京津冀物流一体化工作中最重要的顶层设计，就是把京津冀区域作为一个整体进行定位。在明确了城市定位后，依靠三地的优势，进行区域规划和政策配套，这对推进区域系统发展有非常重大的意义。中央做好京津冀区域规划的顶层设计，完成产业布局、城镇功能布局、交通体系等重大区域项目的规划，避免重复建设和无序的竞争。通过顶层设计的引领，京津冀地区还应该树立共赢意识、灌输共赢思想，在最大程度上实现资源共享、共同发展，协商并制定共赢发展、利益共享的区域物流政策。

制定京津冀地区的规划规范是对京津冀区域物流一体化工作展开的约束。只有做好了规划规范，后面的发展工作才能够进行。这是京津冀物流一体化得以发展下去的前提。

（二）分析商业态势

商流是物流的起点，也是物流存在的前提。商流所带动的物资实体在从供应地向接收地转移的过程中形成了物流，即上文提到的物流具有目的性。要更好地发展物流，则要缩短商品运输距离、减少商品运输时间并且降低商品的运输成本。因此，分析京津冀地区的商业态势，对于推动京津冀物流一体化的发展起到了导引作用。

目前，京津冀地区的物流基础产业多种多样。但由于其缺乏市场的有序竞争，从而抑制了京津冀区域物流一体化的发展。京津冀地区大部分物流企业是由传统的运输或仓储企业转换而来的，所以这些企业大小规模不一，物流能力高低不等。同时，由于京津冀地区没有统一的物流企业认证制度，使物流企业在异地受到区别待遇。在物流的基础产业上，京津冀各地城市发展目标相似，产业结构趋于协同。

从产业结构模式来看，目前北京以第三产业为主，是一种“三二一”的产业结构模式，传统的制造业大规模的退让，以高薪产业为主的新兴工业结构正在逐步形成。天津市主要依靠航空航天、电子信息、石油化工等产业发展经济，呈现的是“二三一”的产业结构模式，第二、第三产业的比重相差并不大（见表1）。但天津市为与北京的产业实现互补，加大了对第二产业的投资，使天津市第三产业增长缓慢。河北与天津的产业结构其实存在很大的重叠性，其相似度指标始终保持在0.95以上。两地都是主要依靠重工业发展，但是天津的现代制造业领先优势较为明显，产业的发展阶段高于河北，所以两者之间存在产业分工合作的空间。另外，京津两市是京津冀城市群的顶层，底层是数量占95%的中等城市和小城市，中间层的大城市数量过少，无法承接来自顶层的辐射，带动底层发展的能力也较弱。由此导致了京津冀地区城市体系和社会发展的整体失衡。

表1　　京津冀地区国内生产总值产业构成

地区		2003年	2006年	2009年	2012年
北京	第一产业	1.7	1.1	1.0	0.8
	第二产业	29.7	27	23.5	22.7
	第三产业	68.6	71.9	75.5	76.5
天津	第一产业	3.5	2.3	1.7	1.3
	第二产业	51.9	55.1	53.0	51.7
	第三产业	44.6	42.6	45.3	47.0
河北	第一产业	15.4	12.7	12.8	12.0
	第二产业	49.4	53.3	52.0	52.7
	第三产业	35.2	34.0	35.2	35.3

资料来源：《中国统计年鉴》。

针对上述“产业分工不明、彼此承接乏序、新业态层出”的问题，京津冀地区应该统筹产业发展，服务商流业态，加强三地间的产业融合联动。京津冀两市一省，主体多元，规格较高，若没有一个强有力的组织领导机制和协调推进机制，则很难有实质性的推进。所以，建议在国家层面上建立一个京津冀协调发展委员会，并成立专门的部门，负责京津冀区域协调发展的工作。三个省市的政府共同参与，共同建立产业对接平台，统筹推进京津冀区域合作重大事项。同时，要从长远的利益看。河北与京津的产业融合要从单边承接产品、技术和服务，转变为双边互利型合作，实现河北与京津一、二、三产业的全面融合。

（三）建设物流基础设施

要实现京津冀区域物流一体化发展，必须先实现物流基础设施的一体化。建设物流基础设施是整个区域物流一体化中的核心任务，对于物流一体化的发展起到了支撑的作用。

1. 京津冀区域物流运输基础设施发展现状

（1）公路运输现状。

近年来，京津冀十分重视区域内高速公路的建设。目前京津冀地区已经形成了以北京为中心的全国性公路枢纽以及国家高速公路主干网。其中包括7条高速公路首都放射线，即G1京哈高速、G2京沪高速、G3京台高速、G4京港澳高速、G5京昆高速、G6京藏高速、G7京新高速；3条横线，即G18荣乌高速、G20青银高速、G22青兰高速。加上省道高速公路，目前京津冀地区高速公路长度达到了6771千米（见表2）。此外，京津冀地区还拥有由国道的11条首都放射线及北京环线、2条纵线、3条横线构成的国道公路网。在京津冀地区的19多万千米的公路中，二级以上的高等级公路可以占到18.8%，远远高于全国平均11.5%的水平。

（2）铁路运输现状。

京津冀作为中国第一个形成完整铁路网的地区，其铁路建设始终处于全国前列，在重载货运及高速铁路方面也已达到世界领先水平。自2003年中国第一条高速铁路通车之后，京津冀地区的铁路运输逐渐进入快速发展阶段。截至2012年年底，京津冀地区已通车的高速铁路长度约为1049千米，包括京津城际、石太客专、京沪高铁、京广高铁、津秦高铁、津保城际、石济客专等高速铁路。同时，还有589.1千米的高速铁路正在建设当中。本文整理各种数据得出京津冀地区高速铁路现状一览表，如表2所示。

表2　　京津冀地区高速铁路现状

现状	线路	设计标准	长度（千米）	北京	天津	河北
建成	秦沈铁路客运专线	200～250千米/小时	16			16
	京津城际铁路	350千米/小时	128.4	49.3	79.1	
	石太铁路客运专线	250千米/小时	95			95
	京沪高速铁路	380千米/小时	325.9	41	113.7	171.2
	京石高速铁路	350千米/小时	281	47		234
	石武高速铁路	350千米/小时	202.7			202.7
	建成合计		1049	137.3	192.8	718.9
在建	津秦铁路客运专线	350千米/小时	251.2		59.1	192.1
	津保城际铁路	200～250千米/小时	157.9		19.2	138.7
	石济铁路客运专线	250千米/小时	180			180
	在建合计		589.1	0	78.3	510.8

资料来源：各地新闻。

目前京津冀地区铁路的货运年周转量占全国比重超过了30%，并且该地区正在实行客货分线，专设客运专线。随着京津高速城际铁路的贯通和京沪高铁、京津城际铁路、京石铁路的建设，使京津冀地区形成更加便利的铁路网。既转移了大部分客运，又腾出了线路用于发展铁路货物重载的运输。最终形成能力强、速度高、安全畅通的货运运输通道。

（3）港口运输现状。

京津冀渤海湾沿岸有639.8千米的海岸线，与山西、蒙西、陕北三大煤炭基地最为接近。京津冀沿海港口群是以天津北方国际中心和秦皇岛港口为主的，包括唐山港、黄骅港等港口组成，主要服务于京津、华北以及向西延伸的部分地区。该区域内的五大主要港口是我国环渤海港口群的重要组成部分，并各具特色：天津港是我国是我国重要枢纽海港，腹地延至华北、东北和西北的广大区域，主要用于集装箱货物的出口；秦皇岛港口是深水港口，也是我国最大的能源输出港和综合的国际性贸易港口；唐山港是新崛起的大港，包括京唐港和曹妃甸两大港区，其中曹妃甸是我国北方仅存的一块天然良港，是目前国内最大的铁矿石进口港之一；黄骅港是我国北煤南运中第二条通道的海铁联运港口。

2010—2013 年津冀各港口的货物吞吐量如表 3 所示。其中 2013 年天津货物吞吐量居全国第三，仅次于宁波—舟山港和上海港，秦皇岛港货物吞吐量居全国第 11 位，而黄骅港货物吞吐量也超过了 1.5 亿吨。

表 3　　　　津冀港口群货物吞吐量　　　　单位：万吨

年份 / 港口	2010	2011	2012	2013
天津港	26297	28770	27099	27260
秦皇岛港	41325	45338	47697	50063
唐山港	25062	31700	36458	44620
黄骅港	—	11145	12500	17103

资料来源：根据《中国统计年鉴》（2013）和《河北省交通统计资料》（2010—2013 年港口部分）数据整理得。

（4）航空运输现状。

目前京津冀区域内正在运营的民用机场有 8 座，分别是北京首都国际机场、北京南苑机场、天津滨海机场、石家庄正定机场、秦皇岛山海关机场、邯郸机场、张家口宁远机场和唐山三女河机场。此外，北京首都第二机场、良乡机场、承德机场、衡水机场等新机场正在筹备建设中。其中北京首都机场为国际、国内枢纽机场，8612.8 万人 · 次，连续五年居全球第二；天津滨海机场和石家庄机场为国内干线机场；秦皇岛山海关机场和北京南苑机场为军民合用机场；邯郸机场为国内支线机场。京津冀地区的航空运输量在全国具有举足轻重的地位，成为商品交流的主要渠道。

表 4 列举了 2013 年京津冀现有机场的旅客吞吐量、集邮吞吐量、起降架次及其所占比例。首都国际机场的旅客吞吐量、集邮吞吐量、起降架次数均

位列第一，天津滨海国际机场紧随其后，石家庄机场和北京南苑机场分别位列第三和第四位。

表 4　　京津冀现有机场 2013 年运营情况

机场名称	旅客吞吐量（人·次）		货邮吞吐量（吨）		起降架次	
	数量	占比（%）	数量	占比（%）	数量	占比（%）
北京首都国际机场	83712355	80.53	1843681.1	86.14	567757	73.43
北京南苑机场	4455263	4.29	37091.9	1.73	38661	5.00
天津滨海国际机场	10035833	9.65	214419.8	10.02	100729	13.03
石家庄正定机场	5110536	4.92	42976.2	2.01	51980	6.72
秦皇岛山海关机场	207947	0.20	919.6	0.04	3014	0.39
邯郸机场	230087	0.22	66.4	0.00	8534	1.10
张家口宁远机场	24021	0.02	0.7	0.00	544	0.07
唐山三女河机场	180660	0.17	1212.6	0.06	1967	0.25
合计	103956702	100.00	2140368.3	100.00	773186	100.00

资料来源：各地新闻。

综合各项数据，京津冀地区航空运输具有以下特点：一是首都国际机场一枝独秀；二是首都国际机场利用率趋于饱和状态，石家庄正定机场和天津滨海国际机场通过发展空铁联运分流了部分客源；三是天津及河北的机场处于“吃不饱”的状态。

（5）京津冀区域物流园区发展现状。

目前，京津冀区域内物流园区发展势头良好。北京在政策规划的推动引导下，拥有顺义空港物流园、房山良乡物流园、通州马驹桥物流园以及平谷马坊物流园这四大物流园区，其布局分工合理，对北京成为国际物流中心起到了非常有利的作用。天津市即将建成十二个功能不同的物流园区，致力打造成为我国北方的国际物流中心。河北省凭借着市场的力量大力发展物流园区，由各个城市各自为政，自主规划发展物流园区。目前石家庄正在规划建设商业物流、医药物流、农产品物流、中储物流、航空物流以及再生资源回收利用物流这六大物流中心；唐山正在规划建设唐山港能源原材料物流园区、综合物流园区、冀东物贸汽车物流中心以及北方物流中心。

2. 京津冀区域物流基础设施发展问题

京津冀物流基础设施建设方面存在“合作不紧、衔接不畅、系统性差”的问题，主要表现在交通、港口和机场建设三个方面。

（1）交通建设方面。京津冀区域内大城市交通基础设施发达，但发展很不均衡。京津冀的交通网是以北京为中心向外放射，北京、天津、石家庄等主要城市道路交通设施比较发达，其他城市则相对较为落后。

（2）港口建设方面。京津冀具有如天津港、秦皇岛港、京唐港、黄骅港等北方重要港口，但这些港口职能分工并不明确，各个独自经营，缺乏协调与合作，处于各自为战的状态。此外，京津冀地区的港口群虽然实现了港口规模、吞吐量等指标的大幅增长，但部分港口存在运力不足“吃不饱”的状态，实际运量小于综合通过能力和核定吞吐能力。

（3）机场建设方面。京津冀区域内配有首都国际机场、天津滨海国际机场及石家庄机场等大型机场，但是由于缺乏规划致使首都机场能力持续饱和，而天津机场、石家庄机场运量一直不足。

3. 京津冀区域物流基础设施发展对策建议

以经济地理为导向，实现设施配套互通。京津冀应尽快形成完善的综合运输网以及配套的仓储配送设施。首先，在目前的交通基础设施现状下，进一步优化公路、铁路及港口等物流交通网络建设，力争实现区域内无断点交通，不断提升港口的复合运输能力，加强区域内公路的横线连接，减少商品运输成本。其次，物流管理部门、市政建设及公路交管部门应积极的相互配合，加强城市物流据点和城区配送据点的建设，实现干线公路运输与城区配送之间的功能转换。最后，加强综合运输体系建设，推动多式联运、航空快递、集装箱运输等运输方式，实现公路、铁路、航运、航空等多种方式紧密衔接，协调发展，实现区域内物流基础设施的互联互通。

（四）实施控制管理

现阶段，控制管理模式的实施被看作为一种创造价值，其实施的成功与否，直接体现在经营绩效是否得到有效的提升上。而实施控制管理的本质就是通过对物流链上各节点的信息流、商流、资金流等的管理，实现价值的最大化。而这一系列的活动，均离不开信息技术的支持。除此以外，物流标准化也是物流一体化的基础，是实现物流系统高效运作的前提。

目前，京津冀地区尚未形成以供应链为基础的物流网络和物流信息系统。京津冀地区许多物流企业都有像自动堆垛机、自动分拣机等自动化的物流设备，但由于缺乏信息技术的配套应用，所以真正充分利用这些设备的企业却不是很多。信息技术的缺失导致物流企业的服务单一化程度高，其职能通过提高物流设施的能力或是降低价格水平来保持自己企业的竞争优势。

此外，京津冀地区还存在物流标准化的问题。主要表现在两方面：一是基本的物流设备缺少统一规范，在物流包装与物流设施上均为标准化，这阻碍了货物在运输、仓储、搬运过程中的协调运作与自动化水平的提高。二是公共数据接口的行业和国家编码标准尚未在京津冀区域物流领域形成，造成了货运效率低，数据无法自由交换和共享。

为了解决京津冀物流一体化进程中“标准化欠账、信息化不足”的问题，首先应当建设区域物流信息平台，提高物流标准化水平。通过对接京津冀地区物流园区、物流基地以及产业基地的信息平台，在最大程度上实现京津冀区域物流的信息共享，提高区域物流标准化，以达到降低物流成本、提高物流效率的目的。其次京津冀在制定相关技术政策时，要迎合各方的发展趋势，促进物流过程中信息管理自动化，鼓励支持物流科研，引导创新物流技术的开发。

（五）创新物流模式

京津冀地区要想充分发挥物流管理效率，就需要突破传统的物流模式的束缚，根据京津冀三地各自的生产经营特征不断的创新物流模式，降低物流成本，为京津冀物流一体化谋求更加长远的发展。

目前，由于京津冀地区各个行政管理分属不同的部门，很难做到统筹规划，导致各项标准手续无法统一，在行政执法、市场管理、政策体系等方面各自为政，难以协调，形成了区域管理上的条块分割。这些障碍严重阻碍了京津冀区域物流的有效协同。

为了解决京津冀地区“缺乏有效协同，实践总结不够”的问题，建议三地先要明确各地的优势，而后形成优势互补。

首先，北京应当坚持创新驱动，不断构建高精尖的经济结构，把第三产业作为北京市的主导产业，并提高中高技术制造业在第二产业中的比重。提升北京市作为京津冀都市圈核心城市的综合带动力，将一些非优势产业转移至河北，推动北京真正成为我国“四个中心”。

其次，天津市应当发展先进制造业，在稳固工业实力基础上重点发展现代服务业。加快海陆空立体联运体系，建立并完善现代金融服务体系，做好京津冀都市圈对外开放的门户，进一步发挥通关服务的优势。

最后，河北省应当发挥其区位优势，在环京津地区大力发展生态型和城郊型现代农业，推动生态涵养地以及蔬菜等副产品供应基地的建立。

四、京津冀物流一体化的研究方法思考

整个京津冀地区就是一个要素繁多、构成多元、关系复杂、结构分层、动态开放的复杂巨系统。开放的复杂巨系统是由钱学森教授总结并提炼出来的系统概念。钱教授认为要处理这种开放复杂巨系统的问题，需要使用他创立的综合集成法。综合集成法强调的四项基本原则是：理论与经验相结合；定性与定量相结合；多学科相结合；宏观与微观相结合。

京津冀物流一体化问题的研究应当采用钱学森教授提出并倡导的综合集成法。若将综合集成法的研究方法运用到京津冀物流一体化问题的研究上，可以采用理性推进与重点突破并进的研究思路，从宏观到微观地解决京津冀物流一体化发展进程中出现诸多问题。比如，以菜篮子、菜贩子、菜园子为对象的京津冀农副产品物流协同问题、以消费、加工、资源产业对接为对象的产业物流规划问题、以绿色环保联动为对象的应急物流体系问题等。

五、结论

京津冀区域物流一体化需要对京津冀地区现有物流资源的优化整合，这既是物流业自身发展的需要，也是区域经济发展的必然要求。发展京津冀物流一体化有助于增强京津冀三地的国际竞争力以及综合实力，推动京津冀协同发展。本文通过分析物流和区域物流一体化的概念内涵，对京津冀区域物流一体化的基本工作内容进行了总结。主要结论如下：

（1）京津冀物流一体化存在许多重要现实问题。主要包括：三地存在协商不足；基础设施衔接不畅，系统性较差；产业分工不明确，彼此承接缺乏次序，新业态层出不穷；标准化信息化不足；实践总结不够等。

（2）针对存在的问题，我们提出了一些促进京津冀物流一体化发展的具体措施。主要包括：政策落实，树立共赢理念；加强物流基础设施的建设，实现基础设施的互联互通；统筹产业发展等；创新管理方式与技术应用；明确三地优势促成互补等。

（3）提倡运用综合集成法来研究京津冀物流一体化问题。京津冀物流是一个开放的复杂系统。采用综合集成法是要特别强调理性推进与重点突破并进的工作原则和宏观微观相结合的研究思路。

参考文献

[1] 程世东．京津冀交通一体化［J］．综合运输，2015（1）：38－41.

[2] 陈丽华．现代物流服务助力京津冀协同发展［J］．物流技术与应用，2014（5）：52－53.

[3] 祝尔娟．京津冀一体化中的产业升级与整合［J］．经济地理，2009（6）：881－886.

[4] 曹飞．京津冀区域物流一体化的后发优势研究［J］．决策与信息，2012（4）：258.

[5] 赵弘．京津冀协同发展的核心和关键问题［J］．中国流通经济，2014（12）：20－24.

[6] 马玉荣．京津冀新棋局［J］．中国经济报告，2014（5）：15－24.

[7] 何明珂．解读物流定义（连载一）［J］．市场与电脑，2002（1）：17－19.

[8] 何明珂. 解读物流定义（连载二）[J]. 市场与电脑，2002（2-3）：21-25.
[9] 何明珂. 解读物流定义（连载三）[J]. 市场与电脑，2002（4）：37-39.
[10] 何明珂. 解读物流定义（连载四）[J]. 市场与电脑，2002（5）：17-19.
[11] 王仲君. 物流概念辨析 [J]. 苏州科技学校学报：社会科学版，2004（3）：25-27.
[12] 王健. 现代物流概念的比较研究 [J]. 发展研究，2005（1）：59-61.
[13] 宋杰珍. 物流含义辨析 [J]. 全国商情（经济理论研究），2008（13）：49-50.
[14] 张志勇，刘心报. 对物流几个基本概念问题的认识 [J]. 中国流通经济，2013（2）：39-45.

京津冀区域物流通道一体化建设研究

刘崇献[①]

摘　要：京津冀一体化是一项重大的国家战略，本文首先指出京津冀物流一体化是一项具有先导性和战略性的基础工程；接下来从顶层设计、交通一体化、大流通格局、共赢的市场导向和同城化等角度探讨了京津冀物流一体化建设的指导思想；然后从京津冀内部物流需求和过境物流需求两个方面分析了京津冀物流需求情况；最后从内外贸一体化的港口物流体系、空港物流体系、快速货运通道和节点、区域多式联运系统和物流一体化信息系统建设等方面提出了京津冀物流一体化建设的重点领域及相关建议。

关键词：京津冀　物流通道　一体化

一、推进京津冀物流一体化的背景

京津冀协同发展，或者说京津冀一体化发展是我国当前的重大国家战略之一，受到中央政府的高度重视。

习近平总书记于2014年2月26日，在北京主持召开座谈会，专题听取京津冀协同发展工作汇报，明确强调实现京津冀协同发展，并将之升级为一个重大的国家发展战略。习近平总书记提出了七点要求，要求着力加强顶层设计抓紧编制首都经济圈一体化发展的相关规划，明确三地功能定位、产业分工、城市布局、设施配套、综合交通体系等重大问题。

"京津冀一体化"这一战略于2014年3月首次被写进李克强作为国务院

① 刘崇献，北京物资学院经济学院副教授，经济学博士。

总理的首份政府工作报告中。国务院已成立京津冀协同发展领导小组及相应办公室，国务院常务副总理张高丽为组长。京津冀协同发展领导小组称得上是规格最高的区域经济发展小组之一。

中共中央政治局 2015 年 4 月 30 日审议通过《京津冀协同发展规划纲要》。纲要指出，推动京津冀协同发展是一个重大国家战略，核心是有序疏解北京非首都功能，要在京津冀交通一体化、生态环境保护、产业升级转移等重点领域率先取得突破。这意味着，经过一年多的准备，京津冀协同发展的顶层设计基本完成，推动实施这一战略的总体方针已经明确。

京津冀一体化是个庞大的系统工程，中央政府层面和京津冀三地目前密集出台了力度空前的政策措施，大力推进京津冀一体化发展。从出台的各项政策内容看，京津冀地区不仅要推进交通一体化，而且要实现产业对接、经济布局空间优化，实现各种经济、金融、社会和环保政策的协同和一体化，不仅要实现商品的自由流动，而且要实现劳动力、资金和技术等生产要素的自由流通。据悉京津冀协同发展战略将大力推动要素市场一体化，其中金融市场一体化排在首位。为探索京津冀区域内金融投资、产权交易等政策落实，三省市将按照一定比例共同出资建立协同发展基金，此外还将研究设立京津冀开发银行的可行性。

交通一体化应该先行已经形成了广泛的共识。京津冀三地已成立京津冀区域交通一体化领导小组，并建立定期会商机制。三地共同编写交通发展规划，对“断头路”“瓶颈路”进行梳理，列出完工时间表。北京市交通规划已经确定将多条地铁线路延伸进入河北境内，并且计划修建多条轨道交通线连接河北省的主要城市。而河北省也推出了规模宏大的京津冀交通大通道建设规划，共同打造建以首都为核心的世界级城市群。

京津冀交通一体化为京津冀物流一体化发展提供坚实基础和重要机遇。从产业发展来看，区域物流一体化缺失是制约京津冀经济一体化的“瓶颈”，物流一体化和交通一体化联系非常密切，相互依赖相互促进，应将城市的交通规划与城市的物流规划结合起来一并进行，对未来京津冀物流体系的长远发展一定会有事半功倍的效果。

物流业作为一个显著关联效应的复合型产业，除了涉及交通、运输、仓储、通信等产业，还涉及农业、工业、商贸业、服务业，甚至是银行、保险

(放心保)、税收等各个方面，其发展不单会带动这些相关产业领域生产要素的自由流动，还可以深层次地推动区域经济的增长方式的改变以及新的产业形态的形成。物流产业是区域经济发展的加速器，应首先加强顶层设计，破除区域物流一体化的障碍和瓶颈，实行区域物流的无缝链接，形成多层次、多功能、运作快捷的综合物流体系，以区域物流一体化加快区域经济整合与协调发展，促进区域经济的一体化。

因此，整合京津冀的现有物流资源，形成统一、全方位、多层次、快捷高效的区域物流系统，是京津冀一体化建设的先行领域和重点领域。

二、京津冀物流一体化建设的指导思想

1. 顶层设计为指引

京津冀一体化长期以来没有取得明显进展的重要原因之一，就是京津冀三地各自为战，只管自己的一亩三分田，缺乏整体协作观念，地区竞争大于地区协作，发展方向和定位不明确，难以发挥合力效应，难以形成良性互动的协作发展局面。因此编制兼顾三方利益、充分发挥三地优势的顶层设计性质的协同发展规划至关重要。在国家层面，京津冀协同发展已经成为重大的国家战略，并且出台了《京津冀协同发展规划纲要》，京津冀协同发展领导小组及相应办公室。而京津冀三省区也陆续出台了省级的京津冀协同发展规划和交通物流发展规划，并且加强了区域协调，出台的各项措施力度空间，必将取得积极效果。

2. 交通一体化为基础

交通建设是支撑社会经济发展的重要的基础设施，没有便捷的交通基础设施，物流一体化就无从谈起。京津冀交通一体化将直接促进京津冀区域内人员和商品流动，进而引导产业、资金、技术和信息等要素的合理流动和布局。京津冀三地过去由于地方利益导向和地区保护主义，在交通基础设施建设方面缺乏全局观念，形成众多的“断头路”“瓶颈路”，即使道路联通也因为管理和收费限制而运行不畅，相互争夺利益、推卸责任和负担，导致京津冀地区一体化发展程度停滞不前。在《京津冀协同发展规划纲要》强力推动下，京津冀地区将快速形成高速公路、高速铁路、城际客专、郊区铁路、地铁和其他各等级公路的全方位的陆上交通网络，以及布局优化、功能协作的

航空和航运体系，形成立体化的交通体系。在交通一体化大力发展的基础上，构建便捷、高效的物流体系将是水到渠成的事情。

3. 打造京津冀大流通格局

所谓大流通格局是指在京津冀地区不仅要实现商品自由流通，而且要实现生产要素的自由流通，例如，实现劳动力、资金、土地、技术、信息等要素自由流通；不仅要建成商品和生产要素自由流通的硬件设施，例如，铁路、公路、机场、港口、内陆场站、京津冀协同发展基金、京津冀开发银行等，而且要形成有利于商品和生产要素自由流通的政策体系和市场机制，例如，公共福利政策均等化政策导向、重大投资项目的成本分担、收益共享机制、产业结构调整中的税收分享机制等。

4. 追求共赢的市场导向

京津冀一体化发展的最大障碍还是地区利益导向。如果在京津冀协同发展中，不能找到多方共赢的合作机制，单凭某一方的觉悟和奉献精神，纯粹依靠行政撮合，合作是不能深入和持久的。要想使合作深入和持久，必须尊重经济规律，提倡市场导向，使各方找到利益结合点，激发内在动力。京津冀三地要立足于各自的资源基础和比较优势，放眼长远，顾全大局，多依靠市场机制，激发和引导民间投资主体参与京津冀一体化建设，在京津冀区域内构建合理的产业链、价值链布局。京津冀不属于国家贫困地区，不要过度寄希望于国家会大手笔长时间投资，那样对其他地区也是不公平的。

5. 推进同城化规划和管理

《京津冀协同发展规划纲要》提出要建立以首都为核心的世界级城市群，并且对京津冀三地进行了明确的功能定位。在推进物流一体化过程中，要推进同城化规划和管理理念，整合现有的道路、航空、港口资源，统一规划布局重要的物流园区、批发市场、内陆场站，可以考虑跨省区的物流运输机构，如京津冀航空集团、京津冀地铁集团、京津冀港口集团、京津冀公交集团等，落实京津冀“一卡通”工程，撤销或削减跨省收费，三地间的长途运输收费一律统一为本地收费。自然人和法人流动管理方面，要秉持包容开放的态度，不能抓住本地企业不让走，同时排斥外地人进入，这样会严重阻碍资源的优化配置。京津冀要建成世界级城市群，人口聚集规模还有巨大的上升空间，关键是如何引导企业和人才的合理布局和集聚。

三、京津冀物流服务的供求分析

京津冀地区的物流需求可以分为两类：一类是京津冀区域内的物流需求，即本地区内部之间、以及本地区与全国其他各地区的商品和物资的流通需要；另一类是过境物流需求，京津冀地区沟通了我国东北地区和全国其他大部分地区，并且充当了蒙古国、内蒙古、山西等国内外地区的商品外运通道，这几种物流需求相互叠加，对京津冀物流通道能力提出了较高的要求。有必要对这几类物流需求进行分类研究和管理，构建一横一纵、大概呈十字形的快速过境物流大通道，建议修建经唐山、廊坊、保定的横向高速公路和货运铁路专线，修建过张家口、涿州、天津港的纵向高速公路和铁路货运专线，集中供过境车辆快速通过，减少大量货车进入北京或天津的城区环路，从而减少拥堵和污染。

京津冀地区的物流需求从目的上看，可以分为消费物流和生产物流两类。消费物流主要是各类消费品运输或仓储等活动，而生产物流主要是各类生产用原材料、半成品或成品的运输或仓储活动。北京作为服务业为主的特大型城市，物流需求方面主要是消费物流，包括各类农产品、各类电器等日用品，以及各类家具建材等。随着首钢等企业的搬迁，北京的生产物流比重比较小，主要集中在中关村、亦庄开发区和顺义空港产业园区等，主要是一些高附加值产品。河北省是全国的钢铁、煤炭、陶瓷等生产大省，重化工产业比较较大，生产物流需求比较高，但这些产业多集中在唐山、沧州等沿海地区，海运条件便利。天津市消费物流和生产物流需求都比较高，但天津市有便利的海上和路上交通，自身物流需求得到了较好的满足。

北京市由于生产物流量比较小，整体上对物流能力要求并不是特别高，以北京现有的通道能力，北京市物流需求理论上可以得到较好的满足。但是北京的运输供求矛盾主要体现在旅客运输，即人流过于拥挤，并且人流需求不断挤压排斥物流需求，导致人流和物流都很不顺畅。政府新建的交通设施（如高铁、地铁、高速公路）也多是为了解决人流问题，物流通道能力也相对显得不足，物流效率相对低下。随着京津冀一体化的推进，北京新建多条铁路客运专线、城郊铁路、地铁、高速公路等，人流通道能力大大增强，将会相对地解放出来一些高速公路、国道、普通铁路的运输能力来增加货物运输，物流需求将会得到进一步满足。但如果能够全盘规划，有意识地修改或改造几条进出京快速物流通道，如铁路货运专线，串联起城市主要环路的物流货运场站，就可以更好地保障城市的各类消费品供应。在北京高新技术产业聚集的地区设立具有通关、商检功能的内陆口岸，修建直通天津港或唐山港或主要机场的货运高速路或铁路货运专线，将会较好地满足北京的生产物流需求。

河北省的生产物流多是面向海洋或国内其他地区，消费物流也和北京没有太多交集。京津冀之间交通需求矛盾主要集中在客运，即人流问题，每天早晚大量的人口涌入和撤离北京，因此京津冀之间地铁联通和城际客专的需求最为迫切。京津冀物流一体化问题的现实需求是如何建设好消费品进京通道、唐山港如何更好为北京商品的进出口服务，以及北京新机场如何带动京津冀临空经济区的发展问题。从长远需求看，规划建设好京津冀物流通道，将牵引京津冀产业布局，优化产业链，促进城市群共同发展。河北省要充分利用京津冀协同发展机遇，打造好京津冀物流、人流通道，吸引北京乃至全国的产业和人才，积极推进社会福利政策与京津对接，扭转河北的人才、资金、技术和产业洼地的尴尬形象。

四、京津冀物流一体化建设的重点领域及对策建议

2014 年 7 月，北京与河北省签署了七份合作协议及备忘录，分别为《共同打造曹妃甸协同发展示范区框架协议》《共建北京新机场临空经济合作区协议》《共同加快张承地区生态环境建设协议》《共同加快推进市场一体化进程协议》《共同推进物流业协同发展合作协议》《交通一体化合作备忘录》等文件。这些合作协议大多数与京津冀物流合作有关，也明确地列出了京津冀物流一体化建设的重点领域。

（一）推进京津冀内外贸一体化港口物流体系建设

京津冀地区拥有我国北方最主要的港口群，包括天津港、唐山港（京唐港区和曹妃甸港区）、秦皇岛港和黄骅港等，整体上的货物吞吐能力据我国港口前列，但长期以来竞争大于协作，重复建设严重，港口腹地建设也非常薄弱。在京津冀协同发展规划之下，京津冀港口群应有明确的职能和业务定位，

错位发展，形成互补，防止恶性竞争。

天津港以现有基础看，有发展成为国际化综合大港的趋势，但天津港区发展已相对成熟，发展空间受限，应重点发展外贸物流为主的集装箱运输、件杂货班轮运输和国际多式联运，积极发展航运相关的金融服务，定期发布相关航运指数，并力争发展成为我国北方的航运中心和租船市场。

河北省提出唐山港与天津港实现紧密发展，形成“双核”，建成国际综合贸易大港，秦皇岛港、黄骅港依托“双核”，向多功能现代化大港转变。河北省将重点建设以唐山港为中心，黄骅港、秦皇岛港为两翼，以煤炭、矿石、石化等国际能源运输为主，兼顾发展集装箱，重点支持天津港发展集装箱业务，建成布局合理、分工明确、规模大而强、服务好而优的全国第一大港口群。

北京市是全国最重要的消费城市和外贸城市之一，内外贸物流量巨大，是京津冀港口的重要货源腹地，相对于天津港，河北港口与北京的距离及交通基础设施上处于劣势，因此河北港口，尤其是唐山港应积极发展与北京的物流联系，加大物流通道和物流节点建设力度，建议修建唐山港至北京的铁路货运专线和相关货运场站，加大通关一体化等服务模式创新，打造一批具有较强竞争力的临港物流园区。为对接京津，应加快编制和完善港口物流园区、内陆无水港布局规划，增强服务功能，开拓农产品、食品等冷链物流运输业务，全面提升港口服务区域发展水平。同时，依托河北港口丰富的沿海滩涂资源，建设“飞地”工业园区，制定更加优惠的税收分享政策，承接北京市乃至“三北”地区的重化产业和高端产业制造环节项目的转移。

北京市和河北省的港口建设合作密切，唐山港的京唐港港区和曹妃甸港区建设北京市都曾深度参与。河北省提出将深化京津冀两地陆海空航运物流合作，打造唐山港与北京港口同城直通模式。以北京无水港为平台，深化京津冀在集装箱、散杂货、能源等物资运输中的合作，通过完善“一次申报、一次查验、一次放行”模式，促进京津冀港口贸易便利化，将唐山港打造成北京最便捷的出海通道。依托曹妃甸深水港区和北京的工业科技优势，京津冀合力打造临港重化工业园区，发展大宗商品物流园区和电子交易平台，深化产业合作。

曹妃甸港区将是京津冀合作的一个重点示范区。京津冀双方已决定在曹妃甸划出9平方千米优先用于北京（曹妃甸）现代产业发展试验区先行启动区建设，将加快先行启动区的基础设施和公共服务体系建设，大力开展招商引资，吸引国内外高端制造企业落户、加速产业聚集并争取国家政策支持，并且探索建立曹妃甸协同发展示范区“管委会+开发投资公司”的共建共管模式。沿着北京—曹妃甸快速物流大通道，河北省将积极引进北京市的先进信息技术、农业技术，合作打造一批高科技信息技术、先进制造技术和先进农业技术转化和产业化基地，形成北京提供资金、技术支持，河北提供人力和制造基地的产业协作带。

此外根据需要，可考虑成立京津冀港务集团，统筹规划和管理京津冀各个港口的建设和运营，减少重复建设和恶性竞争，加强协同效应。

（二）推进京津冀内外贸一体化的空港物流体系

围绕北京新机场建设打造北京新机场临空经济合作区将是京津冀合作的另外一个重点示范性项目。北京新机场位于永定河北岸，北京市大兴区和河北省廊坊市广阳区之间，距天安门广场直线距离约46千米，距廊坊市市中心直线距离约26千米。北京新机场所在区域铁路路网、公路路网布局日益完善，随着北京新机场临空经济区京津冀合作功能的确立，还将规划建设连接京津冀区域的综合交通枢纽，实现与周边城市、机场、港口的便捷交通。北京新机场工程总投资799.8亿元，按2025年旅客吞吐量7200万人·次、货邮吞吐量200万吨、飞机起降量62万架·次的目标设计。按照目前7200万人·次的设计规模，北京新机场将超过广州白云机场和上海浦东机场，成为继首都机场之后，国内第二大机场，目前看可以排在世界前五大机场之列。

首都机场等国内外重要机场的临空经济区显示出来的巨大的地区经济带动效应，使北京和河北对于北京新机场的临空经济发展机遇寄予厚望。国家发改委的考虑是由北京、河北共建临空经济区，作为京津冀协调发展先行先试区，力争打造一个新经济增长点。北京新机场临空经济合作区规划正加紧编制。除国家部委统一的规划外，京津冀会对各自辖区充分利用临空经济区做分规划，目前北京市规划委正在编制北京版的新机场及周边区域总体规划。

北京新机场是一个跨界、跨区域、跨行政区划的开放性集聚和辐射系统。作为国际枢纽机场，它至少承载了以下三大功能：一是区域性服务中心功能，不仅服务北京，而且服务京津冀区域；二是城市副中心功能，北京新机场将带来空间重构和产业重构，更多承担疏解中心城区的功能；三是国际交往中心的功能，也就是说北京新机场将成为京津冀联通全球的重要通道。以北京新机场建设为核心，创新京津冀合作体制机制，充分整合和协调北京、天津、河北三地的资源和职能，将北京新机场临空经济区建设成为跨区域的京畿临空经济合作区（“京畿新区”）。从北京新机场的空间布局和辐射范围来看，“京畿新区”的空间范围应涉及北京大兴、河北廊坊、天津武清部分区域，面积约 2000 平方千米。

北京新机场对京津冀两地物流发展的意义主要体现在以下方面：第一，有利于形成临空型高科技产业聚集区。高科技高附加值产品对运费的承受能力强，适合运用空运的快捷和门到门的物流服务。新机场将会对亦庄北京经济技术开发区发展将有较大的现实意义，将逐渐和新机场空港产业园区融合。第二，有利于物流快递业的聚集。我国电子商务，尤其是跨境电商发展迅速，跨境快递的主要方式是空运，鉴于新机场的优越位置，将会形成快速物流园区和快递分拨中心。第三，将逐渐形成新的消费物流中心。新机场投入使用后，人口量巨大，将是我国的国际交往中心之一，会展业、免税店或者临空自贸区会发展起来，中外名优产品的物流和消费潜力巨大。

河北省将加快北京新机场及临空经济区路网的互联互通，计划今年完成投资 90 亿元，加快推进北京新机场外围“五纵两横”综合交通主干线重点项目前期的建设步伐，力争同时开工、同标准建设、同期建成。拟建机场北线、南出口高速、唐廊高速三条新高速通往北京新机场。

建议加快河北机场管理集团纳入首都机场管理集团各项工作，加速实现由托管向管理一体化推进，实现京津冀各机场在功能上的分工协作，统一调配资源。必要时可以在京津冀各机场中指定一个机场主营货运和快递业务，引入一批全货机，建立相关物流园区及场站仓储设施，引入通关商检一站式服务机构，完善航空和其他运输方式的多式联运，完善门到门服务体系，培育一批世界级的物流快递企业。

（三）推进快速货运通道和物流节点建设

物流主要是由执行位移功能的运输环节和执行停顿功能的仓储、装卸、流通加工等环节构成，因此要推进京津冀物流一体化，不仅要建设快速货运通道，而且要建设相关的配套物流节点。

京津冀地区目前大力推进的交通一体化建设中，以高铁、城际客专、轻轨、市郊铁路、地铁和高速公路为主，而这些通道大多数是服务于旅客运输，直接用于物流运输的通道很少，物流通道建设受重视程度和投资力度都很不够。随着人口聚集，物流需求在持续上升，而中心城市的拥堵和限制措施使城市物流运行不畅，效率低下。尤其是随着城市扩张，过渡拆除和外迁了很多物流节点设施，人为拉长了物流配送距离，大多数配送物资都在路上，加剧了城市的拥堵和环境污染。因此，在京津冀物流一体化建设中，有必要新建或改造出若干条快速物流通道，并且沿着这些物流通道和中心城市的主要环路的交叉地带建设若干布局合理的物流配送中心，而不是把各种物流中心搬迁得越远越好。

就京津冀物流一体化合作而言，物流通道建设主要实现三个目标：第一，实现北京消费物流需求，保证各种消费品（包括农产品）能够顺畅地进出北京。第二，满足北京外贸物流需求，重点建设好出海通道，对京津冀而言重点是建设好北京到唐山港的物流通道。第三，满足经济产业合作带的物流运输需求，使北京和河北的主要物流园区、产业协作区、农业合作基地之间有便捷的物流通道。第四，扩大延展北京物流网络，使毗邻北京的河北各城市和地区享受和北京同等的物流快速和消费物流支持。

就京津冀合作的快速物流通道和物流节点建设提出以下建议。

（1）如前所述，修建十字形的包括铁路和高速公路的过境物流快速通道，使过境京津冀的货运车辆或旅客车辆集中走该过境通道快速通过，既方便了过境物流车辆通过，也方便了河北省内快速的物流运输需要，同时缓解了北京市内的环路和铁路线的负担，减轻拥堵和污染。

（2）新建和整合现有铁路线，开辟3~4条进出京的铁路货运专线，连结京津冀主要的物流园区、产业园区和农业基地以及主要的物流场站。

①建议修建京唐曹（曹妃甸）铁路货运专线，开展海铁、铁卡联运的集装箱运输以及大宗散货运输，满足北京进出口物资运输和京唐走量产业协作区的物流运输需求。

②建议开通京石、京廊沧铁路货运专线，满足北京南向、西南向物流需

求。在北京市区内部的铁路线也要进行整合调整，北京有不少处于闲置、废弃或运输量不饱满状态的铁路线，要充分利用北京市内的一些铁路专用线或车流量小、负荷轻的铁路线为区域物流运输服务。某些郊区车站利用率很低，可以选择一部分（如房山、通州、大兴、昌平、顺义）火车站开辟为铁路物流中转配送中心。

③建议在北京六环路和铁路货运专线交汇的地方修改两道三处大型集装箱货运场站和消费品物流配送中心，通过六环路向北京城区疏散各类商品。

④建议在通州修建新的北京东站，同时把大量过境北京的货运火车引流到过境通道，可以把原北京东站（百子湾火车站）转化为纯货运物流中转中心，急需物资可以通过四环路向中心市区疏散，或者通过相互联通的几大火车站实现物资快速输送。

⑤建议修建贯穿中心城区的货运地铁专线，联通北京主要的商业区（如CBD、西单）和科技区（如中关村），并且实现和诸如通州、大兴、房山和百子湾的铁路货运物流中心联通，确保城市消费物流和商业物流的畅通。

（3）建议在某些货运繁忙的高速公路上划设物流车辆专用道，或者修建货运专用高速公路，限制私家车或其他社会车辆的通行量。建议在每天的某些时段在市内某些交通主干线上划设物流车辆专用道，例如，规定市区主干道的公交专用道在非启用时间设定为城市物流车辆专用道，适当提高物流车辆的路权，以加速物流配送速度，将有助于减缓拥堵和污染，提高社会物流效率。

（4）建议依托港口、机场，铁路枢纽站的现代物流园区，在铁路货运专线、主要高速公路与城市主要环路交汇处附近修建物流配送中心或集装箱场站，以便于城市消费品和外贸商品的疏运。不建议把所有物流园区和配送中心都迁出北京，而是要根据需要进行合理布局和优化，以追求经济和社会效益的最大化。

（四）大力推进区域多式联运系统建设

多式联运和集装箱运输是现代运输和物流的发展方向，我国的铁路、航空、公路和港口运输系统由于种种原因，相对独立，相互融合相互协作的多式联运发展程度很低，在京津冀地区尤其如此，这在很大程度上影响了物流效率和服务质量，无论国内物流还是外贸运输都迫切需要发展国内及国际多式联运。

各种运输方式通过合理分工和有效衔接建立的综合运输系统是实现多式联运的基础。目前我国货运总量中公路占比 79%、铁路 9%、水运 11%、航空 0.3%、管道 0.7%，运输结构极不合理。存在的主要问题有：①各种运输方式集装箱化率很低；②铁水联运比例低，且换装设施能力不足；③铁路依然是多式联运发展的瓶颈，铁路货运结构和运行规则、通关模式制约多式联运的发展；④多式联运经营主体尚不明确；⑤物流园区没有成为多式联运的节点；⑥多式联运资源使用率低；⑦多式联运信息平台建设相对滞后；⑧多式联运尚无统一运行规则。

有鉴于此，发展京津冀地区的多式联运，建议从以下方面着手推进。

第一，政策上进行鼓励和引导，培育多式联运经营人。多式联运经营人是可以提供一站式运输服务产品并且可以承担全程责任的经营主体，要求具备较高的法律和业务运作能力。鼓励运输行业跨界开展经营，让一些实际承运人（如成立京津冀铁路快运公司）或一些规模较大的货运代理公司具有组织和调动多种运输方式、合理组织运输线路、运营内陆货运场站、开展门到门服务的能力。

第二，努力打造形成一批具有示范意义和带动作用的枢纽节点，推动实现货运资源高效整合和货运组织服务衔接。在一些重要的交通要道交叉口附近，例如，进出京高速路和货运铁路专线与北京六环路或七环路交汇处，修建集装箱货运站、或集装箱堆场、或物流配送中心，配备各种吊装设备，便于开展相应的集货、拆拼箱和堆存业务，以及甩挂运输和集装箱铁卡联运，实现集装箱或其他集装设备可以快速地从一种交通工具换装到另外的运输工具上，开展快速转运或配送服务。

第三，在京津冀地区建设若干个内陆口岸（或称无水港），开展通关商检等一体化模式的便利服务，重点服务外贸物流需求。例如，北京现有丰台铁路口岸、首都机场的空港口岸、朝阳货运口岸，以及新建的马驹桥、马坊等口岸，以后可以适当整合，同时在京津冀其他主要城市如保定建立类似的内陆口岸，在这些口岸不仅可以开展通关、商检、保险、出口退税等一站式服务，直接与相关港口口岸和航空口岸对接，而且可以开展内陆货运场站的包装、分拣、拼拆箱、堆存、流通加工、转运配送等物流服务。

第四，在区域协调基础上，推进多式联运相关规则制定，加快综合交通运输体系中多式联运换装设备、装载单元、信息交换等重点内容建设，进一步提升多式联运的标准化和规范化水平。进一步整顿交通运输秩序，加大对公路收费的监管力度，逐步降低偏高的公路收费标准。规范交通执法行为，大力推行不停车收费系统。加强公路管理，严格控制新建收费公路，坚决制止“乱收费”“乱罚款”现象，形成长效机制，畅通京津冀区域物流大通道。

（五）推进京津冀物流一体化信息系统建设

区域物流信息平台的建设是发展区域物流一体化的核心和关键。纵观京津冀地区，虽然有不少企业建立了物流信息系统，有的地方还建立了公共物流信息平台，但由于大部分物流企业都是由传统的货代、船代、仓储和运输企业演变而来的，物流信息化水平相对较低，以及缺乏统一协调沟通，致使物流信息系统和公共物流信息平台标准不一，难以实现物流信息互联互通和物流资源的有效配置。而物流企业要提供一体化的物流服务，其开发的物流信息系统要涉及与供应链上所有环节的信息系统的数据接口问题，加之物流业务的运作涉及与众多部门的协调，如银行、税务、保险、海关、检验检疫、交通、交管、外贸等政府职能部门，物流企业要与这些部门进行沟通和协调，而目前这些部门的信息也无法共享，每个部门都是从各自的利益出发考虑问题，甚至各自出台的政策常有冲突和矛盾的地方，造成办公效率低下。这不仅严重制约了区域物流企业的发展壮大，而且也妨碍了区域物流一体化的发展。

因此，京津冀要加强区域信息化建设，提升先进物流技术应用水平。积极引导物流企业推广应用先进的物流技术。建立统一的物流信息平台，最大程度上实现京津冀区域物流的信息互通、信息共享；加快京津冀地区的物流园区、物流基地和产业基地的信息平台对接，实现海、陆、空物流信息共享，降低区域物流成本。加强物流信息平台与政府、金融、税务、海关、检验检疫等行业信息系统的合作，发挥政府信息公益性和社会指导性作用；依托科研院所加强物流新技术自主研发，大力推进管理创新，切实提高物流企业自主创新能力，积极推广应用先进、适用的现代物流技术和装备，推进物流行业的机械化、自动化和信息化进程，不断提高物流企业的整体运作和管理水平，满足区域多层次的服务需求。推行物流企业与口岸通关监管部门信息联网，对出口货物实施“提前报检、提前报关、货到放行”的通关新模式。海关、检验检疫、税务等管理部门要在有效监督的前提下简化作业程序，实现信息共享，提高通关速度，提高京津冀经济区物流的国际化程度。

参考文献

[1] 吴爱东，庞绪庆. 京津冀物流业与经济协同发展的实证研究 [J]. 天津商业大学学报，2014（5）：27－35.

[2] 文魁，祝尔娟. 京津冀发展报告（2014）——城市群空间优化与质量提升 [M]. 北京：社会科学文献出版社，2014.

[3] 孙理科. 优化运输结构畅通多式联运 [EB/OL]. 中国交通新闻网（2014－10－29）[2014－10－29]. http：//www. zgjtb. com/youzheng/2014－10/29/content_ 11719. htm.

物流业与京津冀区域经济协调发展相关性及测度研究

白晓娟

摘　要： 随着京津冀区域经济一体化趋势的增强，物流业不仅对区域经济发展起着基础性的作用，而且影响和制约着区域经济运行的速度和效益。本文对物流业与京津冀区域经济互动作用进行定性分析，同时利用区域边际效用值对物流业与京津冀区域发展的相关性进行评价；通过对以往各领域协调度评价模型的梳理，构建出适合于物流业与京津冀区域经济复合系统协调发展的测度模型，为物流业与京津冀区域经济系统协调发展的评价提供理论依据。

关键词： 物流业　区域经济　相关性　测度

京津冀经济一体化定位以建立首都为核心的世界级城市群、区域整体协同发展改革引领区、全国创新驱动经济增长新引擎、生态修复环境改善示范区。物流业与区域经济是相互依存的统一体，两者相互促进，相互推动。随着京津冀区域经济一体化趋势的增强，物流业已成为区域经济的重要组成部分，是区域经济形成和发展的主导力量，它不仅对区域经济发展起着基础性的作用，而且影响和制约着整个区域经济运行的速度和效益。同时，区域经济的发展为现代物流业的发展提供坚实的保障，在一定程度上决定着物流需求的规模、结构和层次。

一、物流业与京津冀区域经济互动作用分析

（一）物流业对京津冀区域经济发展促进作用

1. 降低区域经济运行成本，提高经济活动的效率和水平

交易成本的大小决定着区域市场的大小，只有交易成本降低到一定程度，区域经济才能得到发展，而现代物流正是降低交易成本的有效手段。京津冀的协调发展使物流节点和线路构成的物流网络体系可以对各构成要素进行优化组合，使网络成员之间的联系更加稳定和密切，并降低物流网络内部各要素的交易成本。从而使区域间物流产业得到有效分工与高效协作，最终提高区域经济的运行效率，实现物流产业与区域经济的协调发展。

2. 形成新的产业形态，推动京津冀区域产业结构的优化升级

区域产业结构的调整和发展方向是产业结构的合理化和高度化。推动区域经济的发展，不仅表现在它能创造出更多的就业机会，增加税收，为区域经济发展提供良好的基础服务和支持环境，促进生产、流通与消费之间的良性互动，从而发挥其“扩散”效应。同时，物流产业的发展还可以促进商流、信息流、人流等要素的有效聚集，进一步带动区域内商贸业、金融业、会展业、信息业等多种产业的快速发展。

3. 提高京津冀区域经济产业和企业的竞争力

区域经济竞争力主要由区域核心竞争力、基础竞争力和环境竞争力三部分构成，即区域经济理论中所谓的“三力体系”。物流业的发展之所以能够提高区域竞争力，主要表现在：首先，现代物流产业的高度专业化和规模化特征决定其具有极强的产业关联效应和带动效应，同时能够促使资源有效聚集，产生巨大的市场效应，这也为区域经济带来了核心竞争力。其次，物流产业的发展有效降低了区域企业物流运作成本，使其运营效率和竞争能力大幅度提高。同时，各级政府为促进物流产业的发展会加大对物流基础设施的投资，这就使物流环境及区域环境不断得到改善。

4. 促进区域经济增长极的形成和发展

物流产业作为现代新型的复合型产业，能够促进区域区域经济增长极的形成和发展，而区域经济中“增长极”的角色一般都是由区域中经济发展较

快的中心城市所扮演，主要是因为中心城市一般都是商品的集散地和交易中心，交通与信息都较为发达，物流需求量都也比较大。而发达的物流产业不仅能够降低经济运行成本，促进以城市为中心的区域市场体系的形成，同时还有利于解决城市的交通运输问题和城市的整体规划，从而促进区域经济结构的优化升级和协调发展。

5. 区域间的经济联系，实现区域经济的均衡发展

物流活动可以降低地区间贸易成本，有利于经济的聚集发展，并最终扩散到其他地区，从而实现地区间经济均衡发展。区域间的经济集聚与扩散的运动规律与其在区域内部一样。通过物流产的发展，可以加强区域的“需求关联”“成本关联”和“外部规模经济效应”，这样可以吸引其他区域的资金、劳动力及其他资源。该区域自身的积累循环，使其逐步发展成为经济增长中心，再通过开展区域间物流活动，发挥其经济福射作用，从而形成以中心区域为主逐渐向外围扩散的新的经济集聚。区域之间最终能实现均衡发展。

（二）京津冀区域经济对物流产业发展的推动作用

1. 区域经济的发展能够为物流业提供需求和支持

物流需求是一种引致需求，需求量的大小完全取决于经济发展的程度与速度。一个地区经济水平的提高，意味着该地区分工协作也就越多，其经济联系就越紧密，相应也会导致社会产出的增加以及商业活动的频繁发生，而在市场经济条件下，这些经济活动的增加势必会加强原材料、产成品以及人员的流动，进而导致对交通运输需求的增加。经济发展水平越高的地区，地方政府才有更充裕的资金用于交通运输、通信、仓储等物流基础设施建设，为物流产业的发展提供更加优越的经济基础和物质技术条件，改善物流产业发展的硬环境；同时通过制定、完善相关的政策措施和法律法规，为物流产业发展创造良好的政策环境和市场环境。

2. 区域经济发展规模决定了物流产业的发展规模

目前，服务业在经济发展中起着越来越重要的作用，而区域物流产业作为新兴的第三产业，有着与其他服务业相同的行业属性和特点，它必须依附于生产制造业和商贸流通业而存在，如果没有生产制造业和商贸流通业，区域物流行业就没有其用武之地。事实表明，物流总是伴随着商流而生，区域经济越发达，制造业及商贸活动越活跃，区域物流也就有了良好的市场基础，就有大规模发展的可能，这在一定程度上会扩大物流业的发展空间，实现规模经济。

3. 区域的经济结构决定物流产业结构

对物流业来讲，区域经济结构决定了物流业基础设施，物流服务类别及物流发展水平，这主要是由物流业的服务属性所决定的。另外，随着区域经济结构的不断调整和完善，企业间的竞争变得日益激烈。企业要想在这种激烈的市场竞争中求得生存和发展，就要不断增强自身的核心能力，利用发展自己的核心业务而获得更多的利润，以此来获得相对持久的竞争优势。

4. 区域经济的发展有利于提高物流企业的服务水平

区域经济发展水平越高，吸引到的资金就越来越多，这些资金中的部分被投入物流基础设施的建设，会促进物流产业的发展。世界各国的发展经验表明，引进的外商企业会带来先进的技术、充足的资金及先进的管理理念，这些会对当地企业的经营方式产生巨大的改善作用。同时，大量的外资进入，也会对当地物流产业的技术、服务及综合功能提出更高的要求，从而间接地促进当地物流产业整体发展水平的提高。

综上所述，物流产业的发展与区域经济之间相互联系、相互促进，任何一方的发展变化都将对对方产生重要影响。物流业的快速发展可以降低经济运行成本，促进区域产业结构的调整与优化，并使区域之间的联系越来越紧密。同时，区域经济的发展为物流产业的发展提供了大量的市场需求，使物流功能不断得到增强和扩充，从而推进物流体系的完善。

二、物流产业与区域经济发展的相关性评价

前文已经对物流产业与区域经济之间的相互作用进行了定性分析，为了更一步探究两者之间的关系，以下从定量的角度对两者的相关性进行评价。目前对于物流产业发展的研究主要集中在物流业对经济增长的贡献、物流业发展效率的相关评价等方面，对物流业贸易效应的相关研究较为欠缺。而物流业的主体功能之一就是通过降低省际贸易壁垒与贸易成本、提高贸易效率、优化贸易结构，以此来促进区域经济的一体化发展。

本部分运用我国 2014 年京津冀地区面板数据构建物流业发展与京津冀区域经济之间的分析模型，通过分析物流业发展与贸易壁垒的关系，剖析物流业对

京津冀区域经济发展的作用机理和支持效应，并尝试从理论上进行经济解释。

（一）物流产业发展的测度指标

产业发展是指特定产业通过追加生产要素投入，从而不断扩大产业规模或提高产业素质的产业演化过程。其基本内涵包括两个方面：一是产业外在的数量扩张；二是产业内在素质的提高。产业在发展演变过程中不断地从环境中获取各种资源要素，实现要素的持续投入与追加，外在表现为产业从无到有、从弱到强的动态变化过程，内在表现为产业技术进步、产业结构与产业组织优化，以及产业效率提高。

考虑到数据的可获得性，本文主要选取反映物流发展水平的货运量、客运量、运输总里程（公路、铁路和水路里程之和）、交通运输与邮电通信业就业人数指标（见表1）作为物流产业发展情况基本数据。

表1　　2013年京津冀地区物流产业发展指标数据

地区	各地区客运量（万人）	各地区货运量（万吨）	各地区运输线路长度（千米）	交通运输、邮电通信业就业人员数（人）
北京	64161	25748	1276.7	592268
天津	17995	45233	963.4	143455
河北	61718	198009	6255.5	275895

资料来源：《中国统计年鉴》（2014）。

（二）区域经济一体化测度指标

大多数研究表明，用贸易流来衡量区域经济一体化程度最为合适。但自2002年后我国的分省统计年鉴中不再对投入产出表进行整理，因此很难从分省统计年鉴中找到最新的省际贸易数据。

本文采用省际贸易壁垒的测度指标来间接衡量区域经济一体化程度。我国省际贸易壁垒形成的因素很多，多数研究指出地方保护主义被视为是造成省际贸易壁垒和国内经济分割的主要因素之一，并通过量化各省市政府消费占地方GDP的比重来测算地方保护的程度。地方保护主义的存在使要素资源的跨区域流动难以突破多元行政分割形成的利益边界，从而使区际贸易充满利益摩擦，大大降低了区域经济的一体化和开放化程度。

借用赵永亮、徐勇和苏桂富利用多重面板数据所测算的我国31个省（自治区、直辖市）的边界效应指数来代表省际贸易壁垒的程度。边界效应指数被看成是该省市与其他地区整体的贸易壁垒程度，其中包括在地方保护、制度因素和本土偏好等因素的影响下所形成的省际贸易壁垒。按人均GDP计算的京津冀地区的边界效应值，如表2所示。

表2　京津冀区域的边界效应值

地区	边界效应
北京	2.01
天津	1.46
河北	11.13

资料来源：刘生龙，胡鞍钢．交通基础设施与中国区域经济一体化［J］．经济研究，2011（3）：72–82.

目前研究进一步表明我国区域经济一体化程度正在加深，出口贸易的强度代表着各省市货物进出的便利与通畅程度。在一定程度上也能反映区域经济一体化程度。京津冀地区物流产业发展情况与省际贸易壁垒指标基础数据如表3所示。

表3　2013年京津冀地区物流产业发展与省际贸易壁垒数据

地区	各地区客运量（万人）	各地区货运量（万吨）	各地区运输线路长度（千米）	交通运输、邮电通信业就业人员数（人）	政府消费占GDP比重（%）	进出口额占销售总额比重（%）
北京	64161	25748	1276.7	592268	26.11	27.11
天津	17995	45233	963.4	143455	13.24	69.87
河北	61718	198009	6255.5	275895	12.55	97.41

资料来源：根据《中国统计年鉴》统计整理（2014年）。

（三）计算分析及结果

选取2013年京津冀地区物流产业发展指数、贸易壁垒指数为原始分析数据，计算物流产业发展与省际贸易壁垒之间的皮尔逊相关系数，以衡量两者联系的紧密程度。利用SPSS17.0软件得到分析结果（见表4）。

表 4　　　　京津冀地区物流产业发展与贸易壁垒的相关分析结果

指标		各地区客运量	各地区货运量	各地区运输线路长度	交通运输、邮电通信业就业人员数	政府消费占 GDP 比重	进出口额占销售总额比重
各地区客运量	Pearson 相关性	1	0.667	-0.051	0.081	-0.364	0.685
	显著性（双侧）		0.000	0.793	0.678	0.053	0.000
各地区货运量	Pearson 相关性	0.667	1	0.279	0.179	-0.589	0.549
	显著性（双侧）	0.000		0.143	0.353	0.001	0.002
各地区运输线路长度	Pearson 相关性	-0.051	0.279	1	0.537	-0.122	-0.027
	显著性（双侧）	0.793	0.143		0.003	0.529	0.891
交通运输、邮电通信业就业人员数	Pearson 相关性	0.081	0.179	0.537	1	-0.156	-0.032
	显著性（双侧）	0.678	0.353	0.003		0.418	0.868
政府消费占 GDP 比重	Pearson 相关性	-0.364	-0.589	-0.122	-0.156	1	-0.372
	显著性（双侧）	0.053	0.001	0.529	0.418		0.047
进出口额占销售总额比重	Pearson 相关性	0.685	0.549	-0.027	-0.032	-0.372	1
	显著性（双侧）	0.000	0.002	0.891	0.047	0.047	

由表 4 可以看出，物流产业发展水平与衡量省际贸易壁垒的政府消费占 GDP 比重指标之间存在着明显的负相关关系，相关系数分别为 -0.364、-0.589、-0.122 和 -0.156；而反映物流产业发展水平的客运量和货运量与

衡量省际贸易壁垒的进出口额占销售总额比重存在着明显的正相关关系，相关系数分别为0.685、0.549，均通过了1%的双尾显著性检验。

结果表明，物流业发展与区域贸易壁垒之间存在显著的负相关系数，说明物流业通过为京津冀区域内市场提供经济协作平台，提升省际间信息、商品与技术交换效率，消除了形成地方性贸易保护和贸易壁垒的因素，进而促进了商品市场规模的延伸，打破了省份边界效应对省际贸易量的影响；物流业发展水平与区域贸易外向度存在正相关关系，说明物流业发展能够保持京津冀区域间贸易的通畅，增强区域经济的融合度。

三、物流产业与京津冀区域经济协调发展评价体系的构建

物流产业与京津冀区域经济的协调发展是实现物流与经济资源的优化配置，经济结构优化以及可持续发展的必由之路。因为一个地区经济的发展，不再单纯是经济在“量”上的增加，而是在经济结构合理、社会、资源、环境等相互协调的前提下，区域经济的可持续发展。因此，对物流业与京津冀区域经济协调发展的研究既涉及理论问题，又涉及现实问题，而对于两者协调发展的评价是协调发展研究从理论到实践的重要纽带，不仅需要定性的协调机制的分析，同时还需要对两者的协调状况进行定量分析。本文通过对以往各领域协调度评价模型的梳理，以复杂系统理论为指导，构建出适合于物流产业与区域经济复合系统协调发展的测算模型，为后文的物流业与京津冀区域经济协调发展评价提供理论依据。

（一）评价指标体系的构建

对物流业与区域经济协调发展进行综合评价的前提和基础是科学地选择评价指标并构建评价指标体系，从而有助于评价目标的实现。

物流业与区域经济系统是一个非线性的复杂系统，对于复杂系统的测度，需要采用多指标综合评价分析。除了必须遵循客观性、科学性、系统性、实用性、简明性可操作性等原则之外，同时也要充分体现协调发展的内涵；体现各子系统相互促进发展的协调性，要求评价指标一方面能够反映物流业系统的特征，另一方面还要充分反映区域经济的发展特点。根据物流业与区域经济系统协调发展评价指标体系所描述的功能以及建构原则，在考虑指标的可行性和动态性以及数据的可获得性的基础上，从庞大而复杂的指标体系中选择少量有代表性

的指标建立综合评价指标体系。在借鉴已有研究成果的基础上，经过科学分析和比较，初步形成物流产业与区域经济系统协调发展评价指标体系的理论构架。

1. **物流业子系统评价指标**

物流业作为一个系统，具有一定的复杂性，迄今为止，还没有一套完整的指标体系能全面地反映物流业的发展变化状况。从现有的研究文献来看，研究有着重从物流供给、物流需求和物流总量规模三个角度来分析物流产业的发展基础与发展潜力；有从物流内部发展水平与外部发展环境两大类别构建了四级综合评价指标体系；有选择基础设施、物流需求、产业规模和信息化水平四个方面对物流产业发展水平进行测；从物流产业资源、成本、效益、结构和保障体系这几个方面来描述姜堪市的物流产业的发展情况；有选择物流供给、物流需求和物流成效三方面的评价指标对物流产业发展水平进行综合评价。在上述学者研究成果的基础上，本文从物流投入、物流产出，物流发展规模三个方面构建物流产业系统的评价指标体系，如表5所示。

表5　　物流产业子系统评价指标体系

	一级指标	二级指标	单位
物流产业子系统 x	物流投入指标x_1	物流基础建设投资x_{11}	亿元
		公路里程x_{12}	万千米
		铁路里程x_{13}	万千米
		内河航道里程x_{14}	万千米
	物流产出指标x_2	货运量x_{21}	万吨
		货物周转x_{22}	万吨
		邮电业务总量x_{23}	亿元
	物流发展规模x_3	物流产业总产值x_{31}	亿元
		物流产业增加值x_{32}	亿元
		交通运输仓储从业人员x_{33}	万人

2. **京津冀区域经济子系统评价指标**

对于区域经济子系统评价指标体系，本文选择经济总量、经济结构、经济效益三个一级指标，进而又可细化为二级指标，以此来衡量各区域经济的协调发展程度，具体指标体系如表6所示。

表 6　　京津冀区域经济子系统评价指标体系

	一级指标	二级指标	单位
区域经济子系统 y	经济总量指标 y_1	GDP y_{11}	亿元
		第三产业产值 y_{12}	亿元
		工业总产值 y_{13}	亿元
		农林牧副渔总产值 y_{14}	亿元
		社会消费品零售总额 y_{15}	亿元
		居民消费水平 y_{16}	元
		地区财政收入 y_{17}	亿元
		固定资产投资总额 y_{18}	亿元
		进出口贸易总额 y_{19}	亿元
	经济结构指标 y_2	第三产业产值占 GDP 比重 y_{21}	%
		第三产业从业人员比重 y_{22}	%
		固定资产投资占 GDP 比重 y_{23}	%
	经济效益指标 y_3	人均 GDP y_{31}	亿元
		财政收入占 GDP 比重 y_{32}	%

3. 物流业与区域经济协调发展的评价指标体系

物流业与京津冀区域经济的协调发展包括子系统内部的协调发展和子系统之间的协调发展两个方面。因此，衡量一个地区的物流产业与经济是否协调、可持续发展，关键是要对物流业子系统、区域经济子系统以及两者之间的协调度和发展度进行测算。具体评价指标体系如表 7 所示。

表 7　　区域经济子系统评价指标体系

目标层	准则层	指标层
物流产业与区域经济协调发展评价指标体系	协调度 x_1	物流产业内部协调度 y_1
		区域经济内部协调度 y_2
		物流产业与区域经济之间协调度 y_3
	发展度 x_2	物流产业综合发展指数 y_4
		区域经济综合发展指数 y_5

4. 指标的降维与指标权重的赋值

在计算分析的过程中，往往会存在多个反映所研究问题信息的指标，而这些指标并不都是相互独立的，有的指标之间彼此存在一定的相关性，这就会导致指标数据反映的信息在一定程度上存在重叠，为了减少指标太多所增加的难度和复杂性，科学、客观地评价问题，人们往往希望用较少的指标去解释原来资料中的大部分指标，同时又能保留原来较多变量所反映的信息，这就需要对已建立的指标进行降维，选出较少而且能够得到信息量较多的指标。本文选用主成分分析法对评价指标进行降维。

主成分分析是要设法将原来众多具有一定相关性的变量，重新组合为一组新的相互无关的综合变量。在数学上常用的处理方法就是取原来变量指标的线性组合，选出所有的线性组合中方差最大的作为新的综合变量，并称为第一主成分。如果不足以代表原来所有变量的信息，再考虑选取所有线性组合方差次大者，为第二主成分。以此类推可以构造出 n 个主成分。

指标权重是一个相对的概念，是指标在评价过程中不同重要程度的反映，是评价过程中指标相对重要程度的一种主观评价和客观反映的综合度量。对指标权重的赋值是否合理，会直接影响到评价结果的科学性和合理性。因此，在对指标进行赋值时，权重确定方法的选取至关重要。目前对于指标权重的确定方法大致可分为两大类：主观赋权法和客观赋权法。

主观赋权法大多采取的都是定性方法，通常是由专家根据知识、经验及偏好进行主观判断来确定权重系数，然后再对指标进行综合评判。常用的如层次分析法、德尔菲法、二项系数法、环比评分法、最小平方法、序关系分析法和模糊综合评价法。其中层次分析法是实际应用中使用最多的方法，它是一种定性和定量相结合的系统化、层次化的分析方法。这种方法的特点是对复杂的决策问题的本质、影响因素及其内在关系进行深入分析的基础上，利用较少的定量信息使决策的思维数学化，可为多目标、多准则的复杂决策问题提供简便方法。

（二）物流产业与区域经济协调发展评价模型

1. 物流产业与区域经济子系统内部协调度测算模型

系统之间的协调度，指的是一个系统的实际发展水平与该系统受其他系统影响作用下的应该达到的发展水平之间的关联程度。本文把主成分分析法、回归拟合模型以及灰色关联法进行综合集成构建物流产业系统与区域经济系统之间的协调度模型。主要思路与步骤如下：

步骤一：用主成分分析法计算物流产业系统与区域经济系统的综合发展指数 X 和 Y（可由 SPSS17.0 实现）。

步骤二：利用回归拟合模型确定物流产业和区域经济两个子系统旳综合发展指数预测值，即协调值。计算物流产业系统协调值：以 x 为因变量，y 为自变量，回归拟合得到并选取合适的方程 $x=f(y)$，代入物流产业系统综合发展指数 x，就可得到协调值 x'。同理，以 y 为因变量，x 为自变量，回归拟合得到并选取合适的拟合关系方程 $y=f(x)$，代入区域经济综合发展指数 y，则可得协调值 y'。

步骤三：利用模糊隶属度评价模型，计算物流产业系统与区域经济系统两者之间的协调度。构建两者隶属度评价模型，具体计算公式如下：

$$U(i,j) = \frac{\min\{u(i/j),u(j/i)\}}{\max\{u(i/j),u(j/i)\}} \tag{1}$$

式中：$U(i,j)$ ——物流产业系统与区域经济系统发展水平协调值；

$u(i/j)$ ——物流产业系统对区域经济系统协调发展的协调值；

$u(j/i)$ ——区域经济系统对物流产业系统协调发展的协调值。

$$u(i/j) = \exp\left[-\frac{(x-x')^2}{s_1^2}\right] \tag{2}$$

式中：x——物流产业系统综合发展指数预测值；

x'——区域经济系统对物流产业最佳综合发展预测值；

s_1^2——区域物流产业系统综合发展值的均方差。

同理：

$$u(j/i) = \exp\left[-\frac{(y-y')^2}{s_2^2}\right] \tag{3}$$

式中：y——区域经济系统的综合发展预测值；

y'——区域物流系统对经济系统需求的最佳综合发展预测值；

s_2^2——区域经济系统综合发展值的均方差。

$U(i,j) \in [0,1]$，越趋近于1，说明物流产业发展与区域经济发展越协调；反之，越不协调。

2. 物流产业与区域经济复合系统协调度测算

物流产业与区域经济复合系统的总协调度由三部分组成：①物流产业系统内部协调度；②区域经济系统内部协调度；③物流产业与区域经济两个系统之间的协调度。

采用线性加权法，得到复合系统总协调度，公式如下：

$$T = \alpha \sum_{i=1}^{2} w_i u_i + \beta U \tag{4}$$

式中，α，β 分别代表两个子系统内部协调度与子系统之间协调度的重要性程度，通过专家咨询得到。w_i 代表子系统的重要性程度，取 $w_i = 0.5$，即物流产业系统与区域经济系统同样重要。

四、小结

物流业与区域经济是相互依存的统一体，两者相互促进，相互推动。随着京津冀区域经济一体化趋势的增强，物流产业已成为区域经济的重要组成部分，是区域经济形成和发展的主导力量，它不仅对区域经济发展起着基础性的作用，而且影响和制约着整个区域经济运行的速度和效益。本文对物流业与京津冀区域经济互动作用进行定性分析，同时利用区域边际效用值对物流业与京津冀区域发展的相关性进行评价；本文通过对以往各领域协调度评价模型的梳理，以复杂系统理论为指导，构建出适合于物流产业与京津冀区域经济复合系统协调发展的综合测度模型，为物流产业与京津冀区域经济系统协调发展的评价提供理论依据。

参考文献

[1] 周泰．区域物流能力与区域经济协同发展研究［D］．成都：西南交通大学，2009.

[2] 张梅青，周叶，周长龙．基于共生理论的物流产业与区域经济协调发展研究［J］．北京交通大学学报：社会科学版，2012（1）：27－34.

[3] 李文顺，刘伟，周宏．1952—2002 年中国物流增量和 GDP 增量的协整分析［J］．中国软科学，2004（12）：45－49.

[4] 杨志梁，张雷，等．区域物流与区域经济增长的互动关系研究［J］．北

京交通大学学报：社会科学版，2009，8（1）：38－40.

[5] 邵扬，路振华，姚微娜. 区域经济增长与物流的空间相关性分析 [J]. 商业时代，2010（9）：32.

[6] 张毅，陈圻. 中国区域物流业与经济发展协调度研究——基于复合系统模型与30个省区面板数据 [J]. 中国软科学，2010（12）：70－79.

[7] 张梅青，周叶，周长龙. 基于共生理论的物流产业与区域经济协调发展研究 [J]. 北京交通大学学报：社会科学版，2012（1）：27－35.

[8] 刘运，余东华. 地方保护和市场分割的测度方法与指标体系研究 [J]. 东岳论丛，2009（1）：88－91.

[9] TALLEY，WAYNE. Linkages between transportation infrastructure investment andeconomicroprdiiction [J]. Logistics and Transportation Review，Vancouver：1996，32（1）：145－154.

[10] MELENDEZ. Maria Fernanda，Ph. D. The logistics and transportation problems of Latin American integration efforts：The Andean Pact，a Case of study [J]. The University of Tennessee，2001：246.

（本文未发表，为某横向课题的一部分）

京津冀物流一体化水平测算[①]

程永伟[②]　穆　东[③]　崔介何[④]

摘　要：本文采用整体发展高度、发展均衡性及协调性三要素构建了京津冀物流一体化水平测算模型，并从基础设施条件、物流运营效率、产业贡献及低碳化水平四方面指标计算和比较了2008—2012年我国三大经济圈物流一体化发展水平。研究表明，京津冀物流整体发展高度及发展协调性低于长三角经济圈但高于珠三角经济圈，而发展均衡性却显著低于其他两大经济圈。本文研究为加快推进京津冀物流一体化提供了一定的依据。

关键词：京津冀　物流一体化　发展水平　测算

一、引言

京津冀一体化作为国家重大发展战略，已经引起各方关注和重视。而物流业作为基础性服务产业，物流一体化无疑是其中不可或缺的组成部分和优先领域。杨蕾等采用相关性分析和Granger因果检验法实证研究了京津冀区域物流与区域经济增长之间的关系。彭永芳等分析了京津冀地区物流产业集群的影响因素与发展模式。焦文旗、踪程等分别对京津冀物流一体化的必要性、

---

① 本课题基金项目：国家自然科学基金面上项目“物流资源低碳整合模式与动态决策研究”（项目编号：71473013）；国家自然科学基金重点项目“物流资源整合与调度优化研究”（项目编号：71132008）。

② 程永伟（1986—），男，浙江省金华人，北京交通大学经济管理学院博士生，研究方向为物流产业经济、低碳供应链管理。

③ 穆东（1962—），女，天津人，教授，博士生导师，研究方向为物流复杂系统、低碳物流等。

④ 崔介何（1948—），男，河北省徐水县人，北京物资学院教授，主要研究方向为物流学、企业物流等。

可行性及一体化模式作了探讨。具体到交通一体化方面，肖昭升讨论了京津冀都市圈交通一体化的发展思路。翁钢民、刘辉、杨丽华等分别采用空间数据分析法（ESDA）、引力场模型、SPSS 模型研究了京津冀区域物流空间布局、交通可达性、网络评价等问题。此外，产业升级、空气污染等新要素开始纳入研究视野。杜传忠等比较分析了京津冀、长三角经济圈制造业与生产性服务业耦合协调对提升区域制造业竞争力的影响。薛俭等运用 Shapley 值合作收益分配法建立了京津冀大气污染治理省际合作博弈模型。李丽等采用模糊元法构建了京津冀低碳物流评价指标体系。

可见，当前对京津冀物流一体化的研究主要以定性分析为主，从整体量化角度来评价其一体化水平还十分少见。本文尝试以整体发展高度、发展均衡性、协调性三要素构造京津冀物流一体化水平测算模型，并基于 2008—2012 年各相关省市统计数据，计算和比较分析京津冀经济圈与长三角经济圈、珠三角经济圈在物流一体化方面的发展差异，为加快推进京津冀物流协同发展、服务京津冀一体化战略实施提供一定的支撑。

二、研究方法及数据处理

关于京津冀物流一体化的内涵、总体目标、发展模式等目前学界尚无统一界定。习近平同志在京津冀协同发展工作座谈会上指出的七点要求中，有“着力构建现代化交通网络系统，把交通一体化作为先行领域，加快构建快速、便捷、高效、安全、大容量、低成本的互联互通综合交通网络。”本文在此基础上并结合现有文献，认为京津冀物流一体化“以服务区域社会经济发展为目标，将区域物流基础条件及功能要素有机结合、无缝对接，形成系统化、集约化的高效区域物流运行体系。”其中发展高度、发展均衡性及协调性是反映一体化水平的三个重要特征，如图 1 所示。经济圈内物流业整体发展规模越大，区域内各省市物流发展水平越接近，发展步伐越一致，则该地区物流一体化水平越高。

本文选取物流基础条件、运营效率、产业贡献及低碳化水平四个一级指标和物流业固定资产投资等 11 个二级指标来测定上述三个评价要素（见下页表）。需要说明的是，选用旅客（货物）周转量及邮电业务量能够更好地反映该地区在运输、仓储、信息技术等方面的综合运营能力；劳动力生

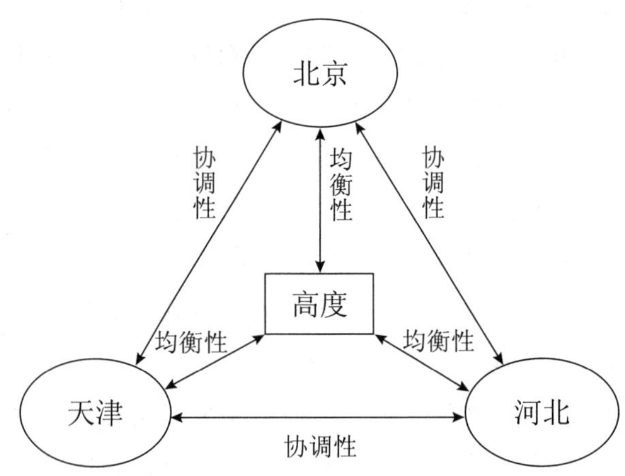

图1　京津冀物流一体化水平测算模型

产率由物流业单位从业人员的 GDP 产出表示；影响力系数反映物流业对国民经济增长的拉动作用；两业联动强度采用文献［12］的测算方法，反映物流业与制造业的联动发展水平；低碳水平则由物流业单位能耗的 GDP 产出表示。

2012 年我国三大经济圈物流一体化水平比较表

比较指标		物流发展高度			物流发展均衡性			物流发展协调性		
一级指标	二级指标	京津冀	长三角	珠三角	京津冀	长三角	珠三角	京津冀	长三角	珠三角
基础条件	固定资产投资	2.20	2.37	1.00	1.12	1.00	2.73	0.4506	-0.0643	0.4722
	旅客周转量	1.22	1.96	1.00	1.52	1.00	3.60	0.9702	0.9004	0.6737
	货物周转量	2.51	4.84	1.00	1.45	1.00	3.32	0.6464	0.9343	0.6121
	邮电业务总量	1.00	1.97	1.18	1.06	1.00	1.00	0.9705	0.9933	0.9779
小计		6.93	11.13	4.18	5.15	4.00	10.64	0.7594	0.6909	0.6840

续 表

比较指标		物流发展高度			物流发展均衡性			物流发展协调性		
一级指标	二级指标	京津冀	长三角	珠三角	京津冀	长三角	珠三角	京津冀	长三角	珠三角
运营效率	物流业增值率	1.00	1.02	1.14	1.00	1.00	1.00	1.0000	1.0000	1.0000
	劳动力生产率	1.00	1.20	1.00	1.30	1.78	1.00	0.9001	0.7818	0.1258
小计		2.00	2.22	2.14	2.30	2.78	2.00	0.9501	0.8909	0.5629
产业贡献	GDP比重	1.57	1.01	1.00	1.03	5.24	1.00	0.2181	0.2045	0.1790
	就业比重	1.48	1.00	1.36	1.46	1.44	1.00	0.2187	0.8653	-0.0274
	影响力系数	1.22	1.08	1.00	1.00	1.00	1.00	1.0000	1.0000	1.0000
	两业联动强度	2.54	1.27	1.00	1.00	1.00	1.00	1.0000	1.0000	1.0000
小计		6.82	4.36	4.36	4.49	8.68	4.00	0.6092	0.7675	0.5379
低碳水平	能源效率	1.43	1.00	2.17	1.00	1.30	1.76	0.8582	0.9099	0.9925
合计		17.18	18.72	12.85	12.94	16.75	18.40	0.7484	0.7750	0.6369

注：表中发展高度及均衡度数据为无量纲化后的相对值。

基础数据来自于国家统计局公布的分省年度数据及各省市《统计年鉴》，其中“物流业增值率”“影响力系数”及“两业联动强度”则由最新的2007年中国地区投入产出表计算得来。本文所指物流业为“交通运输、仓储和邮政业”。京津冀经济圈包括北京、天津、河北三省市，长三角经济圈包括上海、江苏、浙江三省市，珠三角经济圈则包括广州、深圳、珠海、佛山、惠州、东莞、中山、江门、肇庆九个地区。在测算发展高度方面，将各经济圈的指标绝对值与其中的最小值相比进行无量纲处理，分值越大，说明经济圈在该项指标上的相对整体规模越大。在测算均衡性方面，将经济圈内各省市间的指标标准差与其中的最大值相比，分值越大，说明经济圈内各省市物流发展水平差异较小，均衡度较高。在测算协调性方面，先求解经济圈内两两省市间在相应指标上 2008—2012 年的相关系数，再以该组省市 2012 年的 GDP 总值作为权重计算经济圈在该项指标上的平均协调度。鉴于投入产出表无分年度数据，“物流业增值率”“影响力系数”及“两业联动强度”三个指标仅比较发展高度，均衡度及协调度则视为一致。为便于分析，视各项指标同等重要，并将发展高度、均衡度的相对值纵向加和作为经济圈在该要素上的总分值，协调度则取算术平均值。本文计算均在 Excel 中或利用 MATLAB 编程完成。

三、实证结果及分析

上表显示了我国 2012 年三大经济圈物流一体化水平的测算结果。从总体来看，京津冀整体发展高度得分 17. 18，低于长三角的 18. 72，但明显高于珠三角 12. 85；而区域内各省市物流发展均衡度属京津冀最低为 12. 94，显著低于珠三角 18. 40 和长三角 16. 75；在 2008—2012 年间的发展协调性方面，京津冀协调度为 0. 7484，略低于长三角的 0. 7750，高于珠三角 0. 6369；这表明，除了均衡性较差外，京津冀物流发展的高度及协调度在三大经济圈中属中上水平，“京津冀远远落后于其他两大经济圈”这一直观认识是有失偏颇的。

具体从各项指标来看，首先，基础条件方面，2012 年京津冀货物周转量为 19450. 15 亿吨 · 千米，邮电业务总量为 1414. 52 亿元，均只有长三角的 50% 左右；2012 年京津冀三省市在物流业固定资产投资、旅客周转量、货物周转量上的标准差分别为 405. 78 亿元、492. 82 亿人 · 千米和 4068. 74 亿吨 · 千米，均超过均衡度最高的珠三角经济圈 2 倍多；而 2008—2012 年间京津冀三省市的协调性较为一致，尤其旅客周转量协调度高达 0. 9702，这可能得益于近年来京津冀旅游业及城际交通一体化的协同发展。其次，运营效率方面，三大经济圈差距不大，但其中京津冀三省市物流业劳动生产率的标准差高达 32. 09 万元/人，高于长三角经济圈 23. 51 万元/人近 1. 36 倍。再次产业贡献方面，京津冀相对优势明显，物流业对 GDP 及就业贡献达到 6.47% 和 5.92%，分别高于长三角经济圈 2.31 个和 1.93 个百分点，但均衡度却较差，其中北京物流业的 GDP 贡献仅为 4.57%，与最高的河北省 8.33% 相差 3.76 个百分点；2012 年京津冀物流业影响力系数为 0.8920，高于长三角的 0.7873 和珠三角 0.7308，其中北京市物流业的影响力系数高达 1.0614，在所有比较省市中最高；更近一步，在物流业服务制造业方面，京津冀两业联动强度为 0.0122，是其他两大经济圈的 2.00 倍和 2.54 倍，这都表明物流业在京津冀区域经济发展中发挥着更为重要的作用。最后，在物流业能效方面，2012 年京津冀物流业每消耗 1 吨标准煤能带来 1.26 万元的 GDP，介于长三角 0.88 万元/吨和珠三角 1.91 万元/吨。

此外，我们还比较了三大经济圈 2008—2012 年物流发展的高度及均衡度变动情况，如图 2、图 3 所示。由图 1 可知，各经济圈物流相对发展高度基本保持稳定，其中长三角经济圈相对高度最高，其次是京津冀经济圈，最末的珠三角经济圈则表现出稳中有升态势。在图 3 中，可见珠三角、长三角经济圈一直交错处在均衡度最高的位置，而京津冀则一直处于低位，但得益于京津冀三省市在物流运营效率及产业贡献方面的差距逐步缩小，2008 年均衡度仅有珠三角经济圈的 61.02% 上升至 2012 年的 64.55%，上升了 3.52 个百分点。

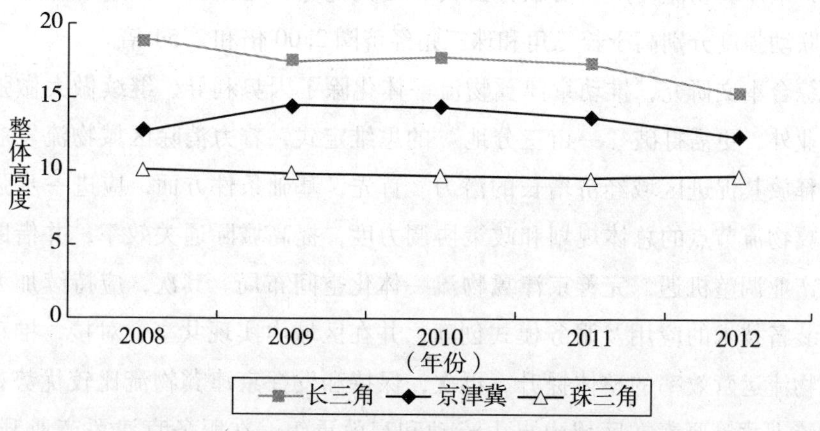

图 2　2008—2012 年三大经济圈物流发展高度变动情况

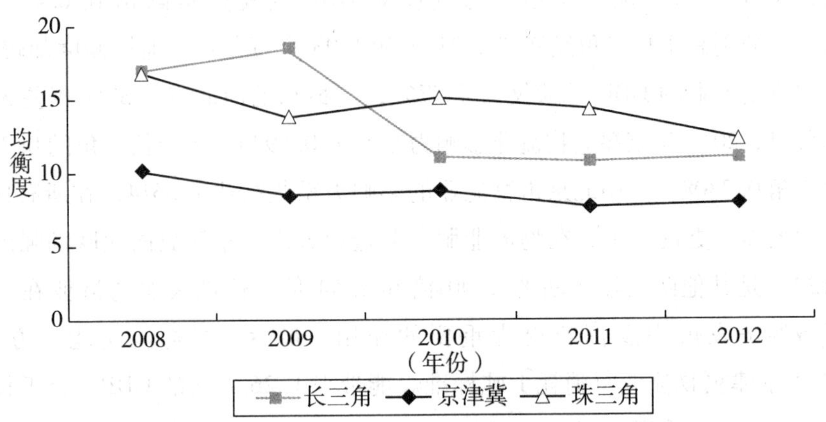

图3　2008—2012 年三大经济圈物流发展均衡性变动情况

四、结束语

本文在分析京津冀物流一体化内涵及目标的基础上，提出采用整体发展高度、发展均衡性及协调性三要素来评价一体化水平，并基于2008—2012 年相关省市统计数据测算和比较了我国三大经济圈在物流一体化方面的发展差异。实证结果表明，京津冀物流在整体发展高度及协调度方面介于长三角和珠三角之间，而区域内各省市的物流发展均衡度却显著低于其他两大经济圈。此外，京津冀物流在产业贡献方面具有较大优势，尤其在与制造业融合发展中，联动强度分别高于长三角和珠三角经济圈 2. 00 倍和 2. 54 倍。

综合本文研究，推动京津冀物流一体化除了因势利导、继续做大做强物流产业外，更需打破“一亩三分地”的思维定式，着力消除区域物流发展差距，释放其促进区域经济增长的潜力。首先，基础条件方面，应进一步强化京津冀物流节点的总体规划和政策协调力度，提高城际通关效率，并借助新一轮产业调整机遇，完善京津冀物流一体化空间布局。其次，应持续加大对物流装备技术的应用及服务模式创新，并在区域内实现共享、对接，推动京津冀物流运营效率的整体提升。再次，保持和发挥京津冀物流比较优势，引导物流人才等要素在区域内自由流动和高效重组，在服务京津冀产业升级、拉动经济增长和吸纳社会就业中兑现产业价值。最后，随着空气污染、节能减排、运营成本等压力加剧，还应考虑走低碳转型道路，优化能源消费结构，推广清洁技术在运输、仓储等物流环节的应用，在降低物流能耗的同时，打造京津冀绿色物流、低碳物流。

参考文献

[1] 杨蕾，郑晓凤．京津冀都市圈区域物流与区域经济增长关系实证研究［J］．物流技术，2012，31（10）：6－8.

[2] 彭永芳，温孝卿，张会江．京津冀地区物流产业集群的影响因素与发展模式［J］．统计与决策，2011（12）：65－67.

[3] 焦文旗．京津冀区域物流一体化必要性及可行性分析［J］．商业时代，2008（18）：15－18.

[4] 踪程，何继新．京津冀区域物流一体化模式的建构策略探讨［J］．商业时代，2012，31（10）：41－42.

[5] 肖昭升．推进京津冀都市圈交通一体化发展思路［J］．宏观经济研究，2005（8）：14－18.

[6] 翁钢民，杜梅．基于 ESDA 的京津冀区域物流空间布局演化研究［J］．企业经济，2014（3）：151－155.

[7] 刘辉，申玉铭，孟丹，等．基于交通可达性的京津冀城市网络集中性及空间结构研究［J］．经济地理，2013，33（8）：37－45.

[8] 杨丽华，孙桂平．京津冀城市群交通网络综合分析［J］．地理与地理信息科学，2014，30（2）：77－81.

[9] 杜传忠，王鑫，刘忠京．制造业与生产性服务业耦合协同能提高经济圈竞争力吗？［J］．产业经济研究，2013（6）：19－28.

[10] 薛俭，谢婉林，李常敏．京津冀大气污染治理省际合作博弈模型［J］．系统工程理论与实践，2014，34（3）：810－816.

[11] 李丽．京津冀低碳物流能力评价指标体系构建——基于模糊物元法的研究［J］．现代财经，2013（2）：72－81.

[12] 程永伟，龚英．我国物流业的产业联动发展研究［J］．北京交通大学学报：社会科学版，2014，13（1）：1－7.

产业链视角下京津冀物流一体化合作模式研究①

张喜才②

摘　要：物流一体化是京津冀区域经济协调发展的基础。然而京津冀各地物流政策、资源、组织等差异较大，也存在相互竞争的局面。本文以物流产业链的视角，分析了京津冀物流产业链的现状，分析了存在产业链节点不衔接、产业链合作机制不完善、产业链分工不明确、产业链标准化、信息化不完善等问题，提出了京津冀物流一体化的产业链功能定位，提出嵌入式产业链合作模式、连锁式产业链合作模式和整体搬迁式产业链合作模式。最后提出了政策建议。

关键词：产业链　物流　定位

一、问题提出

物流产业既是各个产业之间的黏合剂，也是企业发展壮大的重要支撑，是一个融合了产品、设施、金融、人力的综合性产业。物流产业更是各个区域经济的纽带，区域经济互通有无、分工合作、协调发展离不开物流产业的联通和互动。区域经济一体化首先需要实现区域物流一体化，区域物流一体化则要求建立相互补充、相互支持的物流产业链合作机制。

---

① 本课题由北京物资学院青年重大基金“博弈视角下农产品供应链利益分配机制研究”和北京市统计局北京现代物流业发展研究的资金扶持。

② 张喜才（1982—　），男，汉族，河南省中牟人，北京物资学院商学院讲师，博士，主要从事物流流通理论及农业产业链研究。

京津冀地区区域位置靠近，经济体量较大，交通物流网络密集，这为物流一体化提供了前提和基础。北京是首都，具有政治、科技、文化等智慧资源优势；天津作为北方最大的沿海城市，是北方的经济中心和国际港口城市，加之滨海新区带动，经济活力突出；河北地域广阔，资源丰富，加工业等优势突出。近年来，京津冀经济交往不断深化，京津冀物流一体化建设取得了一些进展，但仍然面临着许多问题和障碍，成为制约京津冀经济一体化的“瓶颈”。京津冀至今仍然没有建立分工明确、搭配合理、高效有序的物流产业链条，这导致物流资源重复建设，物流成本居高不下，造成产业之间难以协调，经济发展协作性较差，也不可避免地带来了运输车辆的废气、废旧物品流通等环境污染。按照经济发展和产业布局，引导物流资源跨区域整合和优化配置，形成分工明确、搭配合理、高效有序的物流产业链条，不仅是现代物流业发展的客观需要，也是推动京津冀经济一体化的重要内容。一些学者从制度和机制层面提出了推进京津冀物流一体化的对策。张莉、唐茂华（2012）提出应谋划互利共赢、协同发展的差异化定位，在构建快捷便利的区域物流体系和建立地区间利益分享补偿机制两个方面创新合作机制。高秀春（2013）要提高自主创新能力，必须构建一套完备的制度体系，并通过合适的制度设计促进京津冀地区物流产业的无缝连接。踪程、何继新（2011）依据区域物流一体化模式的基本框架，提出以政府宏观政策为指导，以科学的物流市场需求预测和市场准入机制为基础，夯实物流企业发展、物流人才培养、物流标准化和信息化以及基础设施等支持资源，才能实现区域物流协调发展。一些学者提出了京津冀物流一体化的发展模式。孙前进（2011）提出了基于产业结构的京津冀物流功能集聚区建设思路，为区域物流集聚区数量、布局及规模的规划、建设提供参考依据。李明芳、薛景梅（2015）借助主成分分析法和城市引力模型，认为提高京津冀区域物流效率需要结合京津冀区域物流体系特征构建轴辐式区域物流网络。翁钢民、杜梅（2014）认为要加大京津冀区域城市物流设施的建设，合理布局交通，加大政策性鼓励，使物流业带动该区域经济的发展，缩小区域内各城市物流业发展的空间差异，坚持比较优势，灵活采用布局模式，合理调控市场，运用规划手段进行空间导引，真正实现京津冀区域物流一体化发展。王爽（2015）京津冀区域物流的集群发展需要明确资源配置边界，打破当前以授权竞争为主的局面，建立以产业链和产业体系竞争为主的格局；通过顶层设计，打破行政区域的物流布局，形成信息同步、可持续发展、有核心竞争优势的大物流系统；在利益分配方面，应协调发展，协同带动，共享发展成果；打造资源杠杆优势，共享物流信息资源，建设基于整体发展的物流网络和设施节点。

综上，众多学者从差异化定位、利益分配机制、建立制度体系、标准化等方面对京津冀物流一体化提出了政策建议，也指出了辐射式、产业集群等物流一体化合作模式。然而，仍然缺乏一个统一的研究视角。或者是偏重于计量分析，或者偏重定性描述。对于京津冀物流合作产业模式也缺乏细节描述，缺乏具体的产业案例研究。研究成果与实践还存在一定的差距。王旭东（2014）在京津冀物流一体化实现路径上，要多维度、多层面考虑，包括政府层面、行业协会层面、企业层面和科研院所层面；既要关注基础设施的对接，也要关心信息的互联互通，同时还要关心市场规则、政府政策的互联互通。本文以物流产业链的视角，分析了京津冀物流产业链的现状，分析了存在产业链节点不衔接、产业链合作机制不完善、产业链分工不明确、产业链标准化、信息化不完善等问题，提出了京津冀物流一体化的产业链功能定位，提出嵌入式产业链合作模式、连锁式产业链合作模式和整体搬迁式产业链合作模式。最后提出政策建议。

二、京津冀物流产业链的现状及问题

（一）京津冀物流产业链的现状

物流产业链是指对商品、服务及相关信息在起源地到消费地之间，有效率和有效益的正向和反向移动与储存进行的计划、执行和控制的过程，主要包括运输、储存保管、装卸、搬运、包装、流通加工、配送、信息处理等。其中运输、仓储、包装加工是物流产业链的主要内容，随着信息技术的发展，信息管理系统在物流产业的地位日益提升。京津冀地区物流业发展已经形成了各自相对完整的体系，但没有形成分工明确、搭配合理、高效有序的物流产业链条。

2013年北京市社会物流总额72298.6亿元，物流业务收入2267.6亿元，物流业从业人员48.6万人。2013年年末，全市共有交通运输、仓储和邮政业法人单位14290个，比2008年年末增长137.3%；从业人员685680人，比2008年年末下降1.4%。道路货物运输业、仓储业、装卸搬运和运输代理业中，分别有6761户、6317户和4278户，分别占物流企业户数的35.10%、32.80%和22.21%。全年货运量29536.2万吨。北京道路及交通网络发达，由铁路干线、支线和联络线组成了全国最大的环形铁路枢纽；首都机场通达世界及全国所有重要城市；毗邻的天津港成为北京货物重要的出海通道。一方面，北京市正在加快建设世界城市和国际商贸中心，这对现代物流业的发展提出了新的更高要求；另一方面，京津冀一体化协同发展中北京市疏解非核心功能也对物流产业链转型升级提出了更大挑战。

2013年天津市物流业增加值大约为1300亿元，占第三产业增加值的17%，占地区生产总值的8%。全市各类物流企业已近2万家。全年货运量51602.54万吨，货物周转量5390.47亿吨·千米，港口货物吞吐量5.01亿吨，集装箱吞吐量1301.20万标准箱。机场旅客吞吐量1003.58万人·次，货邮吞吐量21.44万吨①。天津市港口优越，公路、铁路网密集分布，具备物流中心的区位优势，成为中国境内唯一拥有3条通道的大陆桥东部起点。天津港与500多个港口有贸易往来，是我国沿海主枢纽港和综合运输体系的重要枢纽，是京津冀现代化综合交通网络的重要节点和对外贸易的主要口岸，是华北、西北地区能源物资和原材料运输的主要中转港，是北方地区的集装箱干线港和发展现代物流的重要港口。天津港既可以直接通往海外，也与满洲里等陆镜口岸开通了集装箱班列。已建成北京朝阳、平谷，河北石家庄，山东德州，山西侯马等23座无水港。而且，开通的天津电子口岸与物流信息平台有效提升了通关效率和客户服务水平。

2013年前三季度河北省物流业增加值实现1694亿元，同比增长7.3%；物流总额实现59349亿元，同比增长9.2%；全社会货运量达到18亿吨，同比增长13.8%；全社会货运周转量达到8480亿吨·千米，同比增长

---

① 2013年天津市国民经济和社会发展统计公报，天津市统计局（国家统计局天津调查总队），《天津日报》，2014-03-29。

10.6%；社会物流总费用占GDP的比率为19.68%，同比增0.1%；物流业增加值占GDP的比重为8.08%[①]。河北省有省级物流产业聚集区总数32个，物流企业5024家，河北沿海地区拥有秦皇岛港、唐山港、黄骅港等天然不冻海港口。

从目前的京津冀地区的物流产业链来看，京津冀地区经济总量较大，物流量大，地理位置接近，公路、铁路、海运等物流设施较为发达；京津冀地区人才技术优势明显，加之，政府强力推动经济一体化，政策优势强，区域物流具有良好的产业基础。当前，京津冀地区正在推进经济，特别是交通一体化规划，对于物流产业链一体化而言，市场主体都很多，但规模都不大，没有形成科学的产业分工和经济规模。物流节点较多，存在重复建设和资源浪费，对物流资源的整合和一体化运作形成体制性障碍。

（二）京津冀物流产业链的主要问题

但从京津冀各自的物流产业规模来看，它们的规模都很大。但从京津冀物流产业链一体化的情况来看，还没有形成相互融合、协同发展的局面。其主要问题表现在：物流产业链条中物流节点不衔接，物流产业链分工机制没有形成，物流合作模式不成熟、物流产业链标准化低等问题。

一是京津冀地区物流产业链节点不衔接、不畅通。物流节点是物流系统中资源集聚、组织整合和要素综合的场所，是物流网络系统的中枢，具有价值上的增值性，产业上的联动性和经济上的带动性。正因为此，各地争相发展港口、机场、园区等物流节点。这种过度竞争和封闭竞争严重，导致重复建设、产业结构趋同。不仅造成整个区域的资源无效配置和经济发展水平相对落后，而且阻碍了区域之间物资和商品的流动，制约了整个区域物流一体化的发展。京津冀地区存在多个重复的物流节点，港口建设方面，该地区具有众多北方重要港口，但天津港、秦皇岛港、京唐港、黄骅港等港口地理位置相近，业务相似，导致相互竞争，规模不足，缺乏协调与合作。机场建设方面，由于缺乏统一规划，首都机场能力持续饱和，而天津、石家庄机场运

① 河北物流业2013年发展情况及下一步工作部署，河北省现代物流业发展领导小组办公室，《现代物流报》，2014-01-07。

量显得不足①。物流节点不能有效衔接。京津冀地区海港、空港、陆港与物流中心、物流配送中心、中转货运站点不能有效衔接，导致多式联运所占比例不高，直接影响了物流产业经济区域集成化、协同发展进程。河北省路网密度、高等级路面比例均远低于京津，且京昆、京秦等6条与北京对接的高速公路尚未全部打通，多条与北京对接的普通干线公路为“断头路”或“瓶颈路”，省内部分地区公路建设相对滞后。在铁路建设中，区域铁路网呈现出以北京为中心的放射型结构特点，这种结构导致与北京无关的客货物流都要经过北京枢纽，大量的过境运输对北京造成很大压力，运距增加产生额外的物流成本，也影响了京津冀相互协作和发展。而河北省内铁路、城际线路建设步伐进程相对缓慢②。

二是京津冀经济区物流产业链环节分工尚未明确。京津冀虽然交通基础设施门类齐全，但交通物流一体化思维仍有待建立。京津冀三地都是相对独立的行政主体，在物流产业发展中，缺乏有效的沟通、协调和分工协作，不仅造成整个区域物流资源不能有效配置，而且阻碍了区域内物资和商品的合理流动，制约了区域物流协同发展。京津作为京津冀的双核心城市，两者之间的关系定位比较模糊，没有形成紧密的分工协作关系，对区域经济的辐射带动作用还很有限。京津冀主要是从追寻自我循环的角度来设定其城市空间布局和产业结构调整，而忽视周边城市的发展。因此，京津冀地区的合作意识不强，也就很难产生跨区域、跨行业、复合型的物流产业。目前，北京市正在加快疏解非核心功能，但这并不是说北京不需要这些功能，这就更加需要京津冀三地相互配合，形成分工明确的产业链条。

虽然京津冀三地正在努力完善交通道路网络，但相关服务却明显滞后。公路收费问题仍然存在，在一些县城或是农村，有时还是有过路、过桥之类的费用，而且由于分属不同的行政区划，各地在收费上没有统一标准，往往都是随机收费，甚至对外地车辆收取高额费用，这些不规范的收费行为大大提高了物流企业的运营成本，不同的收费标准影响到物流一体化的建设。此外，随着城市道路拥堵问题日益严重，各地针对货运车辆的限行措施纷纷推

① 鲁泽．加快京津冀物流业协同发展的对策研究［J］．河北经济日报，2014－08－30．

② 引自 http：//wenku. baidu. com/view/925c6483ec3a87c24028c452．

出，使跨区域经营业务的物流企业十分被动，他们不得不绕远路进行配送，物流运输的及时性受到影响。

三是物流产业链标准化和信息化水平偏低，缺乏统一的公共信息平台。标准化和信息化是京津冀地区物流产业链的两个重要支撑。多年来许多部门和单位各自建设的信息平台逐渐形成了信息孤岛，没能充分发挥出信息化的优势。目前，整个京津冀地区物流业还没有统一的公共信息平台，导致物流信息无法共享和自由交换。对于京津冀地区来说，物流标准化还存在许多问题，严重制约了区域物流一体化的发展。基本设备没有统一的规范，不能实现有效的衔接。物流包装标准与物流设施标准间也存在缺口，严重影响了货物在运输、仓储、搬运过程中的机械化、自动化水平的提高及协调运作。同时，物流信息标准化建设工作亟待加强。整个京津冀地区物流领域还没有公共数据接口的行业和国家编码标准，造成了实际运作过程中互不兼容、数据无法自由交换和共享的窘态，严重影响了货运效率，也不能充分体现出信息的价值所在。

四是京津冀地区物流产业链综合管理人才比较缺乏。物流业是融合运输、仓储、货代、信息等产业的复合型服务业，是支撑国民经济发展的基础性、战略性产业。加快建立现代物流服务体系，离不开高素质专业化的技能型人才的有力支撑。近年，物流学历教育、在职人员的继续教育、操作型人才的培养都得到快速推进。但仍然不能满足物流产业高速发展的需要，还面临着许多问题和困难，尤其是物流产业链宏观规划管理人才、企业物流职业经理人、物流工程技术人员和媒介人员，包括品牌师严重缺乏。另外，受严格的户口管理制度和社会保障制度的约束，影响了三地人才政策的统一和衔接，成为抑制人才自由流动的重要因素。经济发展不平衡，加速了河北人才向京津两市的流动。京津冀三地缺乏物流人才的联合开发与合作培养，影响了京津冀物流协同发展。

三、京津冀物流产业链一体化的主要思路

（一）京津冀物流产业链一体化的功能定位

北京市应发展重点发展总部经济、物流金融、物流信息平台、物联网等，

成为物流产业链的头脑。将产业链（供应链）上的核心企业及其相关的上下游配套企业作为一个整体，通过消费、物流信息引导物流产业链，以物流产业链产生巨大的资本源，形成上下游产业信息共享、网络链接的产业链发展模式，并根据供应链中企业的交易关系和行业特点制订基于货权及现金流控制的整体金融解决方案。

天津要打造北方物流中心。重新审视调整实施京津冀港口规划布局，采用参控股或资产重组等方式实施京津冀港口资源的重新整合，形成一体化发展思路，推进城市、港口、临港产业互动发展、协同发展，减少区域竞争，加快北方国际航运中心和国际物流中心的建设，形成以天津港为中心，北部为秦皇岛港、唐山港，南部为黄骅港，南北两翼共同发展的和谐有序的发展格局，满足京津冀一体化发展需要。京津冀的港口要以既有的规模为基础，在一体化统筹下寻求延伸服务、创造服务增值、建设物流服务系统，并带动依托城市服务业的提升与发展，推进首都生态圈的良性循环。

河北省要成为物流产业链中物流园区、仓储、加工基地。河北地区地域广阔，资源丰富。相对于京津来讲，土地、人力等资源价格较低，河北要充分发挥优势，特别是抓住北京地区非核心功能疏解的机遇，大力发展商贸物流产业，加大冷库、仓储、流通加工等设施建设，既可以带动就业，也可以填补退出钢铁等高耗能产业带来的影响。

（二）京津冀物流产业链一体化合作模式

1. 打造嵌入式产业链合作模式

所谓嵌入式产业链合作模式是指利用京津冀地区港口、航空等物流节点众多的优势，积极嵌入区域物流网络，增强与物流节点城市的协作，在信息共享、联运等方面与其他物流园区形成联动发展。天津港物流发展有限公司是天津港整合内部物流资源、实施产业化经营而打造的唯一全资综合性物流公司，注册资本 6.67 亿元人民币。天津港物流发展公司先后在唐山丰润、廊坊霸州等地设立了物流中心，此票业务的成功操作，也将成为天津港物流发展公司与各无水港、物流中心等物流功能、模式对接的复制蓝本，具有重要的示范意义。北京平谷国际陆港是天津港（集团）有限公司在北京地区参与投资的唯一“子港”，作为天津母港在北京的码头线延伸或直属后方堆场，是集货物集疏、储运、包装、理货、配送、签发提单等港口功能于一体的内陆口岸型陆港。北京平谷国际陆港实现了天津港与北京国际陆港的直通，直接面向国际国内市场发挥物流口岸功能。京津两地海关、国检部门共同协作，创新通关监管模式，北京由该陆港进出“海”的货物将一次性办结所有通关监管手续，极大地加快了通关速度，提高了物流效率。通过嵌入式的物流产业链合作模式在优化区域经济结构，加强区域经济合作，推动京津经济一体化进程等方面产生重要的推动作用。

2. **打造连锁式产业链合作模式**

物流产业是规模经济效应明显的产业，连锁则是产业扩张的重要形式。产业链整合是指通过产业链来实现公司之间、公司和经销商之间的关系和制度安排，进而实现产业链内部不同经济活动和不同环节间的协调，是企业根据经济环境的变化对分工制度安排进一步整合的过程。产业链整合并不是所有的环节都自己去做，而是组成很多合作伙伴，让合作伙伴一起来做。优势企业可以输出人才、技术、品牌、模式等。通过连锁式产业链合作模式，可以实现河北、天津的产业资源优势与北京的商业资本、网络优势的互补、共享，产品和网络、资源与市场的联手与联盟，从而带动物流一体化发展。比如新发地批发市场，2010 年 4 月新发地签约落户河北省高碑店市。高碑店新发地项目总投资达 54 亿元，占地 2081. 3 亩，总建筑面积约 160 万平方米，园区总面积比北京新发地还要大出近 300 亩，并且还预留了 5000 亩耕地可拓展。园区分设 5 个交易中心和 6 大批发市场，整个项目建成后，河北高碑店新发地将拥有固定摊位 5000 多个，仓储能力达 60 万吨，可实现农副产品年交易量 100 亿公斤①。尽管北京新发地对北京市的作用不容小觑，但作为批发市场，巨大的进出货交易量所带来的交通、环境等负面作用也不容忽视。因此，新发地市场不是选择搬家，而是将一批重点项目建设进行升级。不过，为缓解压力，新发地将把低端蔬菜零售等部分功能挪到河北高碑店等北京周边市场之外。

通过这种连锁式的产业链合作机制，建立了农产品物流产业链条，北京负责销售，河北则主要从事农产品的生产加工。既保证了蔬菜供应，还能带

① 孙超逸．北京新发地河北开“分号”［J］．北京日报，2014－10－13．

动当地农业产业链的发展，以及园区周边其他配套产业的兴起，解决当地就业问题。

3. 利用整体搬迁形成产业链合作模式

在京津冀一体化上升到国家战略的背景下，北京市的核心功能为政治中心、文化中心、国际交往中心、科技创新中心。这就要求“十三五”时期北京商贸流通行业发展过程中需要适应这一改变，并且制定出台相应的政策措施，进行批发市场和物流基地的调整疏解。现有批发市场和物流基地的模式、格局和机制，在某种程度上加剧了“大城市病”，为了更好地服务北京核心功能，有必要对现有的批发市场和物流基地进行调整疏解。外迁不能急于求成，需要经历很长时间，不仅企业需要选址的时间，商户也需要认可的时间。商户对于区域位置、环境条件等方面有时比业主方还要苛刻。调整疏解要立足京津冀一体化，以规划调整市场转型升级、关闭搬迁低端市场，通过专业市场园区创新发展、示范带动、转型升级，通过电子商务应用，包括物联网、多式联运等推动市场升级，通过严格的交通整顿、市场监管倒逼升级，以商流物流分离推进批发市场升级，这就要求形成高效有序的京津冀物流产业链条。通过北京市的品牌联动、电子商务，河北、天津的物流仓储基地既能将物流、仓储加工等物流产业链条疏解出北京，也能通过电商、品牌等满足北京市流通功能需要。既带动河北天津当地经济发展，同时可以服务北京居民的正常生活需求。例如，加强环北京的香河、三河、涿州等地，大红门批发市场、动物园批发市场整体迁移至河北白沟和永清，在这些地方建立产业与商业的结合，进一步提高北京的经济辐射力。同时，考虑环北京贫困带的发展需要，利用北京强大的消费需求，带动这些地方的农业、轻工业发展。

四、京津冀物流产业链一体化的政策建议

（一）成立京津冀物流研究院，打造京津冀物流一体化发展的智库和人才摇篮

北京市具有无可比拟的科研、高校优势，应成立京津冀物流研究院，在京津冀地区交通、物流、电商规划、合作机制、利益分配等方面进行深入研究，为京津冀一体化供智力支持。培养高级物流管理人才，加强干部、企业

人员培训。加大物流一体化技术研发力度，为一体化提供技术支撑。

（二）支持成立物流产业链合作基金，为物流一体化提供金融支持

北京市应该率先提出打造京津冀物流产业链的概念，重点发展总部经济、物流金融、物流信息平台、物联网等，成为物流产业链的头脑和心脏。将仓储、车辆运输、流通加工等物流基础产业转移到天津、河北等地。

（三）打造北京的嵌入式空港、港口，高端产品集散枢纽

北京是一个内陆城市，可以与天津等港口进行合作，打造嵌入式的陆路港口，打通直接通关模式。要与天津、河北等形成空港嵌入发展模式，形成以河北、天津为枢纽的大宗的、集散型的商品，高附加值、高技术型的高端商品以北京为枢纽。

（四）打通单品全产业链物流，打造京津冀物流合作的产业链机制和模式

根据京津冀现有产业基础和优势，应大力延伸农产品、冶金工业、化学工业、能源工业等产业的生产链条，提高产品附加价值，促进京津冀不同城市不同发展水平区域能够在不同的产业链环节获得各自的经济利益，在延伸产业链条中寻求更多的分工与合作机遇。

参考文献

［1］张莉，唐茂华．京津冀都市圈发展新格局与合作机制创新研究［J］．天津社会科学，2012（6）：88－91．

［2］高秀春．基于产业对接的自主创新激励制度分析——以京津冀物流产业为例［J］．物流技术，2013（1）：151－155．

［3］踪程，何继新．京津冀区域物流一体化模式的建构策略探讨［J］．商业时代，2011（27）：41－42．

［4］孙前进．基于产业结构的京津冀物流功能集聚区建设探讨［J］．商业时代，2011（23）：38－39．

［5］李明芳，薛景梅．京津冀轴辐式区域物流网络的构建与对策［J］．中国流通经济，2015（1）：106－111.

［6］翁钢民，杜梅．基于 ESDA 的京津冀区域物流空间布局演化研究［J］．企业经济，2014（3）.

［7］王爽．京津冀一体化背景下区域物流集群发展的竞合分析［J］．中国流通经济，2015（1）：112－117.

［8］王旭东．以物流一体化为先导推动京津冀协同发展——在第八届中国北京流通现代化论坛上的讲话［J］．中国流通经济，2014（12）：13.

［9］李远远．全产业链物流运作模式研究［J］．经济研究参考，2013（70）：79－81.

［10］焦文旗．京津冀区域物流一体化障碍因素分析［J］．商业时代，2008（35）：27－30.

［11］张利庠．产业组织、产业链整合与产业可持续发展［J］．管理世界，2007（4）：10－17.

京津冀协同下北京物流发展趋势及重构路径研究[①]

温卫娟[②]　邬　跃[③]　李石柱[④]

摘　要： 随着北京部分产业的逐渐疏解以及京津冀物流的协同共建与发展，北京市物流系统随着形势要求将发生改变。本文在现有物流系统特点分析基础上，对京津冀协同背景下北京市物流发展形势及发展要求进行深入剖析，并在此基础上研究北京物流系统的重构策略。

关键词： 北京物流系统特点　京津冀协同　北京物流系统重构策略

一、引言

京津冀经济区是中国最主要的规划经济区之一，它是中国城市分布最密集、综合实力最强的区域之一。党的十八届三中、四中全会以来，以习近平、李克强为代表的中央政府高度重视京津冀协同发展，并提出了首都非核心功能产业疏解、京津冀三地城市定位调整、京津冀交通一体化建设等众多给力政策，京津冀区域产业投资与市场发展环境日益改善，京津冀物流区域一体

---

① 论文受"北京市教育委员会社科计划面上项目——基于模式创新的北京市城市共同配送实施策略及实证研究"资助，项目编号：SM201510037005。受"科研基地建设－科技创新平台－物流管理与工程"项目资助，编码：0351500801。

② 温卫娟，（1979—　），女，山西省阳泉人，博士，北京物资学院讲师，研究方向：城市物流，电话：18600050200，地址：北京市通州区富河大街1号北京物资学院物流学院，邮编101149。

③ 邬跃（1957—　），男，北京人，博士，北京物资学院物流学院教授，研究方向：城市物流。

④ 李石柱（1963—　），男，河南省洛阳人，博士，北京物资学院教授、党委书记，研究方向：区域经济。

化协同发展成为了京津冀物流界和社会广泛关注的特点和焦点。

京津冀经济区面积21.67万平方千米，占全国总面积的2%；人口占全国1.98%，GDP占全国11%，是继长三角、珠三角之后拉动中国经济增长的又一核心区域。而北京作为首都和京津冀经济圈的核心城市，如何在京津冀协同发展这一国家战略北京下，重塑北京市物流系统，不仅对北京市物流发展，对承接产业转移的天津和河北都有重要的影响。

二、北京市现有物流系统特点

（一）服务主体呈多元化态势，物流系统较为复杂

城市物流系统包含了物流运营主体、物流服务主体、物流对象—货品、物流通路以及物流节点等众多范畴要素，各要素之间互相联系、互相牵制，并形成有机整体。然而，由于物流的本质是服务，因此，物流服务主体的特征对整个物流服务体系有较大的影响。因此，当物流服务主体的商业形态、组织模式、行业特征、商品特征、信息系统等特性比较接近时，服务就较为容易，相应物流系统也较为简单，反之亦然。北京市属于特大型商贸城市、人口城市，在城市物流服务系统中，遍布了各种物流形式及组织模式，如工业企业型物流、连锁超市型企业组织物流、批发市场型自组织物流、第三方物流企业组织物流、电子商务B2B/B2C/C2C型等不同形式物流。由于各企业规模、行业业态、管理方式、组织模式等差别较大且分布广泛，物流服务较为困难；再加上分布广泛的写字楼、高校及社区居民等终端消费者的物流服务需求，以及城市“最后一千米”通路瓶颈等因素的制约，北京城市物流系统非常复杂，对北京市物流服务网络的广度、深度及模式、技术等方面都提出了很高的挑战。

（二）在多组团格局基础上形成了二层级网络结构

北京市物流产业布局充分发挥了北京作为全国航空、铁路、公路枢纽的优势，在“十一五”物流发展规划原有“三环、五带，多中心”物流空间格局基础上继续完善，依据北京市的物流流量、流向等发展特点，按照国际、区域物流、专业物流以及城市保障物流等多个层次的发展主线，引导物流资

源在空间上的合理配置，形成了“广覆盖”“组团式”的物流发展格局。同时，形成了以物流基地为一级物流节点以及公路货运枢纽和铁路货运枢纽为二级节点构成的双层级物流节点网络结构。

（三）进项物流特征突出，需求保障型特征明显

随着北京市经济的不断增长，北京市的社会物流总额由2006年的2.54万亿元上涨到2010年的5.04万亿元，2015年大概突破15万亿元，物流服务发展迅速。其中外省市流入物品货物量最大，占到了46%，进口货物紧居其后占到了33%，两者从外部流入北京的量合起来占到了整个北京市物流总额的79%，超过了2/3还多（见图1），产品从国际或区域流入北京的进向物流占据了整个北京市社会物流的主导地位，城市内部消费需求特征突出，物流保障型服务需求明显。

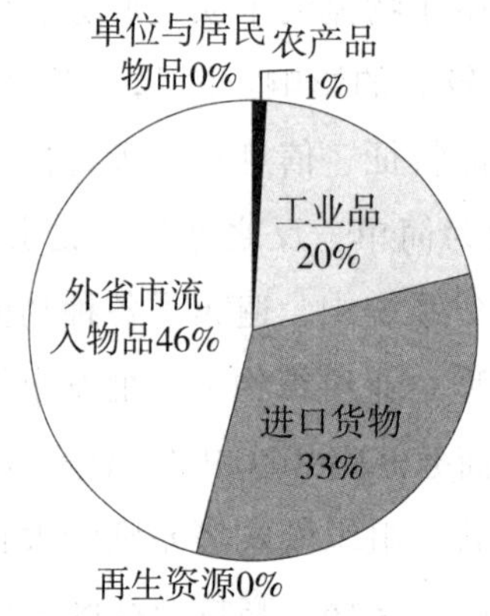

图1　北京市2013年全社会物流总额与产品构成

（四）属于特大型商贸城市，末端物流成为主导

根据北京市统计年鉴，北京市社会消费品零售额、工业生产总值虽然均呈现逐年增长趋势，但社会消费品零售额远远超过了工业生产总值，说明北京市属于典型的商贸型城市，物流服务对象应以商贸物流为主。同时据统计，2014年北京市第三产业占GDP比重达到77.9%，比2008年提高了2%，且北京市的经济形式主要以商业和服务业为主，而与此相配套的商业配送物流、居民生活保障物流、电商快递物流等皆属于城市末端物流服务范围。由此可

见，城市末端物流已成为北京城市物流发展的主导。

三、京津冀协同下北京物流发展形势

（一）城市定位发生调整，区域物流中心发展受限

根据京津冀协同三地城市定位：北京主打高新科技、文化产业、第三产业等知识型区域，天津主打工业最终产品与高技术产品的加工型区域，河北主打资源、初级产品和农副产品的资源型区域，三者通过合理的分工，进行协同发展。

物流作为劳动密集型服务性产业，不符合北京市知识型区域的定位。同时，在《北京市新增产业的禁止和限制目录（2014 年版）》中，区域性物流基地和超万米大型仓储设施都属于限制性产业目录范畴，大型物流设施和区域物流中心在北京将受到限制发展。

（二）“一环六射”通道形成，城际运输更加便利

2015 年全线建成的北京的大外环高速公路（“七环”）（见图 2），全长约 940 千米，其中，北京市境内约 90 千米，主要包括了密云至涿州高速北京段和承德至平谷高速北京路段，其余大部分在河北省境内，总里程约 850 千米。同时与大外环对接的多条重要高速，几乎在各个方向环绕了北京，使得从周边省市进京非常方便。“一环六射”运输通道的形成，使不需要入

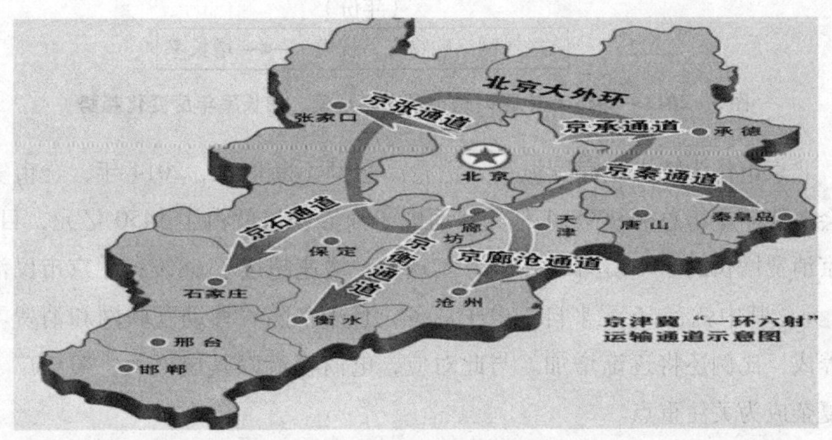

图 2　“一环六射”运输通道示意

城的车辆可快速“绕城”而去；而需要入城的车辆，可以快速分拨进京。京津冀城际通道的形成，对于促进京冀交通一体化，促进北京城际保障具有重要的作用。

（三）网络购物增长迅速，电商物流成为关注热点

近年来，随着互联网的发展，利用互联网的高效、精准、无范围限制的特点，电子商务已经成为了一种重要的商务模式。据统计，2014 年，中国网络购物市场交易规模达 2.8 万亿元，增长 48.7%，比 2013 年提高 2.9%，年度线上渗透率首次突破 10%。随着广大网民对电子商务的认可和网上购物习惯的日益养成，加上我国网络购物环境的日渐规范和改善，中国网购市场整体还将保持相对较快增长（见图 3）。

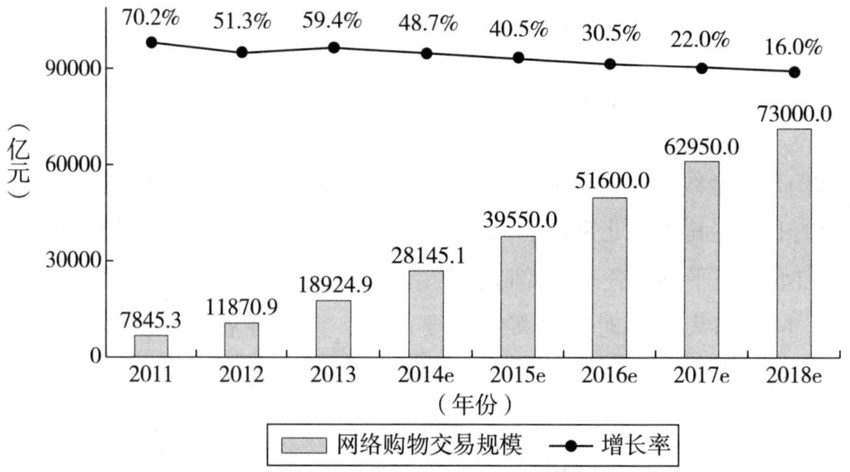

图 3　2011—2018 年中国网购市场交易规模、增长率年度变化趋势

北京市作为特大型商贸城市，消费品总额不断增长，2014 年，全市实现社会消费品零售总额 9098.1 亿元，而电子商务领域就占了 1450 亿元，目前，北京消费增长的 80% 是靠电子商务实现的，增速超过了 68%；北京市民消费 100 元，其中就有 16 元来自于电子商务，且未来随着移动互联网和消费习惯的养成，比例还将逐渐增加。与此对应，电商物流以其规模大、覆盖广、服务复杂成为关注重点。

（四）产业疏解外迁加速，物流需求继续向末端倾斜

为了解决人口膨胀和环境恶化问题，北京市提出了疏解首都非核心功能，促进生产要素更多向周边城市流动。根据《北京市新增产业的禁止和限制目录（2014 年版）》，全市范围内除了对一些污染型、低价值的制造业进行限制和禁止，也对区域物流中心、超过 1 万平米的大型仓储中心进行了限制，在东城和西城两个核心区在甚至对批发业都进行了限制。2015 年，北京将实施更严格新增产业禁止和限制目录，北京全市层面受到禁限的行业占全部国民经济行业分类的比例由 32% 提高至 55%，城六区受限比例从 42% 升到 79%，而一般制造业、商贸批发业和区域物流中心是首要转移或限制的产业。随着这些产业的逐渐转移，北京市制造业物流需求和批发业物流需求会越来越少，面向消费终端的配送物流服务需求将占据绝对主导。

四、京津冀协同下北京物流发展要求

（一）北京宜居城市打造要求物流服务水平提高

北京是中国的首都，也是全国的政治、文化、国际交往、科技创新中心和中国建成区面积最大的城市，面临着人口众多、环境污染、交通堵塞等一系列“大城市”病。2005 年，经国务院批复的《北京城市总体规划（2004—2020 年）》中给北京市的定位是：国家首都、国际城市和文化名城，并首次提出了“打造北京宜居城市”的目标，在城区功能疏解、城市安全、环境保护等方面突出了服务诉求。党的十八届三中、四中全会，十八届人大五次会议以及习近平总书记系列重要讲话和 2015 北京政府工作报告等都把民生和宜居放在非常重要的地位，强调北京城市建设应以“注重民生健康、保障，打造城市宜居环境”为重要内容，保障城市居民可以享受到快捷、安全、高效、低成本的物流服务，同时不受到交通拥堵以及车辆尾气和噪声污染的困扰。北京作为特大型城市，人口众多且服务多样，同时人们对物流时效性及服务质量要求也更为严格。因此，要满足民众多样化、复杂化以及时效性等高要求服务，必须提升物流的服务水平。

（二）首都非核心功能转移要求加强属地融合

在京津冀协同发展中，核心就是疏解北京非首都功能。2014 年，北京市提出了《北京市新增产业的禁止和限制目录（2014 年）》，对不属于首都非核心功能的产业如一般制造业和批发业等产业进行对外疏解，打破了过去通过产业要素增加积累经济的增长方式，首次提出了通过调整经济结构和空间结构，增强资源能源保障能力，促进创新发展，走出一条内涵集约发展的新路子，形成新的增长极。2015 年，北京将实施更严格的新增产业禁止和限制目录，随着对这些明显不符合首都城市战略定位的行业严格禁止准入和对部分产业进行逐渐疏解，北京市内的物流服务需求将更加注重于自我的服务保障。而物流作为紧扣产业发展和城市保障的一种必要服务，也应紧密结合北京市城市功能和产业定位的变化调整自己的物流战略服务定位，强化属地服务，为北京市城市需求保障做出应有贡献。

（三）京津冀协同发展要求实现区域资源联动

京津冀一体化是指建立囊括北京市、天津市以及河北省石家庄、保定、秦皇岛、廊坊、沧州、承德、张家口和唐山八座城市在内一体化城市群，群内地区联动协作，实现优势互补、错位发展。按照《北京市“十二五”时期物流业发展规划》，2015 年北京社会物流总额将达 15 万亿元，并且每年会按照 20% 的速度增长。因此可以预见，随着北京市部分产业的疏解和外迁，由外省市和国际流入到北京市货物额将会占到物流总额的 80% 还多，区域间集散、中转物流需求突出。而按照《京津冀协同发展规划》和《北京市新增产业的禁止和限制目录（2014 年版、2015 年版）》，区域物流中心属于限制性产业目录。可以预见，随着京津冀一体化的逐渐深入，区域型物流设施及新型大型物流设施必将疏解外迁，而这些大型物流枢纽作为北京市“广覆盖、立体化、多组团”格局中的货运量最大的组团所在地，应加强与周边天津和河北地区的资源联动，切实体现城际间和城市内物流服务的纽带作用。

（四）北京智慧城市发展要求实现智慧物流提升

2014 年，国家发改委、工信部等八部委起草了《关于促进智慧城市健康发展的指导意见》，其中提到了到2020年，通过信息化与城市化的高度融合，要建成一批特色鲜明的智慧城市，促进城市新型生产方式和生活方式的变革和提升，促进民生保障服务改善和社会管理创新以及城市综合实力提升。物流作为连接生产、流通、消费三大环节的重要一环，涉及领域众多、对象复杂、货物量巨大，需要将物流众多资源以及物流服务主体及对象进行有效连接及信息共享，才能更好进行车货匹配、供需匹配，更好地实现物流资源的充分利用及物流服务的高效化。北京作为中国的首都和特大型城市，必然是作为第一批智慧城市建设目录并要起到应有的标杆带头作用，并且逐渐辐射到周边，实现京津冀区域的智慧化打造。因此，在目前互联网、物联网、传感技术、自动识别技术、移动通信技术等相对发展成熟的情况下，北京应充分利用自身高校及科研院所云集的智力和科技资源优势，积极鼓励企业加强物流技术研发和物流科技创新，利用先进科学技术，通过精细、动态、科学的智慧物流的打造，整合不同资源、实现城市物流的可视化、可控化、网络化、智能化和自动化，从而提高社会物流资源的利用率和生产力水平，创造更丰富的社会综合价值。

五、京津冀协同下北京物流系统重构路径

（一）确立三级物流体系，构建大首都物流圈系统

首都经济圈是一个经济现象，在一国的国民经济发展中有着重要的地位。如日本的东京首都经济圈基本占到了整个日本经济总量的1/3，韩国的首尔首都经济圈也超过了韩国经济总量的60%，而中国首都经济圈作为继长三角和珠三角之后的又一主要经济圈，目前经济总量达到了全国的11%。可以想象，在中国“十二五”规划纲要明确提出打造首都经济圈，推进京津冀区域经济一体化发展的情况下，随着京津冀产业协同和首都经济圈的协同发展，京津冀三地依照各自知识型、加工型、资源型优势和定位必将实现产业重构，以推动京津冀地区资源有效整合、经济快速发展。

北京市作为一个特大型消费城市，消费者众多，不仅包括企事业单位、市场、超市、社区便利店还包括消费者个人。而随着快递业的迅速崛起，服务到个体散户的末端配送需求将逐渐趋于主导。那么原有的直接从城市的物

流基地（或区域物流中心）、城市物流中心配送给分散的最终端个体用户的服务模式就无法满足订单碎片化及配送及时化的服务需求；同时由于北京人口众多、土地紧张、人地矛盾突出，区域物流服务需求的大型物流设施将应无法找到合适土地资源或无法承担土地成本而外迁，北京市原有本地服务自身的二阶段服务格局将会打破。在大首都经济圈视野下，随着京津冀的进一步协同融合，必然会将天津、河北纳入到首都物流圈的共建之中。因此，以城际间区域物流服务体系为一级、北京城市物流服务体系为二级、末端小微物流服务体系为三级的三级物流服务体系结构必成为未来发展要求。

（二）加强限制与疏解，推动区域物流设施外围化

目前随着《北京市新增产业的禁止和限制目录（2014 年版）》和北京产业疏解清单的出台，不符合北京城市定位的一些制造企业和批发市场及服务业将会逐渐疏解到周边区域。物流作为一种紧贴要素和产品流动需求的一种服务来说，必将随着产业的调整进行有效重构。目前，北京市的一些大型物流基地或物流节点，仍存在区域物流服务的定位，即除满足北京市内服务需求外，还满足了周边区域的物流服务需求，因此对于这些辐射北京市属地以外的物流需求以及中转型物流需求，按照首都非核心功能要求都应该疏解到周边省市。同时，由于北京市人地矛盾突出、地价昂贵，一些仅具有低端功能性物流服务的节点也会由于土地高成本的非经济性原因逐渐向周边区域外迁，通过借助河北地区丰富且低成本土地资源及区域地缘辐射作用形成外围化趋势，服务北京。

根据物流时效性要求，城际货运间距离以车程 1 小时之内为宜。根据京津冀都市圈“三个圈层”分类可以看出，位于第二圈层的燕郊、廊坊、武清、固安、涿州等东部和南部周边城市符合北京城际货运服务需求，因此，加强与上述城市的区域物流合作，在合适地区建立区域物流基地，通过便利城际交通保障北京市服务，是未来北京市物流发展趋势。京津冀都市圈“三圈层”空间示意如图 4 所示。

根据京津冀都市圈三个圈层的分解，北京市各区县特别是中心城区可以加强与天津武清、河北廊坊、河北燕郊、河北香河等地区域物流合作，通过自身投资、合作开发或加盟等形式，建立卫星物流园区，一方面可以将部分

物流园区或功能外移，置换出有效发展土地；另一方面也大规模增加了物流土地的使用面积，摆脱物流园区土地瓶颈发展限制，获得规模化、长足化发展。

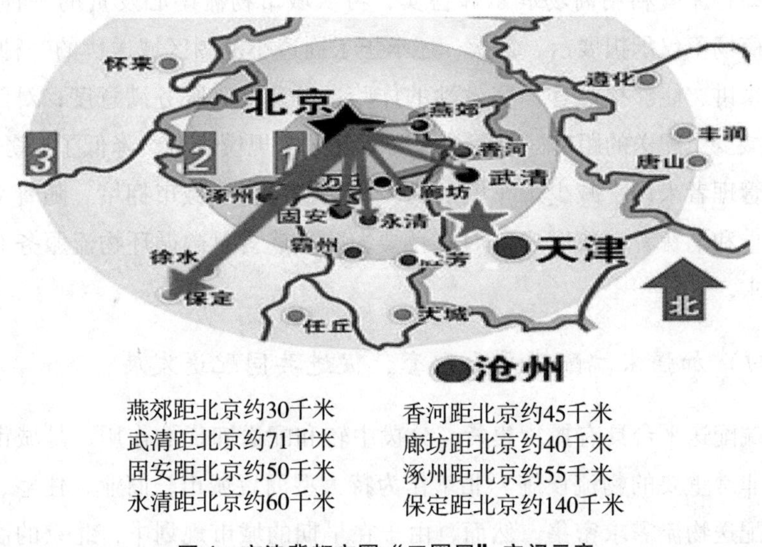

图4　京津冀都市圈“三圈层”空间示意

（三）引导商业设施物流化，鼓励末端小微系统成型

现代意义上的民生概念有广义和狭义之分。广义上的民生概念是指，凡是同民生有关的（包括直接相关和间接相关）事情都属于民生范畴；狭义上民生的概念主要从社会层面着眼，是指民众的基本生存和生活状态，以及民众的基本发展机会、基本发展能力和基本权益保护状况等。党的十八届三中、四中全会，十八届人大五次会议以及习近平总书记系列重要讲话和2015北京政府工作报告等都把民生问题和民生诉求放在非常重要的地位，强调城市建设应以“注重民生，打造宜居城市”为重要内容，要求城市为居民提供高效、便捷、优质的配送物流服务，同时减少车辆尾气排放、噪声污染和交通拥挤。

在城市配送服务中，“最后一千米”已经成了配送的难题。特别是随着电子商务大发展，城市末端配送进入井喷期。由原来城市物流中心直接送往最终用户的配送格局在配送成本、时效性等方面已无法满足需求。因此，在北京市城市内部，除了城市物流中心之外，在物流需求比较集中的区域建立末端微循环节点，通过末端微循环节点配送到周边的最终客户，形成辐射更加“小众化、短途化”的小微物流系统。

而商业设施物流化就是一种在利用北京市存量资源的基础上进行的一种变革，即将原有利用商场展示和售卖，再从城市物流中心发货的一种格局，改变为商场不仅承担展示、售卖，还承担了周边小范围区域送货的一种功能。对客户来讲，能够提高客户实效性的体验，提升物流服务满意度；对配送方来讲，减少了配送的距离、时间，提高了配送的规模效益，降低了服务成本；对城市管理者来说，减少了车辆的交叉配送，缓解了城市拥堵。随着交通拥堵的加重和消费者（或客户）时效性要求，必然会对微循环物流服务有越来越多需求。

（四）加强末端配送平台配套，促进共同配送发展

末端配送平台具有揽货集货、分拨中转和配送卸货的作用，是城市末端物流中非常重要的物流设施。北京作为特大型商贸城市，商业、住宅、高校的商品配送物流需求密集。然而，由于在早期的城市规划中，北京的商业中心或商场等没有考虑到货物收发的便利性，没有建立相应的装卸货平台；有的商务中心即使有地下停车场，但高度或场地也仅限于客运轿车停放，使大量来送货的货车没有专门的停车和卸货控件，只能随意停留在周边马路进行排队等候，占据了大量的通道，造成了交通拥堵和资源浪费。

因此，北京市对于新建的商圈商业设施，应考虑到配套物流配送的便利性，应配套预留装卸货平台和空间；对于原有未配套装卸货平台的，应借鉴日本和摩纳哥的商圈区域共同配送的经验，由政府出面进行共同配送场地及平台的协调建设与公共使用，并对车辆车型及配送时间进行严格规定，同时鼓励共同配送组织的发展。通过末端配套设施平台的设立和共同配送组织的发展，共同促进共同配送体系发展，从而可以有效减少配送车辆的数量，节省企业的物流配送成本的同时规范城市的物流秩序，改善交通环境。

参考文献

[1] 北京市“十二五”时期物流业发展规划［R/OL］. http：//zhengwu. beijing. gov. cn/.

[2] 北京市统计局、国家统计局北京调查总队 . 2014 年全市经济运行情况及近年调结构、转方式取得的进展 [R]. 2015 (1).

[3] 2014 年中国网购市场交易规模 [R/OL]. http://www.chinabgao.com/stat.

[4] 北京将实施更严格新增产业禁止和限制目录 [J/OL]. http://news.eastday.com/.

[5] 发改委酝酿首都经济圈总体布局 [J/OL]. http://jjckb.xinhuanet.com/.

[6] 温卫娟，邬跃. 我国城市配送形势分析及发展策略 [J]. 中国流通经济，2014 (9).

第三部分

区域经济协同

京津冀地区对外贸易与经济增长实证研究

郝玉柱[①] 李良娜[②]

摘 要：京津冀地区，作为环渤海区域的核心地区，是继珠江三角洲、长江三角洲之后，中国极具潜力的第三增长极。通过分析京津冀地区经济发展与进出口贸易的现状，实证研究了该地区对外贸易对经济增长的影响，实证结果表明：北京市、天津市和河北省的进出口与地区生产总值之间存在长期的均衡关系，不仅出口能够促进经济增长，进口在很大程度上也促进了经济增长。从长期看，天津市的出口对经济增长的影响最大，其次是河北省，最后是北京市；进口对经济增长影响最大的仍然是天津市，其次是北京市，河北省最低。出现这一结果的原因体现在服务贸易和货物贸易共同影响，产业结构趋同，民营和外资企业比重低等方面。建议通过加强区域协调，促进地区贸易平衡发展；整合资源，加速产业结构优化升级；激发活力，充分重视民营经济力量；实现可持续发展等几个方面实现地区经济的又好又快发展。

关键词：京津冀 经济增长 对外贸易

一、文献综述

对外贸易能否促进经济增长以及如何促进经济增长的问题，一直是经济学界广泛关注和研究的重要问题。早期亚当·斯密提出了“剩余产品出口”说，直接表达了贸易对经济增长的带动作用，认为出口减少了国内的浪费和闲置，

---

① 郝玉柱，北京物资学院经济学教授、硕士生导师。

② 李良娜，北京物资学院国际贸易学硕士研究生。

提高了该国的储蓄和投资，从而促进了经济增长。大卫·李嘉图（1817）提出按照“比较成本说”进行国际分工，资源得到合理配置，从而促进经济增长。凯恩斯（1936）的超保护贸易理论认为，出口和投资一样，会增加国民收入，进口则是国民收入的输出。罗伯特逊（1937）首次提出“外贸是经济增长的发动机”学说。刘易斯（1954）提出二元经济模型，间接论述了二元经济条件下出口对经济增长的促进作用。然而克拉维斯（1970）提出“贸易是经济增长的侍女”理论，认为一国的经济增长主要是由国内其他因素决定，外部需求只构成对经济增长的额外刺激，外贸并不是经济增长的必要条件，也不一定有利于经济增长。巴格瓦蒂（1958）根据“初级产品贸易条件长期恶化论”，进一步提出“贫困化增长”学说，他认为在某些特定发展中国家，由于某种原因（一般总是单一要素供给的极大增长）使传统出口商品的出口规模极大增长，其结果是不仅导致该国贸易条件的严重恶化，国民的福利水平也下降了。研究对外贸易与经济增长的关系不仅是在理论上，在实证方面也有突破。Balassa（1978）用出口扩展型总量生产函数，并采用1960—1966年和1966—1973年11个半工业化国家的数据，实证结果证明实际出口增长与实际GDP增长间是正相关关系。Feder（1982）分别对31个国家和地区以及19个国家和地区两个样本1964—1973年的数据进行实证研究，Dollars（1992）对92个国家和地区1976—1985年的数据运用OLS回归，结果都得出出口导向经济增长。

国内也有许多学者对国际贸易与经济增长的关系进行了实证研究。杨全发和舒元（1998）采用巴拉萨和费德等人建立的模型，以及我国1978—1995年的数据进行回归分析，发现我国出口增长可以获得贸易利益，并为剩余资源找到出路，对经济增长有促进作用。林毅夫和李永军（2001）对对外贸易与经济增长的关系进行再考察，采用1978—2000年间的相应数据来作估计，发现传统衡量方法由于没有考虑出口与进口在经济运行中的不同作用及经济变量间的相互影响关系而低估了外贸对经济增长的贡献度。沈坤荣和李剑（2003）采用我国改革开放以来的经验数据证实，国际贸易通过提升国家要素禀赋结构和加快变革进程对人均GDP产生了正面影响。佟家栋（1995）利用1953—1990年进口额和国民收入的数据进行回归分析，证实我国进口增长与国民收入增长之间是正相关的，进口增长对经济增长有积极作用。

尽管有很多国内外学者对对外贸易与经济增长的关系进行理论和实证分

析，但由于数据处理、研究方法、样本容量的不同而得出不同的结论。此外，国内文献大多集中在研究出口贸易上，出口导向经济增长的实证研究文献也是目前研究贸易与经济增长关系中最为丰富的文献。鉴于我国各省份对外贸易和经济发展各有特点，对特定区域的研究相对较少，对进口在对外贸易中的作用重视程度也相对较弱。在当今我国各大功能区快速发展的情况下，珠江三角洲、长江三角洲、环渤海经济圈三足鼎立的态势日益呈现。京津冀地区作为环渤海经济区的核心引擎，是“承南启北”带动北方地区经济发展的重要发展极，具有极大的发展潜力。因此，对于京津冀地区的对外贸易和经济增长的关系进行实证研究也非常具有现实意义。

二、实证分析

（一）样本数据的选取与处理

为了分析京津冀地区对外贸易与经济增长的关系，尤其是在特定区域两者的关系，选取的样本是源于京津冀地区 1993—2011 年的数据，数据选自对应年份的《中国区域经济统计年鉴》《中国统计年鉴》和《中国城市统计年鉴》等。为了分析两者存在的关系，在假设其他因素对经济增长的影响不变或影响具有平稳性的前提条件下，分别选取京津冀三省市生产总值（GDP）作为因变量来反映经济增长，进出口总额 T、出口总额 X、进口总额 M 为自变量来衡量京津冀地区的外贸发展状况（各省市的统计量前用字母加以区分，如北京市 GDP 表示为 BJGDP，如果没加则表示京津冀地区的总额），并进行线性回归分析。由于进出口的单位都为亿美元，GDP 单位为亿元，为了统一单位，将 GDP 也换算成亿美元，汇率按年平均汇率来计算。基于各变量协整关系检验和 Granger 因果检验等，借助 Eviews6. 0 软件进行检验。为了消除数据中可能出现的异方差性问题，现对上述各变量作对数变换，变换后的数据分别为 LNX、LNM、LNT 与 LNGDP。

（二）变量相关性检验

为了初步验证文中涉及的诸多变量之间的关系，运用 Eviews6. 0 统计软件计算各变量之间的相关系数（见表 1）。

表 1　　LNGDP 与 LNX、LNM、LNT 的相关系数

变量	LNGDP	LNX	LNM	LNT
LNGDP	1.000000	0.957497	0.951960	0.956733
LNX	0.957497	1.000000	0.991618	0.995821
LNM	0.951960	0.991618	1.000000	0.999238
LNT	0.956733	0.995821	0.999238	1.000000

由表 1 可以看出，各变量的相关系数都接近于 1，说明各变量相互之间具有高度的相关关系。进口额与进出口总额的相关性很大，说明进口对进出口总额的贡献很多。总之，京津冀地区的对外贸易发展与经济增长明显存在较为紧密的关系。

（三）变量平稳性检验

运用 ADF 检验法对 LNX、LNM、LNT、LNGDP 和它们各自的差分序列进行平稳性检验。借助 Eviews6.0 软件，得出各变量的平稳性检验结果（见表 2）。

表 2　　LNGDP 与 LNX、LNM、LNT 的平稳性检验

变量	ADF 检验	临界值	P 值	结论
LNBJGDP	-1.932978	-3.710482*	0.5941	不平稳
LNBJT	-3.398147	-3.710482*	0.0849	不平稳
LNTJGDP	-1.393900	-3.690814*	0.8269	不平稳
LNTJT	-1.417193	-3.040391*	0.5507	不平稳
LNHBGDP	-0.451369	-3.710482*	0.9752	不平稳
LNHBT	-1.498876	-3.690814*	0.7913	不平稳
△LNBJGDP	-6.573013	-3.710482*	0.0003	平稳
△LNBJT	-9.874076	-3.710482*	0.0000	平稳
△LNTJGDP	-6.241992	-3.710482*	0.0006	平稳
△LNTJT	-3.437743	-3.052169**	0.0241	平稳
△LNHBGDP	-6.003135	-3.710482*	0.0009	平稳
△LNHBT	-4.493797	-3.710482*	0.0125	平稳

注：*和**分别代表在 5% 和 10% 显著水平下的临界值。

从表2可以看出，ADF检验结果表明在5%的显著性水平下，认为各地区变量LNT、LNX、LNM和LNGDP的水平序列都是不平稳的，而一阶差分序列都是平稳的，即均为一阶单整序列I（1），因而可继续检验各变量之间的协整关系。

（四）变量协整性检验

采用EG两步法检验。首先，利用解释变量对被解释变量进行回归，然后对回归结果的残差进行单位根检验。

（1）BJT、BJM、BJX与BJGDP协整关系检验如表3。

表3　LNBJGDP与LNBJT、LNBJX、LNBJM的协整检验

变量	协整方程
LNBJGDP LNBJT	LNBJGDP = 1.201463 + 0.774115LNBJT （0.083386）
LNBJGDP LNBJX	LNBJGDP = 1.770701 + 0.873248LNBJX （0.107979）
LNBJGDP LNBJM	LNBJGDP = 1.560816 + 0.752386LNBJM （0.077124）

注：括号内的数值为回归标准误差（下同）。

对上述回归方程的残差进行ADF检验，符合平稳性要求（见表4），说明上述解释变量与被解释变量之间具有长期稳定的协整关系。

表4　回归后残差的平稳性检验

检验方式	检验值	显著水平	临界值
ADF检验	-4.872591	5%	-1.961409

（2）TJT、TJX、TJM与TJGDP协整关系检验如表5所示。

表5　LNTJGDP与LNTJT、LNTJX、LNTJM的协整检验

变量	协整方程
LNTJGDP LNTJT	LNTJGDP = 0.864789 + 0.889714LNTJT （0.057648）

续 表

变量	协整方程
LNTJGDP LNTJX	LNTJGDP = 1. 465140 + 0. 893584LNTJX (0. 65849)
LNTJGDP LNTJM	LNTJGDP = 1. 513235 + 0. 883103LNTJM (0. 051547)

对上述回归方程的残差进行 ADF 检验，符合平稳性要求（见表6），说明上述解释变量与被解释变量之间具有长期稳定的协整关系。

表 6　　回归后残差的平稳性检验

检验方式	检验值	显著水平	临界值
ADF 检验	- 1. 969407	10%	- 1. 606610

（3）HBT、HBX、HBM 与 HBGDP 协整关系检验如表 7 所示。

表 7　　LNHBGDP 与 LNHBT、LNHBX、LNHBM 的协整检验

变量	协整方程
LNHBGDP LNHBT	LNHBGDP = 3. 048717 + 0. 815473LNHBT (0. 033909)
LNHBGDP LNHBX	LNHBGDP = 3. 067134 + 0. 889764LNHBX (0. 045469)
LNHBGDP LNHBM	LNHBGDP = 4. 403735 + 0. 691298LNHBM (0. 029631)

对上述回归方程的残差进行 ADF 检验，符合平稳性要求（见表8），说明上述解释变量与被解释变量之间具有长期稳定的协整关系。

表 8　　回归后残差的平稳性检验

检验方式	检验值	显著水平	临界值
ADF 检验	- 2. 278275	5%	- 1. 961409

由以上实证分析可以看出，北京市、天津市和河北省的经济增长与进出口贸易之间均存在长期稳定的均衡关系，且它们之间都有同方向变动的趋势。

从协整方程中各个变量前系数的符号可以看出，对外贸易中的进出口值的系数都是正的，这说明在长期看来，进出口贸易的发展对地区生产总值的增长有正向的效应。从系数的大小可以看出，进出口对不同的省市经济增长的影响效果也是不同的。京津冀三地的出口贸易对当地生产总值的影响系数均稍大于进口贸易的系数，说明出口贸易对经济增长的作用较进口贸易更为明显。出口贸易对经济增长影响最大的是天津市，其次是河北省，最后是北京市（如天津市出口与 GDP 的协整方程中协整系数为 0.893584，河北省为 0.889764，北京市为 0.873248）。天津市的进口贸易对经济增长的影响仍然是最大，其次是北京市，河北省最低（天津市进口与 GDP 的协整方程中协整系数为 0.883103，北京市为 0.752386，河北省为 0.691298）。同时可以发现，进口和出口对经济增长的影响相差并不大，特别是天津市进口和出口对经济增长的影响基本相同，北京市进口贸易对经济增长影响也非常明显，河北省进口贸易对经济增长的作用则相对较弱。

（五）Granger 因果关系检验

根据上文中的变量协整性检验可知，各变量的一阶差分序列均具有平稳性，对各个变量的格兰杰因果检验如表 9 所示。

表 9　LNGDP 与 LNT、LNX、LNM 的因果关系检验

原假设	F 统计量	P 值	结论
LNX does not Granger Cause LNGDP	4.87119	0.0283	拒绝原假设
LNGDP does not Granger Cause LNX	1.49472	0.2633	接受原假设
LNM does not Granger Cause LNGDP	9.10505	0.0039	拒绝原假设
LNGDP does not Granger Cause LNM	5.23035	0.0233	拒绝原假设
LNT does not Granger Cause LNGDP	7.35332	0.0082	拒绝原假设
LNGDP does not Granger Cause LNT	4.01981	0.0461	拒绝原假设

在 5% 的显著性水平下，京津冀的进口贸易和经济增长两者之间具有双向的因果关系，也就是说，进口贸易与经济增长互为格兰杰原因；出口贸易是经济增长的原因，但是经济增长不是出口贸易的原因；进出口贸易总额与经济增长之间也是互为格兰杰原因。由此可见，京津冀现阶段的对外贸易发展

战略是能够促进经济较快发展的。出口能够较大的拉动京津冀地区经济的飞速发展；经济增长增强了该地区的进口能力，进口贸易的开展对经济增长所具有的较强的推动作用又体现在对原材料和中间商品等的适度进口促进了出口的平稳快速增长，而从国外引进的高科技、设备、人力资源等大大提高了该地区的劳动生产率，进一步又能促进京津冀地区的经济得以又好又快发展，进而形成了对外贸易和经济增长两者之间相互作用、共同促进发展的良好局面。

三、原因分析

（一）服务贸易和货物贸易共同影响

天津市作为我国北方最大的港口城市，利用明显的地理区位优势发展对外贸易，其进出口贸易对经济增长的影响也非常明显。北京市的大量进口是导致京津冀地区贸易逆差的主要原因，然而北京市的进口对其经济增长的作用在实证结果中并没有直接反应，这是由于实证中采用的数据都是货物贸易额，而北京市作为我国重要的非港口式贸易中心，其服务贸易迅速发展，2011 年北京市服务贸易规模再创历史新高，服务贸易总额为 895.40 亿美元，比上年增长 12.2%，占全国比重达到两成。同时，北京市的大量进口和引进实物资本又促进了服务贸易的发展。京津两市的进口对经济增长的推动作用体现在提高了中间投入品的质量，促进出口的平稳快速增长，而从国外引进的高新技术、设备以及人力资源等通过强化竞争使部门劳动生产率得到提高，进一步又能促进经济得以又好又快的发展。一方面贸易开放促使该地区优势产业的产业集聚，在生产率上具有比较优势的产业集聚程度越高，专业化水平越高，经济增长就越快；另一方面国际贸易促进了国际技术扩散，提高了全要素生产率和经济增长率。河北省以货物贸易为主，随着首钢的东迁和曹妃甸大港的建设，其主要创汇产品（如钢材）的出口对经济增长也起到了促进作用。

同时也能看到，京津冀地区对外贸易发展很不平衡，这一不平衡在一定程度上也反映了京津冀三地的经济发展不平衡。北京市对高新技术、先进管理经验的引进，使得其在经济规模、产业层次上都处于领先地位，但由于京津冀各自对区域经济合作态度存在偏差，对区域合作的热情不够，大量人才都涌入中心城市，导致明显的区域集聚效应，而没有扩散效应，从而产生“空吸现象”，使得周边地区发展较为缓慢，形成了“环京津贫困带”。外贸出口以加工贸易为主，主要集中在天津，由于加工贸易处在国际分工链条中的利润最低的制造环节，即“微笑曲线”的底部，造成产品的附加值低，缺乏技术创新能力和科技研发能力，京津冀地区的对外贸易结构也有待进一步调整。

（二）产业结构趋同

从区域产业结构方面看，京津冀地区总体表现为“三二一”结构，第一、第二、第三产业占全国比重分别为6.74%、10.35%、12.72%（见表10），该地区第三产业较为发达，由于区域内部多数城市处在工业化阶段，因而第二产业比重也较高。从地区内部看，各省市的发展情况十分不均衡，产业结构差异很大。北京以服务型、知识型产业为重点，产业高级化程度处于遥遥领先的地位，率先迈向后工业化阶段；天津仍然处在工业化的后期，表现为“二三一”结构，加工贸易占了很大比重；河北处在工业化中期，以资源型产业为主。

表10　2011年京津冀地区经济规模与水平

	国内（地区）生产总值（亿元）	第一产业		第二产业		第三产业	
		总量（亿元）	比重（%）	总量（亿元）	比重（%）	总量（亿元）	比重（%）
全国	472881.6	47486.2	10.04	220412.8	46.61	204982.5	43.35
北京	16251.93	136.3	0.84	3752.5	23.09	12363.2	76.07
天津	11307.28	159.7	1.41	5928.3	52.43	5219.2	46.16
河北	24515.76	2905.7	11.85	13126.9	53.54	8483.2	34.60
京津冀地区	52074.97	3201.7	6.15	22807.7	43.80	26065.6	50.05
京津冀占全国比重（%）	11.01	6.74	—	10.35	—	12.72	—

资料来源：国家统计局．按三次产业分地区生产总值（2011年）［DB/OL］．［2013-05-04］．http：//www.stats.gov.cn/.

京津冀地区内部各城市之间基本形成了产业分工的大概轮廓，各有自己的优势行业。北京以技术密集型工业行业为主，通信设备、计算机及其他电子设备制造业、交通运输设备制造业等；天津在加工制造业、通信设备、计算机及其他电子设备制造业、石油、化工、冶金等行业有优势；河北最突出的是黑色金属矿采业、石油和天然气开采业等能源原材料开采业、农副食品加工业等行业有比较优势。但各个城市之间优势产业的选择存在较为突出的同构性，缺乏深层次的协作，天津与河北的竞争更多，而北京与河北的合作较多，这是由工业化阶段所决定的。这种产业趋同导致了资源的浪费，缺乏区域内强大的产业链，没有形成严密的产业分工合作关系，这也是制约京津冀地区经济增长的关键因素。

（三）民营和外资企业比重较低

京津冀地区的民营企业和外资企业比重较低，对外贸易出口企业中国有企业比例很大，这也是影响对外贸易发展的重要因素。2011 年，北京市出口贸易中内资企业出口额占 63.3%，其中国有企业出口占内资企业出口的 84.7%。尽管近年来京津冀地区的民营经济取得了长足的发展，涌现出中关村科技园区、天士力、天狮、家世界等一批具有品牌效应的民营企业。但是如果与民营经济发达的长三角和珠三角相比，差距仍然很大，这在很大程度上制约了这一地区开放型经济的发展，阻碍了地区经济发展的活力和竞争力。

四、对策及建议

（一）加强区域协调，促进地区贸易平衡发展

中央和地方政府要进行协调机制的创新，构建协作联动的制度基础，完善区域合作规则，加强省际协作，进行合作组织形式创新，创建多平台的区域政府合作载体。北京市“十二五”规划提出，要适应和深化对外开放和建设中国特色世界城市的战略要求，创造竞争新优势，强化首都国际交往中心功能，大力开展公共外交，在服务中提升城市的国际地位和国际影响。北京市要加快优化投资环境，继续大力发展总部经济的优势。天津市可以借助滨海新区的发展，继续落实稳定外贸增长的各项政策措施。在此基础上，着眼

长远，加快外贸发展方式转变和结构调整，鼓励企业加大技术创新投入，提升产品附加值，建立国际营销网络，积极开拓新兴市场，促进加工贸易转型升级和梯度转移，同时，进一步扩大进口推动对外贸易平衡发展。河北省要借助京、津两市的技术外溢效应，增强自主创新能力，充分开发和利用京津的人力资源，促进河北省的经济发展。现代服务业将是京津两地发展的重点，也将是全国服务业的中心之一，然而其自身生产能力有限，因此，河北省可以以此为基础发展服务外包业务。

（二）整合资源，加速京津冀产业结构优化升级

北京具有丰富的教育资源和强大的科研能力，天津具有得天独厚的天然港口地理位置优势和工业制成品生产和出口基地，河北具有丰富的自然资源和劳动力。京津冀都市圈有其特殊的政治背景，仅仅凭借市场力量可能难以实现区域内部的整合和协调，政府应该加强对京津冀地区的组织和协调，充分整合该地区的资源，避免各自的重复性建设和投资，使京津冀地区的资源能得到充分合理的利用，促进京津冀对外贸易合作。利用对外贸易对产业结构的相关作用，不仅为产业结构调整提供信息，还要解决产品结构性短缺和结构性过剩问题，并通过调整对外贸易商品结构来加速京津冀地区产业结构优化升级。

为了京津冀地区对外贸易合作能够长期深入有效的开展，应该建立较为完整的外贸合作制度，设立相应的管理机构，制定京津冀对外贸易合作的发展规划，以京津冀地区对外贸易的合作推进区域经济一体化进程，提升该地区的经济发展水平。

（三）激发活力，充分重视民营经济的力量

京津冀地区应扩大民营经济的准入领域，激活区内闲散资金，积极推动本地民营经济的发展；同时，积极利用地缘、区位和市场优势，将眼光瞄准民营经济发达地区，着力引进一批高质量的资金、技术和项目，扩张民营经济总量和质量。

当然，在发展民营经济的同时，也要注意规范其市场行为。很多民营经济都集中在对自然资源消耗量巨大的行业，其发展与环境承载能力出现较为

严重的冲突，对此应加以引导；另外部分民营企业经营不规范，存在产权不清、责权不明、报表不规范等问题，也需要政府以制度和法律手段加以监管。

（四）改善生态环境，注重可持续发展

京津冀地区总体自然生态条件较差，尤其是天津、唐山等工业城市污染较为严重，区域内河流污染程度较重。当前，水资源紧缺已经成为制约其经济发展的一个瓶颈。区域自产水量正在不断减少，普遍出现了超前超量开采地下水的现象。这给京津冀地区对外开放和经济可持续发展带来了严峻挑战。

要改善生态环境，重点是要治理上游工业污染和限制排放，以涵养水源；同时，风沙源区应开展植树造林和退耕还草工程，以防风固沙、改善大气环境。上下游区域、风沙源治理和受益区之间应有适当的经济利益补偿机制，实现统筹协调发展。

参考文献

［1］杨全发，舒元．中国出口贸易对经济增长的影响［J］．世界经济与政治，1998（8）：54－58.

［2］林毅夫，李永军．必要的修正——对外贸易与经济增长关系的再考察［J］．国际贸易，2001（9）：22－26.

［3］沈坤荣，李剑．中国贸易发展与经济增长影响机制的经验研究［J］．经济研究，2003（5）：32－40.

［4］佟家栋．关于我国进口与经济增长关系的探讨［J］．南开学报，1995（3）：9－12.

［5］北京市统计局，国家统计局北京调查总队．北京统计年鉴（2012）［M］．北京：中国统计出版社，2012.

［6］北京统计信息网．北京地区海关进出口贸易总额（按登记注册类型、贸易方式分）［DB/OL］．［2013－05－05］．http：//www. bjstats. gov. cn/.

［7］周桂荣．对外贸易合作研究［D］．天津：天津商业大学，2010（8）：52－54.

［8］谢思全，赵辉．京津冀民营经济的发展与区域创新整合［J］．天津师范大学学报，2007（1）：5－10.

[9] BALASSA B. Exports and Economic Growth: Further Evidence [J]. Journal of Development Economics, 1978 (5): 181 - 189.

[10] G FEDER. On Exports and Economic Growth [J]. Journal of Development Economics, 1982 (12): 59 - 73.

[11] DOLLAR D. Outward - oriented Developing Economics Really Do Grow More Rapidly: Evidence for 95 LDCS 1976 - 1985 [J]. Economic Development and Cultural Change, 1992 (40): 523 - 544.

(本文是"北京市教委2011年度人才强教深化计划项目——京津冀地区贸易与经济发展模式研究学术创新团队(编号: PHR201106139)"部分研究成果)

北京市在京津冀都市圈的经济辐射能力研究[①]

刘崇献[②]　柴南南[③]

摘　要： 本文运用“空间引力模型”测算了北京市和京津冀都市圈的其他主要城市之间的经济联系量和经济隶属度，指出北京市和其他城市的经济联系量从 2001 年到 2011 年得到了提升，但除了廊坊和唐山，其他城市对北京的经济隶属度出现下降，反映了北京对周边城市的经济辐射能力比较低下。然后从定位、区位、产业结构等方面分析了北京市经济辐射能力薄弱的原因，最后有针对性地提出了增强北京经济辐射能力的对策建议。

关键词： 京津冀都市圈　经济辐射能力　空间引力模型

经济辐射力是指城市群中的中心城市对周边城市和地区的综合影响力和发展带动能力。随着京津冀都市圈日益成为我国经济增长的重要一极，北京市的经济辐射能力现状和演变趋势值得高度关注。

本文将采用“空间引力模型”，采用最新数据，对北京市经济辐射能力进行多时点的测算和对比研究，并将以实证结果为基础对北京市增强经济辐射能力提出相应的对策建议。

一、基于“引力模型”的北京市经济辐射能力测算

国外学者对核心城市辐射能力的定量研究借助了区域经济学中的距离衰

① 本文属于北京市教委 2011 年度人才强教深化计划项目——京津冀地区贸易与经济发展模式研究学术创新团队（编号：PHR201106139）项目和北京市优秀人才培养资助项目研究成果。

② 刘崇献，北京物资学院经济学院副教授，经济学博士。

③ 柴南南，北京物资学院 2012 级国际贸易学硕士研究生。

减规律。按照这一规律，在其他条件相同时，地理要素间的作用与距离的平方成反比。“引力模型”最早源于1929年地理学家Reilly发表的对零售关系研究方法的探索，而后对模型进行了改进；其后，1954年美国的卡罗尔（Carral）采用引力模型研究了城市中心与周边地区之间的经济影响。国内学者自20世纪90年代以来，国内一些学者如王德忠、孙久文等广泛应用了空间引力模型分析区域经济联系。

引力模型的具体公式如下。

$$R_{ij} = \sqrt{P_i \times V_i} \times \sqrt{P_j \times V_j}/D_{ij}^{\ 2}, F_{ij} = R_{ij}/\sum_{i=1}^{n} R_{ij}$$

式中，R_{ij}为城市间的经济联系量，P_i 为城市市区非农人口，V_i 为城市市区GDP，D_{ij}为城市间最短公路里程数，F_{ij}为 j 城市对 i 城市的经济隶属度。经济联系量 R_{ij}和经济隶属度 F_{ij}是用来衡量区域间经济联系强度的指标，既能反映中心城市对周边地区的辐射能力，也能反映出周边地区对中心城市辐射能力的接受程度。

这里我们采用国家经济和发展改革委员会在“京津冀都市圈”区域发展规划中建议的“8+2”模式，即以北京、天津为核心，加上环绕两市的石家庄、保定、唐山、秦皇岛、廊坊、沧州、张家口、承德8个河北城市。为了便于动态地、对比地研究问题，我们在计算中选择了2001年、2006年和2011年三个时间点，分别计算了这三个时点上北京和其他城市的经济联系量和经济隶属度。使用到的人口和经济数据来源于2002年、2007年和2012年的《中国城市年鉴》，城市间公路里程数据由“车次网”查询得到。计算结果见下表。

2001年、2006年、2011年北京市和京津冀都市圈其他城市的经济联系强度表

	北京					
	2001年		2006年		2011年	
	经济联系量（亿元·万人/平方千米）	隶属度（%）	经济联系量（亿元·万人/平方千米）	隶属度（%）	经济联系量（亿元·万人/平方千米）	隶属度（%）
天津	93.3066	68.1514	276.1711	65.8983	917.5033	66.6468
石家庄	4.3271	3.1605	12.5045	2.9838	29.2962	2.1281
保定	6.0726	4.4354	17.9501	4.2831	52.9945	3.8495

续 表

	北京					
	2001 年		2006 年		2011 年	
	经济联系量（亿元·万人/平方千米）	隶属度（%）	经济联系量（亿元·万人/平方千米）	隶属度（%）	经济联系量（亿元·万人/平方千米）	隶属度（%）
唐山	8.0252	5.8616	32.2458	7.6943	111.5662	8.1041
秦皇岛	1.4316	1.0457	4.4127	1.0529	10.3299	0.7504
廊坊	18.7904	13.7246	62.3126	14.8686	216.0805	15.6959
沧州	1.1477	0.8383	4.0812	0.9738	12.7851	0.9287
张家口	2.7256	1.9908	6.4634	1.5423	16.9249	1.2294
承德	1.0839	0.7917	2.9457	0.7029	9.1842	0.6671

如上表所示，2001—2011 年期间，北京市和京津冀都市圈其他城市的经济联系上呈现出以下特点。

第一，北京和天津作为区域核心城市，它们之间的经济联系量和经济隶属度远远超过了和其他城市的经济联系强度。2001—2011 年，天津和北京的经济联系量持续增加，2001—2011 年增加近 10 倍，始终占所有城市对北京的经济联系量总和的 65% 以上，反映了北京和天津联系密切，同城化发展趋势明显。天津市对北京市的经济隶属度在 2001—2006 年出现了一定程度的下降，但到 2011 年又出现小幅回升，但对北京的隶属度依然低于 2001 年，这反映了天津市设立滨海新区以来经济快速增长，自身的经济中心地位在增强。

第二，2001—2011 年间，北京市对京津冀都市圈其他城市经济联系量的绝对数值都呈现增长趋势。其中和北京经济联系量 2001—2011 年增长超过 10 倍的城市有廊坊、唐山、沧州，反映了这些城市和北京的经济联系在加强。2001—2011 年，京津冀都市圈主要城市和北京经济联系量高低的排序没有发生变化，经济联系量从高到低分别是天津、廊坊、唐山、保定、石家庄、张家口、沧州、秦皇岛、承德，其中廊坊、唐山和保定对北京的经济联系量比较高，2011 年占到北京对除天津以外所有二三级城市经济联系量总和的 71% 以上。这一方面反映了距离和位置对经济辐射能力具有重要的影响，另一方面相对于承德和张家口来说，也反映了地形和交通状况对经济辐射能力的影响也很明显（见图 1）。

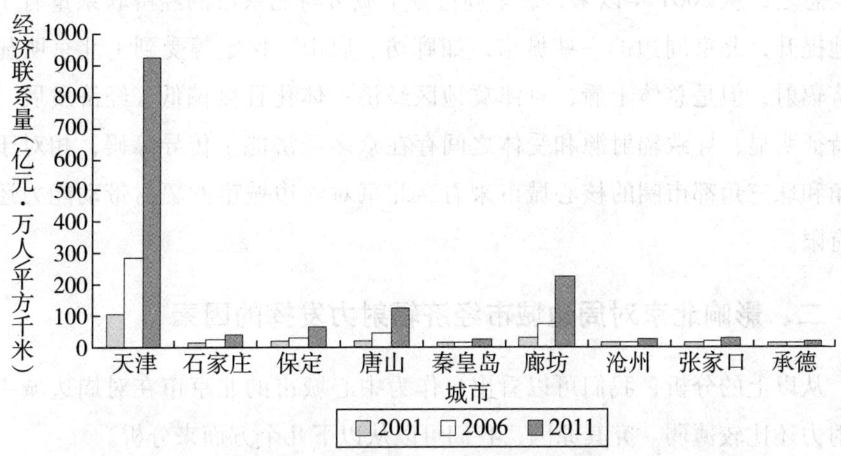

图1　北京市与京津冀都市圈其他城市的经济联系量

第三，从经济隶属度看，在2001年到2011年期间，除了廊坊和唐山对北京的经济隶属度有明显上升之外，其他城市如石家庄、保定、张家口、承德等对北京的经济隶属度都呈现出持续下降趋势，而沧州和秦皇岛对北京的经济隶属度属于先上升而后下降的趋势，天津对北京经济隶属度属于先下降之后略有上升的趋势。这反映了这十余年除了廊坊和唐山在接受首都经济辐射和产业合作方面有所加强和获益之外，其他大多数城市在接受北京经济辐射和产业带动方面并没有明显进展，甚至出现了相对倒退（见图2）。

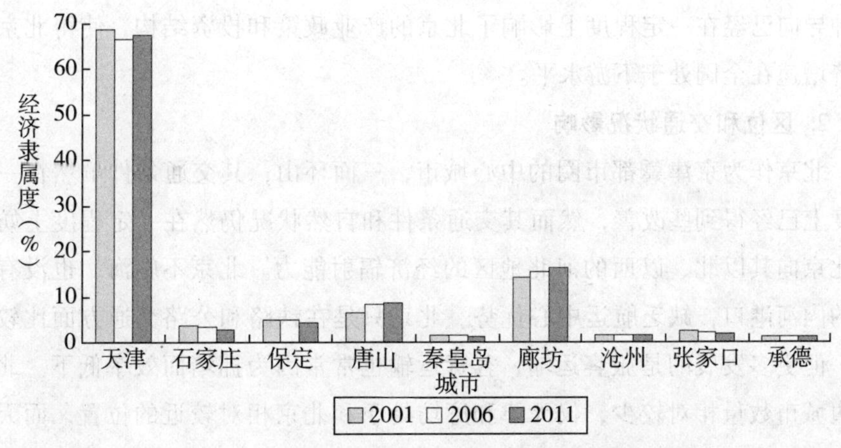

图2　京津冀都市圈各城市对北京市的经济隶属度

总之，从2001年以来，北京周边各个城市与北京市的经济联系量有了显著地提升，北京周边的一些城市，如廊坊、唐山、保定等受到了北京明显的经济辐射，但是总体上看，京津冀地区经济一体化程度偏低、经济发展二元化特征明显，导致辐射源和受体之间存在众多经济能量传导障碍，相对于长三角和珠三角都市圈的核心城市来看，北京对周边城市的辐射带动能力还非常有限。

二、影响北京对周边城市经济辐射力发挥的因素

从以上的分析，我们可以看出，作为中心城市的北京市在对周边城市的辐射力还比较薄弱。究其原因，我们可以从以下几个方面来分析。

1. 北京的传统定位和“去经济中心化”定位的影响

北京在传统上不是一个商业城市，在明清两代都属于政治中心、消费城市，其生产和提供服务的功能相对较弱，在文化上也较为缺乏相对成熟的商业文化。近代以来，天津又一直以其港口优势，在经济上和北京平分秋色。这在一定程度上拉深北京和天津的经济联系强度的同时，二者也互相之间存在着一定的地方贸易保护，合作的意识不是很强烈，导致各自为战的局面。而进入社会主义市场经济以来，北京市在城市定位上表现出了纠结和反复，国家的指导思想和北京市的中长期发展规划都体现出了“去经济中心化”的迹象，但在我国目前的考核体制下，北京市政府仍然非常重视经济发展。但这种导向已经在一定程度上影响了北京的产业政策和投资结构，使得北京的经济增速在全国处于下游水平。

2. 区位和交通状况影响

北京作为京津冀都市圈的中心城市，三面环山，其交通条件虽然在一定程度上已经得到些改善，然而其交通条件和自然状况仍然在一定程度上妨碍了北京向其以北、以西的河北地区的经济辐射能力。北京不临海，也没有重要的内河港口，缺乏航运中心优势。北京只是在铁路和公路交通方面比较发达，但更多发展的是旅客运输，客货运输也常常因为拥堵而效率低下。北京周边城市数量相对较少，仅天津和廊坊处于和北京相对较近的位置，而天津作为一个中央直辖市和海港城市，其与北京的竞争关系非常明显，确切地讲，北京和天津在京津冀都市圈中甚至可以认为是双中心的，天津和北京之间存

在着喻亮情结，经常是竞争多于合作，这在一定程度上阻碍北京的经济辐射能力。

3. 经济规模和地域面积的影响

通常，城市经济辐射能力与其经济规模之间有正相关关系，和距离成反比。经济规模大意味着需求和供给能力强，经济辐射能力在一定程度上体现为一种“溢出”效应，即对周边地区的产业、技术转移力度和对周边地区产品吸收消化能力。2012 年北京市 GDP 为 17801 亿元，面积是 16800 平方千米，相比较来说，上海市 2012 年 GDP 为 20101.33 亿元，面积为 5800 平方千米，北京市作为辐射源自身的能量就没有上海高，加上面积是上海的三倍，并且北京的北面和西面环山，交通条件比较差，这造成了北京自身吸收了其核心城区辐射出来的大部分能量，并且严重阻碍和北京对其以北、以西的河北地区的经济辐射能力。

4. 产业结构的影响

一般来说，传统制造业因为需要有原材料、中间产品投入，有些销售和运输等服务环节可以外包出去，容易形成较长的上下游产业链，因此制造业的经济辐射带动能力比较强。另外外向型的加工贸易产业的辐射带动能力也比较强，因为劳动密集型的加工贸易技术和资金门槛比较低，只要交通方便，易于在周边地区扩散和分布，形成产业集聚和产业集群。此外在外资和民营经济发达地区，投资主体众多，决策灵活机动，便于产业扩散，经济辐射能力强，而国有经济为主导的地区，企业扩散则很少发生，往往还处于收缩状态。由于北京的经济强项是新经济相关产业，服务业、金融业比较发达，外资、民营经济不发达，往往是典型的写字楼或研究院所经济，北京比重不大的制造业也是规范的工业园区运作模式，而 IT 相关产业则往往直接和长三角或台湾等地区直接对接，和周边城市很少发生联系，更谈不上经济辐射了。

5. 产业组织能力明显不足、经济腹地建设滞后

北京在产业链的组织、产业集聚和政策协调配合方面仍存在很大的不足。天津对北京的经济辐射能力存在抵消效应。天津和北京作为特大城市相距很近，天津有港口航运优势，而北京有首都的优势。但长期以来，北京和天津在经济发展方面基本上是各自发展，很少有成功的协调。天津在航运和制造业方面的独立发展，在一定程度上取代了北京在这方面的经济辐射能力。北京的经济腹地理论上不小，整个华北地区都可以视为北京的经济腹地，但是该地区经济基础较差，和北京难以形成有效地产业链对接，接受北京经济辐射的能力欠佳。

三、增强北京市在京津冀都市圈内经济辐射能力的建议

随着京津冀地区逐步被确立为我国经济增长的“第三极”，以及北京提出建设“世界城市”的重大战略，北京市通过增强辐射带动能力来增强国内外的影响力已经变得日益重要。国内经济辐射能力是国际影响力的基础，相对于上海等国内中心城市，北京市的经济辐射能力仍然显得非常薄弱。为了增强北京市的经济辐射能力，本文认为可以从以下方面采取措施。

1. 正确的城市定位是需要关注的首要大事

运用科学的思维方式和全面、立体的眼光，对北京市的历史渊源、文化命脉、地理资源有全面的把握，才能找到准确城市定位。北京历来被视为中国的政治、文化中心。但作为拥有1300多万人口的特大城市，经济功能必须完善。北京的巨大消费能力、发达的第三产业、国际著名的旅游胜地以及全国交通枢纽的优势地位，都足以表明北京应该具有足够影响力的经济中心。此外北京拥有中国城市中最多的大学和研究机构。北京应该大力发展高新技术产业和现代服务业、金融业，把与知识经济相适应的高精尖的知识技术密集型产业作为发展的重中之重。东京、伦敦、巴黎的经验表明，经过科学合理的经济规划和布局，首都与经济中心的职能并不矛盾。北京今后在经济发展方面应该放开手脚，不用遮遮掩掩、羞羞答答。

2. 大力培育活跃的要素市场，提升外向服务功能，为区域经济发展输血加油

在区域经济发展中，资金、技术、人才等生产要素起着决定性作用。北京之所以经济辐射能力薄弱，一方面就是缺乏可以为本地和周边企业融资服务的金融中心，北京地区不缺钱，但主要贷款给了国有企业，中小企业融资渠道匮乏；另一方面是缺乏活跃有效的技术交易市场，北京地区虽然科技力量雄厚，但大多数实用技术都流向了珠三角和长三角地区的企业，可能因为制造业不发达和经济基础差，北京地区技术优势和京津冀地区的企业对接率

很低。北京对周边经济辐射能力弱也与北京地区高度的向心力有关，高素质人才高度集中在核心城区，郊区吸收人才的能力都很弱，北京之外的河北城市对人才的吸引力更差，与珠三角和长三角多个城市遍地开花、吸引力相差不大相比，京津冀都市圈的不同城市对人才的吸引力有天壤之别。而北京、天津作为直辖市，引进人才的门槛越来越高，已经有些让人望而却步了。

3. 扩大北京生产服务业的辐射带动，支持周边地区加快发展

北京要充分利用首都市场的优势，带动区域产业结构升级。一方面要着重提升首都生产服务业的能力，发展面向区域的金融、信息、商贸流通等服务以及技术、产权等要素市场，增强对区域生产组织和要素的配置能力。另一方面要持续扩大总部企业的影响，支持总部企业到周边建设生产基地和配套服务基地。通过技术和项目输出，扶持周边地区发展特色产业和优势产业，推动当地产业结构升级。进一步发挥首都丰富资源优势，促进区域内政务、商务及公共信息的有效共享，为企业寻求商机、加快要素流动、降低交易成本创造良好条件。此外还要充分发挥首都公共服务资源优势，积极开展区域社会事业领域交流合作，带动周边地区社会发展水平提升。

4. 协调经济圈内各城市利益，实现产业合理布局

加强京津冀都市圈的经济合作的呼声一直很高，但由于缺乏更高层次的协调力量存在，地方政府往往从本地区利益出发提出合作意向，都想获取更多利益，但又极力避免利益输出，在生产要素流动和企业整合等方面都面临着重大阻碍。北京作为京津冀中心城市，要有全局视野和大局观念，要有把京津冀，乃至整个华北地区都作为建设世界城市的经济腹地的魄力，大力发展生产性服务业，在租赁和商业服务业、信息传输计算机服务和软件业、科学研究技术服务和地质勘查业、批发和零售业、房地产业、交通运输仓储及邮政业等具有外向服务功能的行业，把整个京津冀地区都作为服务对象，进行产业的合理布局。北京应在区域内发挥组织协调作用，在公共基础设施建设方面多承担些责任，实现从强调各方利益差异的“合作”到追求共享整体利益的“融合”。例如，建设连通周边城市的地铁系统和货运专列，和周边城市的地铁或高铁运输公交化，有序推动对周边城市提供技术对接服务和产品展示交易平台等。

总之，北京市要从建设世界城市的高度积极调整，积极发挥经济辐射能力，整合京津冀都市圈的力量，逐步推动区域共同市场建设，实现商品和生产要素的自由流动，使京津冀都市圈早日发展成为我国经济的重要一极，使北京成为名符其实的世界城市。

参考文献

[1] 文魁，祝尔娟．京津冀区域一体化发展报告（2012）[M]．北京：社会科学文献出版社，2012.

[2] 牛华勇．中心城市对周边经济圈经济辐射力比较分析——基于北京和上海经济圈的案例 [J]．广西大学学报：哲学社会科学版，2009（4）：29－34.

[3] 刘崇献．北京与上海经济辐射能力差异探析 [J]．北京社会科学，2005（11）：40－44.

[4] W J REILLY. Methods for the study of retail relationship [R]. Universityof-Texas Bulletin，1929.

[5] CARRAL. National City－Size Distribution [J]. Progressin Human Geography，1982，6（1）：1－4.

（本文已于2013年6月11日发表在《中国商贸》，第131～133页）

京津冀区域经济发展对策研究

李 彤[①]

摘 要：京津冀与长三角、珠三角被称为中国经济的“三个增长极”，但京津冀区域经济的合作及联动作用远不及长三角及珠三角，存在着诸如经济发展不平衡、产业同构现象依然存在等问题，随着三地间多项务实合作协议的签署和三地间政府职能一体化建设的步伐加快，京津冀定会后来者居上，真正担起新一轮的“经济增长极”的重任。

关键词：京津冀 经济增长极 区域经济一体化

一、京津冀经济发展现状及特点

（一）京津冀经济发展现状

1. 区域经济合作框架已成功构建，经济总量快速增长

启动于2004年11月的京津冀区域规划编制工作，历经一年半的时间，于2006年3月完成，京津冀区域经济合作初见端倪。“十一五”期间，按照国家京津冀都市圈区域开发的整体部署，北京发挥了首都科技创新和研发中心集聚优势，天津滨海新区的进一步开发开放，通过垂直和水平分工与北京形成有效分工协作和竞争，河北曹妃甸工业区作为临港重化工业基地，承接了北京钢铁业的产业转移，既发展了自身，也为优化北京产业结构做出了贡献。“十二五”规划，将推进京津冀区域经济一体化发展，打造首都经济圈，

① 李彤，北京物资学院经济学院国际贸易系副教授，经济学硕士，主要从事人民币汇率、贸易摩擦等问题的研究。

推进河北沿海地区发展上升为国家战略。2013 年两会以后，3 月先是北京与天津签署了京津两市签署加强经济与社会发展合作协议，从十个方面推出一揽子合作计划，5 月河北省又分别与北京市、天津市签署了合作框架协议，这些合作协议的设计非常务实，而且，很多都是直接与具体的项目相关，再加上其中对于这些协议落实的一些体制、机制改革的表述，这次三地之间的合作，或将真的迎来一个好时期。

尽管很多人都已经习惯了三地合作雷声大雨点小和貌合神离的尴尬，甚至不少业内专家认为：京津冀根本就不存在真正意义上的区域经济一体化，基本上各自为政，但近年来，京津冀区域整体保持了较快的发展态势，区域内经济总量增速普遍高于全国平均水平。2012 年京津冀地区生产总值约为 57261.2 亿元，占全国 GDP 的比重为 11.14%，占长三角、珠三角和京津冀三大经济圈生产总值（GDP）比重为 29.3%（参见表 1、表 2）。

2. 立体交通网络已初步建成

构筑现代化交通网络，是促进区域合作发展的基础。2013 年，以北京和天津为中心，由高铁、轻轨、地铁、高速公路等构成的相互衔接、四通八达的立体交通网络体系已粗具规模。最早建成于 1993 年的是京津塘高速公路，这条高速公路沿线两侧，有北京市经济技术开发区、河北省廊坊市经济技术开发区、天津经济技术开发区、天津港保税区等 11 个新兴区，京津塘高速公路的通车形成了一条高新技术产业带，高速公路承载的人流、物流、信息流、资金流，大大加快了京津冀地区的经济发展和对外开放的步伐，目前北京与天津、河北已经实现高速公路不停车收费系统联网。2008 年 8 月 1 日京津城际高铁开始运营，时空距离的拉近，放大了各种生产要素、资源配置的空间，这使得京津建成“半小时”经济圈成为可能。京津城际铁路“大运量、高密度、公交化”的运输组织模式，加速了两地人员流动，扩大了京津两地人们的工作和生活范围，优化了两地的资源配置，改变了两地人的生活观念和习惯，有力地促进了两地的“同城化”。2008 年奥运前，京津高速公路、津蓟高速延长线、京津城际高速铁路，加上京沪高速公路（G2）正线、京津塘高速公路，5 条交通大动脉已基本构建起了京津冀都市圈的“三小时”交通经济圈。规划中的京唐城际高铁、京曹城际高铁、津保城际将使得这个城市时空圈跨入了 1 小时内。

表 1　京津冀地区生产总值及占全国比重　GDP 单位：亿元

地区	2008 年		2009 年		2010 年		2011 年		2012 年	
	GDP	百分比（%）	GDP	百分比（%）	GDP	百分比（%）	GDP	百分比（%）	GDP	百分比（%）
全国	314045.4	100	340506.9	100	397983.0	100	471564.0	100	513922.0	100
北京	11115.0	3.54	12153.0	3.57	14113.6	3.5	16251.9	3.44	17801.0	3.46
天津	6719.0	2.14	7521.9	2.21	9108.8	2.29	11307.3	2.40	12885.2	2.50
河北	16012.0	5.10	17235.5	5.06	20394.3	5.12	24515.8	5.20	26575.0	5.17
京津冀合计	33846.0	10.78	36910.4	10.84	43616.1	10.96	52075	11.04	57261.2	11.14

数据来源：北京市统计年鉴、天津市统计年鉴、河北省统计年鉴。

表 2　长三角、珠三角、京津冀地区生产总值及占全国比重　GDP 单位：亿元

地区	2008 年		2009 年		2010 年		2011 年		2012 年	
	GDP	百分比（%）	GDP	百分比（%）	GDP	百分比（%）	GDP	百分比（%）	GDP	百分比（%）
全国	314045.4	100	340506.9	100	397983.0	100	471564.0	100	513922.0	100
长三角	53964.8	17.2	59711.3	17.5	69871.97	17.6	79712.5	16.9	89951.0	17.3
珠三角	29347.2	9.3	32105.9	9.4	37388.0	9.4	43966.2	9.3	47847.3	9.3
京津冀	33846.0	10.8	36910.4	10.8	43616.1	11.0	52075.0	11.0	57261.2	11.1

数据来源：《中国统计年鉴》。

3. 产业分工框架基本形成

京津冀区域经过近几年的发展，从 2007 年起，经济总量已经超过了珠三角地区，产业分工框架基本形成。目前，京津冀三地产业分工的框架呈现重化工业向滨海开发区集聚，高新技术产业在京津集聚，现代制造业向“北京、保定、石家庄”集聚的发展状况。北京服务业已经超过了 GDP 的 3/4，是首都经济增长的主要动力。近年来，总部在北京、生产基地在周边地区的区域合作项目在不断涌现。天津转型升级也取得了新进展，2012 年，航空航天等八大优势支柱产业完成工业总产值 21085.08 亿元，拉动全市工业增 13.4 个百分点，贡献率 90.0%，滨海新区坚持项目集中园区、产业集群发展、资源集

约利用、功能集成建设，新区十大战役全面推进，形成了功能区开发与优势产业集聚、产业布局优化同步提升的良好态势。中际装备、钜宝电子、西子电梯等71个工业重大项目建成，长城汽车一期等项目已经投产，联合利华等项目开工建设；334个重大服务业项目正在加快实施。河北省正充分利用其环京津的独特区位，共享京津的科技、人才、资金和信息，实现与京津产业的对接与合作。河北唐山曹妃甸承接了北京一些重化工业外迁（如首钢东迁），为该地区发展重工业提供了机会，也促使了该地区的经济得到显著地提升。首钢搬迁到河北省唐山市，在渤海之滨新建了一座中国现代化的钢铁企业，并与唐山的其他钢铁企业一起，已经形成了中国最大的钢铁工业生产基地。南堡大油田的勘探开发，吸引了中国三大石化集团的投资，形成了产业聚集效应，也带动该地区其他产业的发展，给诸如唐山企业三友化工等一批企业带来了良好的发展前景。随着京津冀区域经济一体化的逐步实施，京津冀区域的产业结构将日趋合理。

（二）京津冀三地各具特质

1. 分别处于经济发展的不同阶段

判断经济社会发展阶段的综合性首要指标是人均GDP。北京自2010年起，人均GDP已经超过10000美元，2012年达到13797美元；天津2012年人均GDP达95094元（约1.6万美元），连续两年居全国之首。按照国际通行的标准，从财富增量看，天津已是全国最富裕的省级地区。按照2012年最新的世界发达国家人均GDP 1.5万美元的计算标准，天津已经达到发达国家的城市标准，北京已经接近这一标准。京津两市已经属于高收入经济地区，而河北省2012年人均GDPG还不及京津两市各自人均GDP的一半，属于上中等收入经济地区。

判断经济社会发展阶段的另一个综合性重要指标是产业结构，从这一指标来分析，京津两市又处于经济发展的不同阶段。北京已进入后工业化初级阶段，自2000年起，第三产业的产值已经大于第一、第二产业之和，2012年三次产业结构的占比由2011年的0.8∶23.1∶76.1变化为0.8∶22.8∶76.4，第二产业占比进一步下降，第三产业占比进一步上升，第三产业所占比重仍呈现不断上升的趋势。北京的产业发展已呈现“服务与科技主导”的高端化趋势。天津则处于工业化后期阶段，2012 年三次产业结构的比重是 1.3∶51.7∶47，第二产业的产值仍超过第一产业及第三产业的产值和，但服务业比重达到 47.0%，服务业产值已经接近地区生产总值的一半，而且也和北京相同呈现不断上升的趋势。天津随着滨海新区的快速发展，正处于重化工业、现代制造业和高新技术产业集聚阶段，产业发展的深加工化、产业的集约化经营和高端化的特征十分明显。而河北省正处于工业化中期，重化工业加速增长时期，2012 年河北省的三次产业结构的占比是 12∶52.7∶35.3，第二产业占据绝对优势，工业对地区生产总值的贡献最大。

2. 经济增长动力不同

"十一五"之后，北京作为全国的"经济中心"的城市功能定位开始转变，经济增长的源动力已从投资拉动为主向消费拉动为主转型，积极依靠科技创新、加快发展现代服务业的，成为首都经济增长主要力量。从 2006 年起，北京市消费增速已经超过投资增速，2012 年，北京全社会固定资产投资为 6462.8 亿元，而全市实现社会消费品零售额则高达 7702.8 亿元。2012 年，北京市文化创意产业实现增加值 2189.2 亿元，比上年增长 10%；占地区生产总值的比重为 12.3%；高技术产业实现增加值 1139.2 亿元，增长 9.2%；占地区生产总值的比重为 6.4%；生产性服务业实现增加值 8994 亿元，增长 10.7%；占地区生产总值的比重为 50.5%，比上年提高 0.5 个百分点。

天津的经济增长则乃主要依靠投资拉动，全社会固定资产投资从 2007 年起一直保持超过 30% 的增长速度，2012 年达到 8871 亿元；2006 年起，社会消费品零售额增速猛涨，连续几年在全国居于领跑地位，保持了 15% 左右的增速，2012 年达到 3900 亿元，已接近全社会固定资产投资的一半，而且增长态势依然迅猛，大有撼动投资拉动经济增长作为主要动力地位的势头。天津市的服务业产值 2012 年已接近地区生产总值的一半，高新技术产业也在迅猛发展，仅靠投资拉动经济增长的方式正逐步发生变化。

河北省正处在工业化中期，是城镇化加速发展的时期，具有典型的投资拉动型经济的特征。2006 年起，全社会固定资产投资基本保持了超过 30% 的年平均增长速度，2012 年河北省完成全社会固定资产投资 19661.3 亿元，而社会消费品零售总额仅为 9154 亿元，不及前者的一半。

二、京津冀区域经济发展存在的问题

（一）各自为政，直接影响区域经济发展

长期以来，京津冀分属于三方独立的行政区域，处于各自为政的状态，各地都从本地利益出发考虑合作问题，经济“分工—合作—共同发展”的局面无法真正形成，“争夺地方经济利益”是影响京津冀区域经济协同发展的基本矛盾和核心问题。北京作为国家首都，一直以来都是经济、政治中心，在京津冀区域当仁不让地占据着主动，其特殊的身份决定了兄弟省市理应予以扶持，而“大哥”也心安理得地接受。这种根深蒂固的观念使得北京在区域合作中高高在上，抢占了各种发展先机，各种优质资源和生产要素集聚北京。天津虽然是直辖市，但长期以来一直生活在北京的阴影下，作为大家庭的“老二”，在与北京的竞争中天津处于弱势地位，但在与河北省的竞争中却总能处于优势。河北省则是一直寄希望于通过加强京津冀合作，承接京、津地区的产业转移，借力京、津的发展实现自身经济的腾飞。事实上，河北与京津的合作除了多仅限于在水资源、土地资源等生态屏障上做贡献。近年来，京津与河北省之间在机场、港口、生态环境、水资源、产业布局等方面都发生过激烈的竞争，严重影响了区域内部的协调发展，也造成了资源、效率的巨大浪费。总之，区域内各方着眼区域发展全局来审视各自发展规划的意识明显滞后，没有从整体角度寻找各自的比较优势，实现错位发展。可喜的是，2013 年 3 月 23 日，京津两市签署加强经济与社会发展合作协议，从区域规划编制、交通、港口物流、产业、人才、科教、文化旅游会展、金融、环境保护、建立合作机制十个方面推出了一揽子合作计划。5 月 20 日和 5 月 22 日，河北省分别与天津和北京签署合作框架协议，其中包括京冀将共同推动首都经济圈规划并争取将石家庄、衡水、沧州三市纳入首都经济圈规划布局，与天津拓宽金融合作领域等重点内容。相信，随着这些务实性很强的合作协议的履行，京津冀区域内全方位的互惠互赢的深度合作将翻开新的篇章。

（二）经济发展严重不平衡

随着京津城市功能定位的明确，两市的经济发展进一步加速，形成了像

欧洲一样发达的双中心城市。按照国际人均 GDP 1.5 万的标准，2012 年，天津已经达到发达国家的城市标准，北京已经接近这一标准，而河北省 2012 年人均 GDP 还不及京津两市各自人均 GDP 的一半，刚刚跨入上中等收入经济地区的行列，由于北京、天津两个增长级非常强大，河北出现了“大树底下不长草”的状况。京津两座中心城市考虑较多的都是如何增强自身的经济实力，对如何发挥经济辐射功能、带动周边地区的经济共同发展关注不够，经济中心与经济腹地形成了两极分化的发展态势。京津冀呈现以京津两市为中心、外围城市明显落后的圈层式的经济分布。京津冀区域城乡经济的二元结构特征十分突出，区域内的中心城市与其外围腹地在经济发展水平或发展阶段上存在巨大的差异。河北省区域在以京津发展为主导的情况下逐渐被边缘化的，形成了一条罕见的环京津贫困带。加上长期以来，河北在水资源、交通资源、用地资源上全力支持京津，却没有得到应有的补偿，这也加剧了河北经济的落后，使得三地的发展不能齐头并进。

（三）产业同构现象依然存在

北京市的工业主导产业依次是交通运输设备制造业和电力、热力的生产和供应业、燃气生产和供应业、水的生产和供应业、通信设备、计算机和其他电子设备的制造业、黑色金属矿采选业等产业。天津的工业主导产业依次是黑色金属冶炼及压延加工业、石油和天然气开采业、交通运输设备制造业、计算机及其他电子设备制造业等产业。河北省的工业主导产业依次是黑色金属冶炼及压延加工业、黑色金属矿采选业、皮革、毛皮、羽毛（绒）及其制品业、煤炭开采和洗选业、石油加工、炼焦及核燃料加工业、橡胶制品业、金属制品业、电力、热力的生产和供应业。我们不难看出，交通运输设备制造业、通信设备、计算机和其他电子设备的制造业、黑色金属冶炼都是京津两市的主导产业；而黑色金属冶炼及压延加工业等产业又是天津与河北的主导产业。产业结构趋同不仅使得各地的产业优势难以形成，最重要的是造成严重的人力和资源浪费，造成了行业内的巨大内耗，制约了企业提升规模效益；另外，各地区各自为战，不利于区域经济整体竞争力的提升。近年来，随着人们区域经济一体化观念的逐步转变和三地相关政策的不断出台，三地制造业内部产业结构正趋于异化，正朝着能够充分发挥本区域比较优势的积极方向转变。先是首钢、北京焦化厂等一批大规模的工业企业从北京落户河北，北京制造业中重化工产业开始进行转移；而天津及滨海新区的定位是高水平的装备制造业和研发转化基地，天津已形成了以重化工业和高技术产业为主体的工业结构，航空航天、石油化工、装备制造、电子信息、生物医药、新能源新材料、国防科技、轻工纺织八大优势产业，因此京津地区制造业内部层面的产业结构开始趋异化发展。任何事物都有两面性：在北京大力发展服务业，第三产业已占地区生产总值超过70%的当下，京津制造业日趋异化的同时，随着近几年河北借力京津，大力发展现代制造业并且积极承接京津地区的制造业转移，制造业正由传统的劳动密集型向资本密集型和技术密集型转变，随着河北制造业产业结构呈高级化发展态势，津冀地区制造业结构趋同发展的倾向更为明显。

三、加快京津冀区域经济发展的建议

（一）加强政府职能建设，统筹发展

区域经济合作比较成功的长三角及珠三角地区的经济发展模式是市场主导型，市场力量强大，由市场引导企业的经济行为，地方政府间的协商和制度的制定则是一种保障。而京津冀区域处于京、津、冀、中央“三地四方”复杂博弈格局中，政府对企业的控制力强，“强政府，弱市场”的现状一时难以改变，因此，实现区域内部的整合与协调，仅凭借市场力量很难做到，必然是以政府为主导，由国家出面加速推进区域合作的进程。因此，最重要的是加快政府职能一体化建设，应跳出行政区的观念束缚，树立京津冀经济区域的观念，由国务院、国家发展和改革委员会牵头，成立京津冀各行政长官联席会，专门负责研究和制定区域发展总体规划，统筹协调区域合作和一体化的战略决策。联席会定期讨论跨行政区的具体问题和重大项目，积极寻找三方都能够互惠共赢的合作切入点，合力改善区域内的政策、制度和服务环境，建设相互衔接、规范协调、高效运行的市场管理和服务体系，引导、推动三地企业和行业组织开展区域合作。

（二）优势互补、适当分工、协调发展

提升区域经济整体实力，应强调形成各地优势互补、错位发展的产业格

局。京津冀拥有优质的人才资源和辽阔的土地等自然资源，经济基础良好、科技实力雄厚、文化底蕴深厚、陆海空交通网络发达，各地应注重优势互补，通过适当分工、协调发展，要充分利用发挥在资源配置中的市场导向力量，积极推进制度和技术创新，将京津冀地区共同建成发达的高新技术产业基地和先进制造业基地。北京首先应放下老大的身段，平等地与津冀开展合作，以建设中国特色世界城市为宗旨，首都经济圈建设，不仅要与天津都市圈的滨海新区国家战略相协调，还要与河北省“环首都经济圈战略”相衔接，充分发挥自主创新能力和研发能力的优势，在新一代信息技术、新材料、生物、节能环保、新能源、航空航天等领域有所突破，将科技创新成果转化生产力。天津应推动经济走上创新驱动、内生增长的发展轨道，主要发展以汽车、高端装备制造等为主的先进技术制造业，以港口为主的交通运输业，并充分利用天津沿海区域盐、油、气等自然资源丰富的特点，积极发展以石油化工为主的多种化工工业，大力开拓离岸金融业务。河北省应利用冀东丰富的自然资源与良好的港口条件，积极发展钢铁、建材等资本密集型重化工业的同时，大力发展食品、纺织、服装等劳动密集型产业，应该主动消化，而不是被动的接受来自京津地区的产业转移，比如承接可持续发展的制造业而改变以往专门承接资源消耗型和环境污染严重型行业的产业转移项目。

（三）京津合作是关键

有专家称：京津冀增长极形成的关键，就是京津能否建立全面的战略合作关系。长期以来，京津之间存在的是“不平等的竞争关系”，京津之间关于类似机场选址和港口之争不断，随着“十二五”规划的进一步实施，京津两地关系中合作大于竞争已成为共识。2013 年 3 月 23 日，京津两市签署加强经济与社会发展合作协议，从十个方面推出一揽子合作计划，协议将使得两地合作渐入佳境。根据该协议在交通、物流、科技、环境、旅游五个方面，京津两地将集聚北方两大城市主要优势，进行各要素市场的全面流动，加快首都经济圈建设和京津区域经济一体化进程。首先在科技方面：从北京中关村示范区到天津滨海新区，将共同打造京津科技新干线，建设战略性新兴产业和高技术产业聚集区。结合天津未来科技城总体规划，共同规划建设京津合作示范区，打造成科技、生态、宜居的新城。支持天津武清区打造京津产业新城，承接北京高新技术企业转移和最新研究成果转化。在交通方面：将有多条高速路网连接京津。根据协议，双方将推动京港高速公路建设，连通京津高速公路，构筑北京直通东疆保税港区快速通道；推动京津三通道（京台高速）北京段建设，连通津晋高速公路，构建北京与天津港南部港区快速运输通道。共同研究京津城际铁路连通天津滨海国际机场与北京新机场的可行性。在物流方面，协议提出深化陆海空航运物流合作，将天津港打造成为北京的便捷出海通道。一方面，将天津港打造成北京的便捷出海口将进一步提升北京的对外开放程度，加强进出口贸易的便利化程度；另一方面，对于天津当地的物流、运输等多个产业带来利好，促进双方商品经济的繁荣。在环境方面，协议提出，建立京津环境监测数据及空气质量预测预警信息共享机制，节能减排，发展新能源，共建生态宜居城市。在旅游方面，协议提出将整合资源，推进文化旅游会展融合发展。此次协议的出台，将翻开京津全面合作历史性的新篇章，共同打造增长极以带动京津冀的发展则已经成为了京津合作发展不可逆转的大趋势。

相信，随着三地政府职能一体化建设的进一步实施，三地间立体交通网络进一步完善，三地间将本着合作共赢的宗旨，大力加快区域经济一体化建设，京津冀一定能后来者居上，真正担起新一轮“经济增长极”的重任。

参考文献

[1] 祝尔娟．“十二五”时期京津冀发展阶段与趋势特征分析［J］．经济与管理研究，2010（10）．

[2] 马海龙．京津冀区域协调发展的制约［J］．中共天津市委党校学报，2013（3）．

[3] 刘学敏．京津冀区域经济发展的对策研究——基于与“长三角”、“珠三角”区域的比较分析［J］．港口经济，2010（3）．

[4] 陈维，等．珠三角、长三角和京津冀区域经济发展阶段及制约因素的比较分析［J］．珠江经济，2007（6）．

（本文发表于《中国商贸》2013年10月刊，第29期，第3～13页）

关于京津冀区域合作的思考[①]

毛　艳[②]

摘　要：京津冀区域合作既是经济合作问题，也是其他方面如行政区划问题。三地合作既需考虑经济合作的一面，更需考虑生态和环保合作的另一面。

关键词：京津冀　区域合作　行政区划　生态和环保

关于京津冀区域合作的话题是近年来政府和学术圈探讨的热点之一。它有诸多的表现版本，比如首都经济圈发展、环首都建设经济圈、京津冀都市圈规划等。在国家层面，“十二五”规划中首次提出，“推进京津冀、长江三角洲、珠江三角洲地区区域经济一体化发展，打造首都经济圈”，关于京津冀区域经济一体化发展正式写入国家战略。然而，迄今为止，京津冀的一体化规划仍未获得批准。现实中，京津冀经济一体化的程度，京津冀区域合作的深度远远不及我国长江三角洲、珠江三角洲地区。这背后的问题值得深思。本文尝试对相关问题从其他角度做些思考。

一、从行政区划历史变迁看京津冀区域合作

京津冀区域合作有着悠久的历史，“早在西汉，京津冀环渤海地区便同属幽州刺史部；隋朝所设河北诸郡已显现出后世京津冀地区轮廓；元明清时期，北京成为全国政治中心——京师，河北腹地由中央直隶，天津则于清咸丰十年（1860 年）开埠后发展成为近代中国重要的对外开放口岸，自此京津冀；

---

① 本文属“北京市属高校人才强计划资助项目”，项目编号：PHR201106139。

② 毛艳，硕士，北京物资学院经济学院讲师，主要研究国际经济与贸易。

‘京师·口岸·腹地’的功能分区开始确立。在三地近代化过程中，‘京师’——北京作为全国性的政治中心、消费中心，对畿辅地区发展具有明显的促进、推动作用；‘口岸’——天津作为区域经贸中心，对辐射区域具有巨大的门户、引领意义；‘腹地’——河北的资源供给力、生态承载力则是京、津城市发展的基础和支撑。”

京津冀行政区划历史上做过多次调整，出于城市发展的需要，从1952—1958年陆续将河北省的数个县（如通县、顺义、大兴、良乡、房山、怀柔、密云、平谷、延庆等）划归北京市。1958年2月天津市划归河北省，并将省会由保定市迁往天津。1966年天津市成为直辖市，河北省会又由天津市迁回保定市。1968年2月河北省确定石家庄市为省会，由保定市迁至石家庄市。1973年国务院批准将河北省的5个县（蓟县、宝坻、武清、静海、宁河）划归天津市，原河北省的天津地区改为廊坊地区，把地区驻地由天津市迁到廊坊镇。正是这种行政区划的多次变化，逐步形成了目前京津冀地域格局现状，导致了京津与河北“两环”（环首都、环渤海）地区十分复杂的人缘、业缘、地缘关系。

改革开放以来，有关京津冀地区的区域合作大多是从区域经济一体化角度展开的。然而，京津冀经济一体化经历了30多年的理论探讨和实践摸索，其缓慢的发展进程现状，却与国内外发展环境极不相适应。这背后的原因很多，然而深层次的原因却与行政区划基础上的地方利益问题密切相关。三地出于各自的角度，都设定了各自的目标。

《北京市国民经济和社会发展第十二个五年规划纲要》指出：“推动区域共同发展”并且“未来一个时期是我国大城市群形成的关键时期，以首都为核心的城市群及其广大区域正在成为国内发展最具活力的区域之一。新的发展阶段，北京需要立足于国家首都的职能定位，在更大区域发挥功能、配置资源和拓展服务，从注重功能集聚为主向集聚、疏解与辐射并重转变，从注重单方保障为主向双向服务共赢发展转变，更积极地发挥好辐射带动作用，推动区域合作向纵深发展。‘十二五’时期，要更深入广泛地开展与津冀晋蒙及环渤海地区合作，充分发挥首都优势，显著增强服务区域、服务全国的功能，共同推动区域一体化进程和首都经济圈形成，实现整体发展水平的跃升。”

北京市的目标是通过区域一体化完成首都经济圈的形成，开展的合作不仅限于津冀，而且拓展与晋蒙及环渤海地区的合作。

《天津市国民经济和社会发展第十二个五年规划纲要》指出：“积极扩大区域合作交流。增强大局意识和服务意识，完善区域合作机制，进一步扩大与兄弟省区市的交流与合作，在推动京津冀和环渤海地区优势互补、相互促进、协调发展中发挥更大作用。加强京津冀、环渤海区域交通、信息、旅游、人才等一体化发展。做好产业分工和衔接配套，共同打造京津塘高新技术产业带。”天津市强调在京津冀和环渤海地区的合作中发挥更大作用和打造京津塘高新技术产业带。

《河北省国民经济和社会发展第十二个五年规划纲要》指出：“加快构筑环首都绿色经济圈，推进环首都‘14 县（市、区）4 区 6 基地’建设。充分发挥环绕首都的独特优势，积极主动为京津搞好服务，全方位深化与京津的战略合作，承接京津资金、项目、产业、人才、信息、技术、消费等方面的转移，形成环首都绿色经济圈。重点在承德、张家口、廊坊、保定 4 市近邻北京、交通便利、基础较好、潜力较大的三河、涿州、怀来、滦平等 14 个县（市、区），建设高层次人才创业、科技成果孵化、新兴产业示范、现代物流四类园区，发展养老、健身、休闲度假、观光农业、绿色有机蔬菜、宜居生活六大基地，逐步把环首都地区打造成为经济发达的新兴产业圈、绿色有机的生态农业圈、独具魅力的休闲度假圈、环境优美的生态环境圈、舒适宜人的宜居生活圈。”河北省注重环首都绿色经济圈建设，希望承接京津资金、项目、产业、人才、信息、技术、消费等方面的转移。

从上述各国民经济发展规划来看，都不同程度地提到了京津冀区域合作问题，不过侧重点却各有不同，各自对区域合作的期望利益点不尽相同。

从政治学的角度看，利益是一切政治行为、经济行为的动力。京津冀区域经济合作困境的根本原因也源自于利益。

京津冀区域经济合作困境的最根本原因就是各地方政府之间共同利益与地方利益的矛盾。就区域经济合作来说，促进共同的利益是推动地方政府走向经济合作的根本原因。在实践中如何整合不同地方政府的现实要求来谋求彼此之间的合作进而达到满足彼此需求之目的，是合作中地方政府难以理性权衡的问题。一方面，区域公共问题如水资源分配与管理问题、交通问题、能源问题、环境保护与公共卫生问题等，推动了区域内地方政府自觉地走向合作。另一方面，作为地方利益代表的地方政府，具有追求自身管辖行政范围内经济利益最大化的强烈动机。在各地方政府都同时拥有可利用行政权力来为本地谋利而又没有有效约束或协调机制的情况下，任何放弃使用这种权力的地方政府都会处在一种相对不利的境遇之中，各地方政府竞相利用行政权力来试图使本地利益最大化。这使得区域内公共利益与地方利益产生矛盾，致使区域经济合作难以深入。

那么能不能换个角度呢？

“事过境迁，目前的生产力、经济水平已远非一个世纪之前可以企及，但近代‘京师·港口·腹地’职能分工的理念，依然值得借鉴。此外，期间顺天府尹和直隶总督虽不存在隶属关系，但顺天府所领24县由直隶总督衙门和顺天府衙门‘双重领导’，大的举措要会衔办理，近代京、津、冀三地‘京师·港口·腹地’职能分区可以顺利实现，和三地当时行政区划统一（除北京城垣之内）、皆由直隶总督统辖的管理模式密切相关，所以建立一个超越三地行政区域利益的统一协调机构也是十分必要的。”

这一提法是试图建立一个超越三地行政区域利益的统一协调机构，从以往区域一体化合作的经验来看，多是靠首长联席协商会解决，但中部地区和东部地区在进行区域一体化合作时，这种形式的效果并不理想。可不可以大胆一点，从适当合并三地行政区划的角度入手来解决问题？

二、从生态和环境保护看京津冀区域合作

2013年关于京津冀地区最醒目的报道，其关键字非“雾霾”二字莫属。2013年1月席卷我国整个中东部地区长时间、高强度的大气霾污染为我国的环境危机拉响了警报。此次席卷我国中东部地区的霾污染过程以太行山东麓、燕山北麓的京津冀区域最为严重。以产业结构和能源结构甚至在全球都领先的北京为例，霾污染情况远比1952年的伦敦雾霾事件、美国20世纪四五十年代洛杉矶光化学烟雾事件更为复杂和严重。北京地区空气中每立方米中有近20毫克气态和固态污染物，1952年的伦敦每立方米也只有4毫克，如此算来，北京地区750平方千米，高度300米的大气范围约有4000吨污染物。洛杉矶光化学烟雾中主要是汽车尾气中的烯烃类碳氢化合物和二氧化氮的含剧

毒的光化学烟雾，主要是以臭氧为代表。北京现在具有类似的情况。此外中国还大范围存在沙尘暴，而沙尘的存在又会加剧霾过程的化学反应。

在对北京霾的原因进行详细分析后，专家指出，局地排放和周边输送增加了大气污染物控制和治理的难度，结论是：北京不可能单独治理霾问题。

2013 年 3 月，北京天津签署加强经济与社会发展合作协议，探索建立重污染天气应急联动预案；根据环保部最新数据显示，2013 年 7 月，全国 74 个城市空气平均超标天数比例降至 29.3%，但京津冀污染天数仍高达 63.5%。京津冀及周边地区重污染天气引起了国务院的高度重视。环保部透露，国务院副秘书长丁向阳就京津冀及周边地区今冬大气污染防治提出，对工作不力、履职缺位等导致持续 3 天重污染天气的，将对主要领导和分管领导依法实施问责。

不仅是霾的问题，对京津冀区域经济来看，在生态上已面临一系列瓶颈，2013 年京津冀蓝皮书指出该区域：

1. 严重缺水

淡水资源是京津冀区域承载力的最大“短板”。京津冀属于“资源型”严重缺水地区。按照 2011 年年末常住人口 2019 万人，加上流动人口约 240 万人，北京市人均水资源占有量仅为 119 立方米，远低于国际人均水资源占有量 1000 立方米的重度缺水标准。即使是河北省，绝大部分地市行政区水资源也极为贫乏，人均水资源占有量远低于国际严重缺水标准。

2. 人口总量过亿

2010 年京津冀区域总人口达到 1.04 亿，预计到 2015 年将达到 1.12 亿，2020 年将达到 1.2 亿人口。而在考虑所有各种指标均能同时满足的条件下，至 2015 年，京津冀地区人口承载力为 8620 万人，在考虑各要素内部能够相互补偿的条件下，京津冀地区人口承载力为 9800 万人。

3. 雾霾最严重

大气污染已成京津冀生态承载力的“软肋”之一。导致雾霾天气持续、空气质量下降，既有气象原因，也有污染排放原因，是人口、产业、交通、生态等多种因素共同作用的结果，提高空气质量需要采取综合措施和长期不懈的努力。

4. **交通拥堵常态化**

北京交通设施承载力严重超负荷。据北京交管部门监测，随着机动车保有量的高速增长，从北五环到南四环，中心城区交通拥堵已常态化，且拥堵范围、车辆行驶缓慢的路段呈现沿着城际交通向周边城市扩展的趋势。蓝皮书认为，人口密度大、机动车保有量快速增长、功能区高度集聚、南北城区发展不平衡、学校医院等优质公共资源过于集中等是其主要原因。

发展经济的目的是改善人的生活，使人们生活更加幸福。然而我们却发现近年来经济发展之后我们的生活环境却变得越来越差。如何从现在开始改善我们的生活环境是摆在每个人面前，也是摆在政府面前的重要问题。我们的行政区划虽然被划成河北省、北京市、天津市，但从生态系统上来讲是一体的，必须在考虑京津冀经济合作的同时，把京津冀生态和环保建设的合作上升为国家战略，统一协调京津冀生态环境，只有环境好了，人的身体才能健康，生活才能幸福。

历史的经验是：无论从空间地域，还是河流、空气、矿产等基本资源，交通、能源等基础设施，文化、技术等社会软实力，京、津、冀三地都是一个无法截然分开的统一体，三地之间的政治、经济、文化、社会、环境等各个领域皆存在千丝万缕的连接，条块分割发展对于任何一方皆弊大于利。因此，惟有尽早打破行政地区利益，通过科学的协调管理、合理的职能分工，才有可能实现京、津、冀区域“自然—生态—社会”复合系统的和谐、可持续发展。

参考文献

[1] 张慧芝，冯石岗．京师·口岸·腹地：京津冀一体化的历史地理学解读［J］．河北学刊，2013（33）：1.

[2] 王海稳．试论京津冀区域经济合作的困境及路径选择［J］．改革与战略，2008（24）：4.

[3] 王跃思，姚利，刘子锐，等．京津冀大气霾污染及控制策略思考［J］．中国科学院院刊，2013（28）：3.

京津冀地区绿色物流发展的战略选择研究

张玉红[①]

摘　要：绿色物流正成为京津冀地区物流发展的新常态。为解决京津冀地区经济发展与资源环境相矛盾的问题，应该加快建设资源节约型、环境友好型社会、大力发展循环经济。本文在分析京津冀地区绿色物流发展现状的基础上，充分论证了京津冀地区绿色物流发展的战略问题，提出了在循环经济模式下发展绿色物流的战略定位及其措施。

关键词：绿色物流　循环经济　发展战略

绿色物流的理念对我国政府和企业而言都还是一个全新的话题，和国际发达国家相比，我国绿色物流在观念、政策及技术上均存在较大的差距，绿色物流实施的效果还不太理想，仍然存在许多问题需要解决。因此，为适应世界社会发展的潮流和经济一体化的需要，为有效地保护生态环境和自然资源，确保人类社会的健康、可持续发展，我国在积极实施物流活动的同时，必须将绿色物流上升到战略的高度来认识，制定符合绿色物流的发展战略，实现物流系统的整体最优化和对环境的最低损害。

一、京津冀地区绿色物流的发展现状

（一）具备现代物流理念的企业迅速发展

随着信息技术和网络技术的广泛运用，电子商务迅速起步，初步建成了

① 张玉红，博士，北京物资学院商学院讲师。研究方向：消费者行为、网络营销；教授课程：零售学、广告学、国际市场营销等。

电子商务认证中心和电子商务支付系统。传统的运输、仓储企业依托原有的设施、客户、业务基础和经营网络正向现代物流企业转变，部分大型生产企业集团组建了专门物流部门；具有一定技术水平和经营规模的第三方物流企业也在迅速兴起，地理信息系统、全球卫星定位、无线通信及联网技术在物流和供应链管理上得到了应用；物流配送中心，国有、民营、外资等多种所有制物流企业共同发展。近几年，许多国际知名的物流企业也纷纷加盟京津冀地区。

（二）大型重要港口正在向绿色物流发展

随着全球经济一体化趋势的发展，港口作为综合运输链中的一个主要环节，其在国际物流配送中的地位日益加强，并已逐渐作为影响整个物流链是否具有竞争力的关键节点。

天津港作为我国北方最大的集装箱中转港，秦皇岛港、唐山港等进出口国际集装箱运输发展迅速，京津冀地区已构成了通达东北、辐射我国北方地区和直达深海的水路运输体系。这些为京津冀地区城市集群物流配送体系的发展提供了优良的硬件环境。

（三）京津冀的绿色物流包装

现在全球的环境问题日益突出，物流包装与环境有着密切的关系。包装材料取自什么资源、包装废弃物如何回收、怎样处理并减少对环境的污染或最大可能地再利用，是现代物流与绿色包装及配送货物研究的一个重要课题。尤其是在目前的国际贸易中，有些国家在环境保护、技术标准、安全卫生、认证标志等方面，都限制不符合要求的国外商品进口，绿色标志已成为一种非正式贸易技术壁垒。京津冀作为全国物流的前沿阵地，更需要在绿色包装上走在前列。

目前京津冀区域的包装行业，已经开始进入绿色包装的开发研究和生产及使用中，很多企业已经取得了很明显的经济和社会效益。如纸浆模塑制品的广泛使用，不仅成为聚苯乙烯发泡材料和塑料制品的良好替代品，防震、防水、抗压质量完全符合对欧美、日韩等发达国家出口的技术要求，而且作为可回收利用制品，对生态环境不产生任何影响。

（四）京津冀地区的集装箱运输

过度包装和包装不足都是物流成本增加、造成资源浪费和环境污染的根源之一。其中：集装箱包装技术是现代包装技术的两大标志之一，提高集装箱比例也是绿色物流发展的一个方向。

使用集装箱运货，使货物成组、包装牢固、运送安全、迅速、简便、节约，是一种新型、高效的先进运输组织方式。它具有有利于加快车、货周转，便于装卸搬运，作业全面实行机械化，货损大大减少，实现水陆快速对接转运等优点，从而减少环境污染、节约资源和能耗，是实现绿色物流的又一途径。如以天津港为例，集装箱货运比例近些年呈不断快速增长态势，2013 年天津港的集装箱吞吐量达到了 1301.2×10^4TEU（标准箱）。

从以上情况可以看出，京津冀地区在绿色物流建设方面已经取得了非常可喜的进步。但绿色物流的发展还需要很长的路，在国际经济的大环境下，在环境威胁、资源枯竭及环境可持续发展的呼声下，作为资源耗用和能源耗用最大的物流，应该尽早走向绿色规划、绿色经营之道。

二、京津冀地区发展绿色物流的可行性分析

绿色物流的目标与一般的物流活动是一致的。一般的物流活动主要是为了实现物流企业的赢利、满足顾客需求、扩大市场占有率等，这些目标最终均是为了实现某一主体的经济利益。而绿色物流的目标在上述经济利益目标之外，还追求节约资源、保护环境这一既具有经济属性、又具有社会属性的目标。

（一）京津冀地区发展绿色物流的必要性

1. 企业的绿色物流观念仍然不太强

虽然京津冀地区具备现代物流理念的企业迅速发展，但仍有相当多的物流企业还没有确立绿色物流的管理理念，企业片面追求局部效应和短期经济效益、忽视物流活动对环境负面效应的现象依然存在。

2. 港口亟待发展绿色物流

港口在现代综合物流中处于十分重要的战略地位，它不仅是国际海陆间

物流通道的重要枢纽，也是铁路、公路、航空和管道等各种运输方式的交汇点，是物流一体化中的重要组成部分。发展绿色物流，港口应该是重中之重。京津冀地区分布着天津港、唐山港、曹妃甸港等众多港口，港口在运输、储存保管、装卸、流通加工、配货、送货等方面都会对环境造成影响，发展港口绿色物流是21世纪物流发展的必然趋势。

3. 采用绿色包装，企业行动迟缓

绿色包装要求提供包装服务的物流企业进行绿色包装改造，包括：使用环保材料、提高材质利用率、设计折叠式包装以减少空载率、建立包装回收利用制度等。绿色包装一般比非绿色包装的生产成本高，京津冀虽然发展水平高，但是企业间发展不平衡，尚有很多企业没有能力投入足够的资金发展绿色包装，严重制约了绿色物流的发展。

（二）京津冀地区发展绿色物流的可行性

1. 物流企业服务呈现多样化

物流企业服务呈现多样化，产生了一些具有一定实力和知名度的本土物流企业推行绿色物流。这些企业依托北京、天津、石家庄的“窗口”优势，大力推崇绿色物流理念，在众多竞争者中脱颖而出，通过世界各大代理网络面向世界各个国家和地区，为国内外进出口商、生产商提供全球绿色物流服务。

2. 物流领域内的信息技术开发水平居全国领先地位

京津冀地区信息技术开发和应用居全国领先水平，现代物流业要降低成本，提高物流效率，增强企业竞争力，就要在企业内部大力发展绿色物流。而采用先进的物流信息管理系统不仅提高了企业内部管理水平，也是实现绿色物流服务行之有效的手段。例如在北京中远物流有限公司应用的就是结合了GPS、GSM、Internet等技术为一体的管理信息系统，在提高物流效率的同时，也为推行绿色物流理念创造了良好的信息平台。

3. 企业和政府重视发展现代物流，积极规划建设物流设施

目前，物流业已成为京津冀地方政府发展的重点。资料显示，在京津冀地区，已建成和在规划中的物流园区有50多个，几乎是珠三角园区规划的2倍。企业和政府重视发展现代物流，而绿色物流是现代物流发展的重要方向，物流园区的建设为绿色物流的发展提供了良好的硬件基础。

4. 外资物流企业增加

京津冀具有良好的基础设施条件，发达的经济发展水平和巨大的物流需求潜力，吸引了众多外资物流公司进入。如美国快递巨头——联邦快递在北京设立分公司，从事零担递送服务。发达国家对绿色物流的重视程度和认知深度都优于我国，他们加入京津冀的物流业，对绿色物流概念的推广具有很大的推动作用。

综上所述，京津冀地区已经基本具备了发展现代绿色物流业所需要的软件和硬件条件，具有发展绿色物流的可行性。

三、京津冀地区发展绿色物流战略

（一）京津冀绿色物流发展的战略定位

1. 循环经济

所谓循环经济，就是按照自然生态物质循环方式运行的经济模式，它要求生态学规律来指导人类社会的经济活动。循环经济需遵循减量化原则、再利用原则和资源化原则。减量化原则，要求用较少的原料和能源投入来达到既定的生产目的或消费目的，在经济活动的源头就注意节约资源和减少污染。再利用原则，要求产品在完成其使用功能后尽可能重新变成可以重复利用的资源而不是有害的垃圾。资源化原则，要求产品和包装器具能够以初始的形式被多次和反复使用，而不是一次性消费，使用完毕就丢弃。

2. 京津冀地区发展绿色物流的战略定位

进入21世纪，我国明确提出走新型工业化道路，并将发展循环经济作为我国未来社会经济实现可持续发展的最佳模式。党的“十八大”进一步强调了我国要发展循环经济、走以有效利用资源和保护环境为基础的循环经济之路。绿色物流是发展循环经济的一把钥匙，在循环经济模式下发展绿色物流将有效实现可持续发展的目标。

（二）京津冀绿色物流发展的战略重点

根据京津冀地区经济发展与产业现状，应重点构建再生资源循环型物流系统与废弃物循环型物流系统。

按照循环经济减量化、再利用、资源再循环原则，首先，倡导绿色设计、绿色包装、绿色消费等环保理念，尽量减少进入社会物流系统的排放物；其次，在排放物一定的情况下，必须把生活排放物中部分可再生资源与最终废弃物区分开来，按照再利用和再循环的原则对可再生资源进行技术处理，使其返回企业物流系统；最后，对在现有科技水平下不能再循环利用的最终废弃物进行无害化处理。

1. 再生资源循环型物流系统

工业排放物、农业排放物和生活排放物是再生资源的 3 大主要来源。工业排放物主要包括生产过程的工艺性排放废弃物（如废铁、废渣、粉煤灰、煤矸石）、生产过程的废品以及设备、设施的更新报废物三类。农业排放物主要包括农业生产过程的排放物（如秸秆、皮、壳、叶等）和农产品加工过程的排放物两类；这两种排放物由于排放的规律性和稳定性，大部分可在企业本身或行业内重回工艺过程，因而进入社会物流的不多。而生活排放物包括：家庭垃圾、办公室垃圾、城市垃圾、建筑垃圾等，这种排放物的成分远比工业、农业排放物复杂，而且掺混在一起，离开了企业物流渠道进入社会物流系统，因而物流处理的难度加大。

因此，绿色物流系统建立的重点是针对生活废弃物的再生资源循环物流系统。目前，京津冀地区再生资源回收的主要渠道是按行业、行政区划建立的回收企业，包括：物资再生利用公司和废旧物资回收公司，这些公司普遍存在“散、小、差”的情况，多属于小型流通企业，依然是计划经济时期形成的。改革开放以来出现的个体回收企业，其规模越来越大，但因我国缺乏对再生资源行业的激励政策和制度，使再生资源行业成为微利或无利的行业，一些企业存在业务越多，亏损越多的现象。

国外发达国家和地区的包装废弃物等废旧物资的回收基本上都是按照政府调控和市场运作的原则，结合本国或本地区的经济模式，实行社会化服务、企业化经营、法制化管理的作业体制。

2. 废弃物循环型物流系统

生活垃圾、产业垃圾、环境排放是最终废弃物的 3 大主要来源。根据 3 种废弃物不同的物流特点，由专业的垃圾处理厂采用不同的处置方式处理。

（三）基于循环经济的京津冀地区绿色物流战略运行模式

基于循环经济的绿色物流模式是在传统正向物流模式的基础上进一步完善，在发展正向物流，即采购获取—制造支持—实体分销的同时，发展由废旧物品回收、再生资源循环使用等形成的逆向物流，形成原材料绿色采集—产品绿色生产—绿色消费—绿色回收—绿色再生产的循环绿色物流模式。这一过程包括原材料副产品再循环、绿色包装物再循环、废品回收、资源垃圾的收集和再资源化等，具体模式如下图所示。

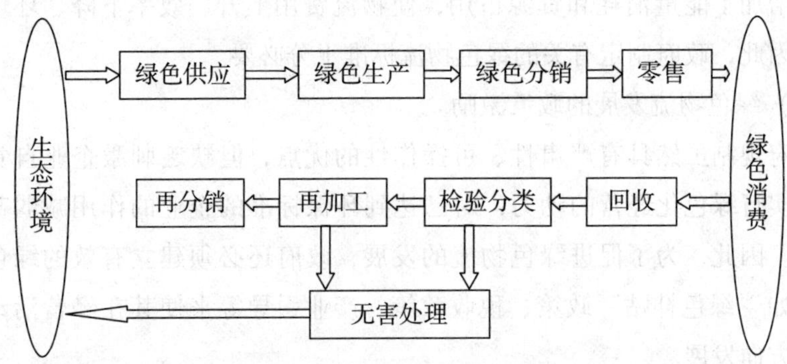

基于循环经济的绿色物流模式图

资料来源：中国物流重点课题报告（2008）［R］．中国物流协会，2008：532－600.

（四）循环经济模式下的京津冀绿色物流发展措施

1. 绿色物流发展的宏观措施

（1）绿色物流发展的政府规制。

第一，环境立法。环境立法就是通过明确的环境控制标准和方法条款来约束企业或个人的行为。绿色物流虽然是顺应环保要求而产生的，但绿色物流是不可能完全依靠市场而自发实现的。因此，对绿色物流进行法律调控是必不可少的，通过法律条款和多种手段，建立起污染者对其所造成的损害应负的法律责任。根据物流活动的外部性，与物流活动有关的环境立法主要是与固体废弃物处理、回收再循环、空气污染控制以及噪声控制四个方面有关的法规。

第二，排污收费制度。根据厂商或污染源产生的排污量收费，其宗旨在于收取的费用能反映每单位排放物对人类健康或生态系统造成的损害。排污收费属于一种经济刺激手段。在没有排污收费的情况下，企业没有任何削减污染的经济激励，利润最大化的行为驱使企业必然采取零削减，污染排放水平高，但是，如果污染排放收费，企业就产生了污染削减的经济刺激，因为企业可能因削减污染而减少交费或获得某种补贴。

第三，绿色物流标准。由于物流系统的功能环节涉及不同的行业、不同的管理部门，如果没有各环节统一的技术标准，很难保证各环节的有效衔接，也很难实现一贯到底的物流模式，这样一来，不仅增加了货物中间损失的概率，也增加了能量消耗和资源占用，使物流费用上升、效率下降、环境影响增加。因此，政府制定有关的绿色物流标准十分必要。

（2）绿色物流发展的政策激励。

政府规制虽然具有严肃性、可操作性的优点，但缺乏刺激企业自觉控制污染、实行绿色化经营的动力，对已达到环保标准的企业的作用减弱甚至失去作用。因此，为了促进绿色物流的发展，政府还必须建立有效的绿色激励政策，如“绿色补贴”政策、税收政策、产业引导等来使其在经营活动中向绿色化方向发展。

（3）绿色理念的教育与传播。

第一，可持续消费观教育。可持续消费是指提供服务以及相关产品以满足人类基本需求、提高生活质量，同时，使自然资源和有毒材料的使用量最少，使服务或产品生命周期的废弃物和污染物最少。开展可持续发展观的教育可以使广大公众真正了解环境问题的严重性、认识到地球资源的有限性，使更多的公众意识到这个问题。另外，绿色消费行为能鼓励和监督企业的环境行为，公众通过选择绿色产品，支持回收活动，支持再生资源产品等行为，刺激企业的绿色经营行动，产生良好的联动效应。

第二，企业绿色理念传播。包含资源缩减和废弃物最少化目标的绿色物流，实际上涉及供应链上的制造企业、物流企业、销售企业和消费者。企业在环境保护方面的作用是最重要的，除了受到政府规制和政策影响外，企业环境自律和管理对绿色物流的推进也是至关重要的。企业从领导层到员工层都要具有强烈的环境意识和绿色理念。仅有领导层的认识而没有一线员工的积极参与和配合，即使制定了最佳的绿色物流战略，也难得到很好的执行，使战略的作用降低。因此，有必要从上至下进行绿色理念的传播，培养各层次员工的环境意识和环保行为。

2. 绿色物流发展的微观措施

（1）树立环境保护意识，打造企业绿色品牌。

由于我国物流业起步较晚，企业对现代物流重要性的认识才刚刚开始，企业物流系统的构建主要还是以降低成本、提高效益和效率为目标。虽然一些企业已开始认识物流中的环境问题，但对绿色物流的认识还非常有限。大多数企业对绿色物流知之甚少，甚至存在着"环保不经济，绿色等于花费"等认识。然而在当代，环境保护在国际和国内愈来愈受到重视的情况下，企业只有树立环境保护意识，打造绿色品牌，才能在市场竞争中取得优势，获得持续性发展。

（2）加强绿色物流管理，实现物流各功能的绿色化。

物流活动由运输、仓储、包装、流通加工、搬运装卸等功能组成。企业要实现绿色物流，首先要从物流各功能的绿色化开始。

第一，绿色运输。绿色运输是指以节约能源、减少废弃物排放为特征的运输。根据运输环节对环境影响的特点，运输绿色化的关键原则就是降低卡车在道路上的行驶总里程。围绕这一原则的绿色运输途径主要有：绿色运输方式，即结合其他几种运输方式，降低公路运输的比例；环保型运输工具，主要是针对货运汽车，采用节能型的或以清洁燃料为动力的汽车；绿色物流网络，即路程最短的、最合理的物流运输网络，以便减少无效运输；绿色货运组织模式，指的是城市货运体系中，通过组织模式的创新，降低货车出动次数、行驶里程、周转量等。

第二，绿色仓储。绿色仓储，就是要求仓库布局合理，以减少运输里程、节约运输成本。如果仓库布局过于密集，会增加运输的次数，从而增加能源消耗，增加污染排放；如果布局过于分散，则会降低运输效率，增加空载率。

（3）建立绿色物流成本核算体系。

建立绿色物流成本核算体系，使企业的物流活动对生态环境的影响能够从会计成本账目中得到明确的体现，从而将物流活动的外部成本内部化。目前，对于绿色成本的理解很多，联合国国际会计和报告标准政府间专家工作组第15次会议文件《环境会计和财务报告的立场公告》将绿色成本定义为

“本着对环境负责的原则，为管理企业活动对环境造成的影响而被要求采取的措施成本以及因企业执行环境目标和要求所付出的其他成本”。

企业应将其在运输、仓储保管、包装、搬运、流通加工等过程中产生的环境损耗成本、企业为了避免物流活动造成的环境破坏而采取的环境保护成本以及企业的环境管理成本等都纳入成本会计核算体系之内。

四、小结

现代物流作为社会物资流通的重要环节，同样也存在高效节能、绿色环保等可持续发展问题，发展绿色物流是全球经济一体化和可持续发展的必然要求。京津冀地区绿色物流的发展，应明确循环经济模式下发展绿色物流的战略定位，并按照循环经济减量化、再利用、资源再循环的原则，把战略重点放在构建再生资源循环型物流系统与废弃物循环型物流系统上。运用循环经济的科学思想，构建一种高效有序的绿色物流运行模式，即在传统正向物流模式的基础上进一步完善，在发展正向物流的同时，发展由废旧物品回收、再生资源循环使用等形成的逆向物流，形成原材料绿色采集—产品绿色生产—绿色消费—绿色回收—绿色再生产的循环绿色物流模式。

参考文献

[1] 王长琼．绿色物流［M］．北京：化学工业出版社，2004.

[2] 孟赤兵．区域循环经济［M］．北京：化学工业出版社，2008.

[3] 王先锋．城市政府在物流发展中的作用［J］．中国流通经济，2001（4）：8－11.

[4] 李颖灏，徐于杭．传统物资企业向现代物流企业转型模式研究［J］．企业活力，2005（1）：68－69.

[5] 林波峰．绿色物流及其发展策略［J］．经济管理，2007（20）：56－59.

[6] 宋焕斌，陈大鹏，赫荣亮．绿色物流在我国的发展［J］．集团经济研究，2007（3）：65.

[7] 蒋国平，大鹏．发达国家发展绿色物流的成功经验及启示［J］．生态经济，2008（4）：102－104.

[8] GEORGE STALK JR. Surviving the China Riptide［J］. Supply Chain Manage-

ment Review，2006（5）：30－35.

［9］THOMAS GOLDSBY，THEODORE P STANK. World Class Logistics Performance and Environmentally Responsible Logistics Practices［J］. Business Logistics，2000，21（2）：187－208.

（本文发表于《消费导刊》2015年第3期，第74～76页）

北京批发业与物流业调整疏解法规政策分析与完善路径

吴长军①

摘　要：京津冀一体化上升到国家战略的背景下，北京批发市场和物流基地调整疏解成为一项重要改革方向。国家与北京地方先后分别出台了相应的法律法规政策，为北京批发市场和物流基地调整疏解提供了制度支撑。从国家层面、北京市层面梳理和分析批发和物流行业发展的政策环境，有利于弄清政策制定与实施过程的现实问题，提出批发和物流业调整疏解的科学对策。北京批发市场和物流基地调整疏解，应当以协调发展为原则，促进京津冀产业一体化转型升级，促进产业有序转移承接，打造现代化的城市群，推动基础设施和基本公共服务的均等化，推动环境友好的生态建设。北京作为特大型城市，其生活和消费物资种类繁多、外购量大、对周边区域供应依赖性强，靠现有的空间资源的扩展或者说是交通的不断延展是不可能解决的，应强化与周边供应市场在采购、物流方面的协调和联动，进一步完善区域一体化物流体系。

关键词：京津冀一体化　批发业　物流业　调整疏解

在京津冀一体化上升到国家战略的背景下，北京批发市场和物流基地调整疏解成为一项重要改革方向。国家与北京地方先后分别出台了相应的法律法规政策，为北京批发市场和物流基地调整疏解提供了制度支撑。“十三五”时期北

① ［作者简介］吴长军，北京物资学院劳动科学与法律学院副教授、法学博士，北京师范大学博士后，中国商业法研究会副秘书长兼流通法专委会秘书长，北京市经济法学会理事，青岛仲裁委员会仲裁员。主要研究方向是经济法、流通法、社会法。

京市核心功能为政治中心、文化中心、国际交往中心、科技创新中心。这就要求“十三五”时期北京商贸流通行业发展过程中需要适应这一改变，并且制定出台相应的政策措施。当前，立足首都功能新定位，北京批发市场和物流基地为首都经济社会发展提供了良好的基础支撑，但现有批发市场和物流基地的模式、格局和机制，在某种程度上加剧了“大城市病”，为了更好地服务北京核心功能，有必要对现有的批发市场和物流基地进行调整疏解。从国家层面、北京市层面梳理和分析批发和物流行业发展的政策环境，有利于弄清政策制定与实施过程的现实问题，提出批发和物流业调整疏解的科学对策。

一、国家层面的法规政策环境分析

（一）京津冀一体化国家战略政策分析

批发业与物流业也需要根据京津冀一体化的总体规划，进行优化、调整与疏解。围绕北京新的核心功能定位，现有批发行业和物流行业发展的体制机制与新要求、新定位不匹配、不协调和有待改善的问题相对突出；支持物流业发展的产业政策体系尚不健全，已有的政策措施落实不到位；部门协调联动不够导致未能形成合力；条块分割和行业垄断仍然存在。在京津冀协同发展战略中，推进首都非核心功能疏解、部分产业外移是其核心内容。京津冀协同发展上升为国家战略，北京非首都核心功能产业面临调整转移的改革任务。2011 年 3 月，国家“十二五”发展规划明确提出，要推进京津冀、长江三角洲、珠江三角洲地区的区域一体化的发展，打造首都经济圈，推进京津冀区域经济一体化的发展。随着“十二五”发展规划的深入实施，2014 年 2 月 26 日，习近平总书记在京津冀协同发展工作座谈会上指出：着力加强顶层设计，抓紧编制首都经济圈一体化发展的相关规划，明确三地功能定位、产业分工、城市布局、设施配套、综合交通体系等重大问题，并从财政政策、投资政策、项目安排等方面形成具体措施。2014 年 3 月 5 日，李克强总理在《政府工作报告》中指出，要加强环渤海及京津冀地区经济协作。2014 年 8 月，国务院成立京津冀协同发展领导小组以及相应办公室。2014 年 9 月张高丽副总理在京津冀协同发展领导小组第三次会议上提出，要着力实施创新驱动发展战略，促进产业有序转移承接，推动产业结构调整优化升级。

2015 年 4 月 30 日，中央批准《京津冀协同发展规划纲要》，北京将逐步强化政治中心职能，疏解调整经济中心功能。京津冀协同发展的近期目标是，非首都核心功能疏解到 2017 年要取得明显进展，协同发展的顶层设计和工作机制要基本确立。中期目标的时限在 2020 年，届时北京市的常住人口要力争控制在 2300 万人左右，首都存在的突出问题得到缓解；区域交通网络要基本形成，生态环境质量要有效改善，产业联动发展和公共服务共建共享更是要有重大进展，协同发展机制有效运转，同时还要求明显缩小区域内的发展差距。远期目标是，到 2030 年，京津冀区域一体化格局基本形成，京津冀成为具有较强国际竞争力和影响力的重要区域，甚至能够引领、支撑全国经济社会发展。

（二）批发业的法规政策分析

1. 法律

我国商品批发业的规制同样要适用《反不正当竞争法》《反垄断法》《消费者权益保护法》《食品安全法》《产品质量法》《合同法》等基本法律。关于批发业的市场准入问题，适用《行政许可法》等法律规定。企业登记机关在核定企业经营范围时，一般参照《国民经济行业分类》对经营范围进行表述。但一些规范商品批发市场发展的法条散见于各部法律之中，我国尚未出台一部专门规制商品批发业的《商品批发市场法》。

2. 法规、规章

2003 年商务部与国家认监委联合发布实施了两个国家标准《农副产品绿色批发市场管理技术规范》《农副产品绿色零售市场》，这是绿色标准化市场认证的依据。这两个标准对绿色市场的场地环境、设施设备、商品质量、交易管理、市场管理、市场信用等方面提出了明确详细的要求。同时还发布了《绿色市场认证管理办法》《绿色市场认证实施细则》，这些管理规则是国内第一批市场流通环节的管理规范。《农产品批发市场技术与管理规范》的国家标准也公布实施。2008 年 5 月 1 日实施的商务部《成品油批发企业管理技术规范》，对成品油批发企业予以规制。

3. 政策性规范性文件

2008 年 3 月 5 日发布的《商务部　国家发展改革委　商务部关于民营成

品油企业经营有关问题的通知》，也对成品油的批发作相应规定。2012 年 9 月 1 日发布《国内贸易发展“十二五”规划》对批发业的促进与规范作了相应规定。2014 年 9 月 12 日国务院发布《物流业发展中长期规划（2014—2020 年)》，提出按照推动京津冀协同发展、环渤海区域合作和发展等要求，加快商贸物流业一体化进程。

（三）物流业法规政策分析

1. 法律

直接为物流或与物流有关而制定的法律，有《铁路法》《航空法》《海商法》等。

2. 行政法规、规章

由国务院制定的行政法规，属于运输管理方面的有《公路货物运输合同实施细则》《水路货物运输合同实施细则》和《航空货物运输合同实施细则》等，涉及其他行业的有《海港管理暂行条例》《公路管理条例》和《航道管理条例》等。涉及物流的部级颁布规章，包括有《关于商品包装的暂行规定》《商业运输管理办法》《铁路货物运输规定》。2014 年 6 月，国家邮政局印发了《经营快递业务的企业分支机构备案管理规定》，决定将经营快递业务的企业分支机构备案职能下放到省级以下邮政管理机构，并简化了备案流程。物流的技术标准建设方面。2013 年 12 月 31 日，国家标准委批准的八项物流国家标准正式发布，《物流企业分类与评估指标》（GB/T 19680—2013)、《仓储绩效指标体系》（GB/T 30331—2013)、《仓单要素与格式规范》（GB/T 30332—2013)、《物流服务合同准则》(GB/T 30333—2013)、《物流园区服务规范及评估指标》（GB/T 30334—2013)、《药品物流服务规范》（GB/T 30335—2013)、《物流景气指数统计指标体系》(GB/T 30336—2013)、《物流园区统计指标体系》(GB/T 30337—2013)，标准将于 2014 年 7 月 1 日开始实施。《物流园区服务规范及评估指标》（GB/T 30334—2013）主要规定了物流园区的基本要求、服务保障要求和服务提供要求，给出了物流园区的评估指标。《物流园区统计指标体系》（GB/T 30337—2013）规定了物流园区统计指标体系设计基本原则与体系框架，以及物流园区运营基础类指标和运营状况类指标的构成，适用于各类物流园区经济活动的统计和管理。

3. **政策性规范**

与物流相关的技术规范是国家和行业主管机关就物流活动中的运输、仓储、加工、装卸等进行的规定，主要包括国家的技术标准、行业标准和国际标准，我国现行的调整物流方面的法律法规都散见于关于物流各个环节的法律、法规、规章和国际条约、国际惯例以及各种技术规范、技术法规中，还没有形成一套比较完整的体系。2001 年 3 月，原国家经贸委会同铁道部、交通部、信息产业部、对外经济贸易合作部、中国民用航空总局共六部委联合下发了《关于加快我国现代物流发展的若干意见》，为物流业健康发展奠定了基础。2001 年 8 月，交通部颁布实施了《关于促进运输企业发展综合物流服务的若干意见》。2002 年 4 月，原国家经贸委会同铁道部、交通部、海关总署、对外经济贸易合作部、国家质检总局共六部委联合下发了《关于加快发展我国集装箱运输的若干意见》。2004 年 8 月，由国家发改委、商务部、交通部、公安部、铁道部、海关总署、税务总局、民航总局、工商总局九部委联合制定的《关于促进我国现代物流业发展的意见》。2005 年 8 月，商务部颁布了《关于加强流通法律工作的若干意见》，明确了今后 3 ~5 年时间，初步建立包括市场主体、市场行为、市场秩序、市场调控与管理等现代市场流通法律体系。2009 年 3 月 10 日，《国务院关于印发物流业调整和振兴规划的通知》（国发〔2009〕8 号），政策措施中提到完善物流政策法规体系。2011 年 8 月 2 日，《国务院办公厅关于促进物流业健康发展政策措施的意见》（国办发〔2011〕38 号）。2012 年 5 月 31 日，国家发改委等 12 部委联合发布了《关于鼓励和引导民间投资进入物流领域的实施意见》，鼓励和支持民间资本进入物流业领域。2012 年 8 月，国务院印发《关于深化流通体制改革加快流通产业发展的意见》（国发〔2012〕39 号），支持物流业发展作为深化流通体制改革的重要任务。2013 年 1 月，国务院办公厅印发《降低流通费用提高流通效率综合工作方案》（国办发〔2013〕5 号），确定 10 项措施降低流通费用。2013 年 5 月 30 日，国务院办公厅印发《深化流通体制改革加快流通产业发展重点工作部门分工方案》（国办发〔2013〕69 号）。2014 年 9 月 12 日国务院发布《物流业发展中长期规划（2014—2020 年）》，要求加大土地等政策支持力度，着力降低物流成本。落实和完善支持物流业发展的用地政策，依法供应物流用地，积极支持利用工业企业旧厂房、仓库和存量土地资源建设物流设施或者提供物流服务，涉及原划拨土地使用权转让或者租赁的，应按规定办理土地有偿使用手续。

二、北京层面的法规政策环境分析

（一）京津冀一体化政策措施

2014 年 3 月 2 日，北京市委十一届五次全会通过决议，强调要从推进国家治理体系和治理能力现代化的战略高度，认识和把握首都工作。把握首都工作的特殊重要性，坚持首都城市战略定位，控制人口无序过快增长，调整疏解非首都核心功能，提升城市建设特别是基础设施建设质量，提高城市管理水平，保护古都风貌，加大大气污染治理力度，推动京津冀协同发展，维护首都安全稳定等。2014 年 3 月，为协调京津冀一体化发展，北京已经成立了区域协同发展改革领导小组。2014 年 4 月 3 日，北京市西城区政府与河北廊坊市政府签署合作发展框架协议；协议明确双方将共同打造现代化物流园区、专业批发市场和产业转型基地。2014 年 4 月 4 月，京津冀签署《北京市科委、天津市科委、河北省科技厅共同推动京津冀国际科技合作框架协议》。2014 年 5 月 8 日，北京丰台区与素有北方小香港之称的保定白沟签署合作协议；5 月 16 日，大红门 8 家主力市场与廊坊永清签约。2014 年 7 月 10 日，北京市商务委、北京海关、北京出入境检验检疫局、市国税局、北京外汇管理部、市政府口岸办制定颁布《北京市推进京津冀区域通关一体化改革实施方案》，为北京批发市场和物流基地调整疏解奠定了良好的基础。2014 年 7 月 31 日，北京市与河北省在京签署了七大合作协议，涉及共同打造曹妃甸协同发展示范区、共建北京新机场临空经济合作区、共建推进中关村与河北科技园区、共同加快张承地区生态环境建设、交通一体化合作、共同加快推进市场一体化进程、共同推进物流业协同发展七个方面。2014 年 8 月 6 日，为贯彻落实京津冀协同发展重大战略，北京市和天津市今天在北京签署一揽子合作协议，围绕交通、生态治理和产业转移等方面全方位合作，加快推动京津双城联动发展。

2015 年 7 月 11 日中共北京市委十一届七次全会上获悉，会议表决通过了《中共北京市委北京市人民政府关于贯彻〈京津冀协同发展规划纲要〉意见》，要求有序疏解北京非首都功能，是京津冀协同发展的关键环节和重中之重。解决北京“大城市病”、优化提升首都核心功能，必须以疏解非首都功能为先导和突破口，要坚持“控”与“疏”双管齐下。在“控”方面，要制定更加完善严格的产业限制目录和人口调控目标，坚决守住各类功能禁止和限制底线，严格控制新增人口；在“疏”方面，要遵循疏解规律，把握节奏，加强配合，协调好利益关系，使疏解工作有序有效。

从北京市推进京津冀一体化政策措施实施情况分析，解决北京的“大城市病”要放在京津冀区域内治理，要把非首都核心职能的产业发展，尽可能压缩疏解到周边。将周边城市建成具有竞争力的“城市群”，城市功能相互衔接、匹配、分担。首都功能要集中在核心职能上，要把非首都核心职能的产业发展尽可能地压缩和疏解到周边。“十三五”期间，北京新定位和商贸流通发展新阶段对传统批发市场和物流基地的发展提出了新要求，模式需要创新，资源亟待整合，批发市场和物流基地空间需要优化。

（二）批发业法规政策

1. 市场管理规范

北京市出台了一些商品流通法规，涉及批发业的法律规制。如北京市工商局已出台了多项市场管理规范，涉及电子、建材、服装、日用工业品（小商品）、鲜肉、活禽、蔬菜等十三大类商品市场，如《北京市建材市场管理规范（试行）》《北京市蔬菜批发市场管理规范（试行）》《北京市电子商品市场管理规范（试行）》《北京市服装市场管理规范（试行）》《北京市汽车配件市场管理规范（试行）》等，这为依法管理批发市场提供了重要的保障，有利于促进北京市批发市场的健康发展。我国商品批发业法律政策发挥着重要的保障、引导、促进作用，但总体尚需进一步加以完善。北京市“十二五”规划，首都经济面临产业结构深度调整和升级的任务。规划也明确指出，将制定、修订行业标准和管理办法，加强对低端业态的规范管理，加快低端业态的调整退出。“十三五”期间，在京津冀一体化的背景下，北京批发市场与物流基地调整与疏解应当与产业升级、结构调整、区域合作结合。

2. 《北京市新增产业的禁止和限制目录（2014 年版）》

为深入贯彻落实首都城市战略定位，加快构建“高精尖”的经济结构，切实推动京津冀协同发展，北京市发展改革委、市教委、市经济信息化委、市国土局、市环保局、市住房城乡建设委、市交通委、市农委、市商务委、市卫生计生委联合制定了《北京市新增产业的禁止和限制目录（2014年版）》（以下简称《目录》）。《目录》中管理措施分为全市和四类功能区域（即首都功能核心区、城市功能拓展区、城市发展新区和生态涵养发展区）两个层面，全市层面的管理措施须在全市范围内普遍执行；四类功能区域层面的管理措施是指须在执行全市层面管理措施基础上，增加的差异化管理措施。

《北京市新增产业的禁止和限制目录一》适用于全市范围，批发与零售业领域禁止新建和扩建项目，具体包括：矿产品、建材及化工产品批发（区域性）；机械设备、五金产品及电子产品批发（区域性）；再生物资回收与批发；其他未列明批发业中摊群式商品交易市场（符合规定的社区菜市场、农贸市场等蔬菜零售网点以及对城市运行及民生发挥重要作用的项目除外）；汽车、摩托车、燃料及零配件专门零售中的汽车及配件交易市场；未列入相关专项规划的成品油加油站、机动车燃料零售。交通运输、仓储和邮政业禁止新建和扩建，具体包括未列入相关规划的区域性物流中心；未列入相关专项规划的建筑面积在1万平方米（含以上）的物流仓储设施（粮食流通设施及规划的城市物流配送节除外）。

（三）物流业法规政策

1.《北京市物流业发展专项规划》

2007年，首次发布实施物流业发展专项规划，提出了全市物流业发展的目标和任务。为有效应对国际金融危机，及时制定出台《北京市物流业调整和振兴实施方案》。建立现代物流工作联席会议制度，对物流业发展的推进和协调力度明显加大。扩大税收试点企业范围，实现物流企业差额纳税实施促进物流业发展的鼓励政策，实现物流企业水、电、气、热与工业企业同价，降低物流企业经营成本。

2.《北京市"十二五"时期物流业发展规划》

2011年11月北京市商务委员会、北京市发展和改革委员会联合发布《北京市"十二五"时期物流业发展规划》。《北京市"十二五"时期物流业发展规划》要求，强化区域物流合作，拓展首都经济圈物流服务功能。强化区域物流、特别是与津冀地区的深度合作，加强北京市物流产业与周边地区联动发展，完善首都经济圈物流系统，服务区域经济一体化建设。继续推进物流基地建设，完善提升服务功能，增强辐射区域经济的吸引和聚集能力。加强区域物流合作的通道建设，依托京沪、京津等高速公路，加强京津物流主通道建设；依托京哈、京港澳、京开、京藏等高速公路，推动京冀物流合作，全面构建京津冀区域物流合作网络。

三、法律法规政策措施完善路径

（一）完善京津冀一体化政策措施

（1）京津冀一体化国家战略层面推进首都批发市场与物流基地的调整疏解。京津冀一体化发展国家战略，对三地功能定位、产业分工、城市布局、设施配套、综合交通体系建设等方面提出的要求，同样适用于批发市场与物流基地疏解改革事项。北京市新的城市功能定位与北京批发市场、物流基地的布局、规模、城市建设存在冲突与不协调之处，“十三五”期间亟须进行调整与疏解。北京批发市场和物流基地调整疏解，应当以协调发展为原则，促进京津冀产业一体化转型升级，促进产业有序转移承接，打造现代化的城市群，推动基础设施和基本公共服务的均等化，推动环境友好的生态建设。

（2）在京津冀一体化产业协同发展层面推进首都批发市场与物流基地的调整疏解。北京在促进京津冀协同发展中有条件发挥核心引领带动作用，落实好京津冀一体化发展规划与战略合作协议。北京作为特大型城市，其生活和消费物资种类繁多、外购量大、对周边区域供应依赖性强，靠现有的空间资源的扩展或者说是交通的不断延展是不可能解决的，应强化与周边供应市场在采购、物流方面的协调和联动，进一步完善区域一体化物流体系。北京市政府产业政策，坚决淘汰吸引流动人口过多的产业，坚决退出高消耗、重污染产业，疏解区域性物流基地、区域型专业市场等第三产业。调整产业结构，要使产业选择和城市功能定位相吻合，城市规模与其资源禀赋相适应，严格控制不宜发展的产业增量，不宜发展的产业要坚决舍弃。在这一过程中，不光政府有产业的选择，企业也有一定的要求，因此要将企业需求、政府服务和产业选择结合起来，政府做好服务，尊重企业选择。落实好《北京市新增产业的禁止和限制目录》。北京出台针对新增产业的禁止和限制目录，不是限制发展，而是为了给“高精尖”产业腾出发展空间，培育新的发展机遇，也为京津冀协同发展流出更多空间，是“以退促进、退中求进”。《目录》不涉及现有存量产业，存量产业调整将按北京市统一部署，从就地淘汰、转移疏解、技改升级三个方向稳妥、有序推进，这样可以引导社会资源更多投向符合首都城市战略定位的产业。

（二）完善批发业法律法规政策措施

1. 制定出台《商品批发市场法》

国家层面，我国迫切需要制定出台《商品批发市场法》，统一商品专业批发市场管理体制与规范。完善商品专业批发市场在市场准入、市场规划、市场经营、市场管理等方面的法律规定。我国尚未出台《商品批发市场法》，这直接导致各地商品专业批发市场管理体制不一、政策不一、改革步伐不一，易出现多头管理和管理真空等现象。目前规范商品交易市场的一些法规基本上都散落于各部法律之中，使得现在的商品专业批发市场在市场准入、市场规划、市场经营、市场管理等方面都没有明确的法规依据，尤其目前还没有完善的商品市场准入制度，许多涉及千家万户的农产品、日用小商品仍然是以自然形态进入批发市场，这不仅为假冒伪劣商品大量充斥市场提供了方便，也极大地影响了流通效率的提高。现有的法律、法规和政策政出多门，不利于法律、法规的贯彻和执行。随着市场环境的变化，原有的部分法规已不适应当前商品交易市场发展的需要，在市场监管、市场经营等方面存在着一些漏洞。日本早在20世纪20年代就颁布实施了《中央批发市场法》，将中央政府对农产品批发市场的建设、管理等纳入了法制化轨道。1971年又将《中央批发市场法》修改为《批发市场法》，以后每隔5年修订一次，以法律形式确立了对地方农产品批发市场的管理。我国可借鉴日本立法经验，制定《商品批发市场法》。

2. 制定《北京市批发市场管理条例》等法规、规章

（1）北京亟须制定《北京市批发市场管理条例》。制定《北京市批发市场管理条例》，更好地强化批发市场监管，保证商品质量，从严处理各类违规交易行为，规范与促进批发业健康发展。北京需要完善相关批发市场法规，利用信息系统登记、确认交易身份及资格，规范交易行为，形成良好交易秩序。要适时出台批发市场流通交易相关法规，完善批发交易的有关制度；要进一步理顺批发市场管理体制，从发展大流通出发，增强行政管理的公正性和有效性。要在充分发挥市场机制作用的同时，对关系国计民生的重点商品的批发活动进行适度监督与调控。

（2）完善引导生产资料批发市场改造升级转型的法规政策。北京应当支持有发展潜力、辐射能力强的生产资料批发市场加快改造升级步伐，提高集展示、信息、交易、仓储、运输、加工、配送等功能于一体的综合服务能力；健全市场管理规章制度体系，完善市场交易规则，形成大宗生产资料全国性或区域性交易中心、集散中心、价格中心、信息中心。引导不适宜以批发市场形态继续存在的传统生产资料批发市场遵循市场规律，调整经营方向，转变经营形态，合理利用土地、设施、人力等资源。推进与居民生活密切相关的建材、五金等生产资料批发市场大力发展专业化经营。北京应当疏解转移部分与首都核心功能不符的批发市场，紧紧抓住京津冀协同发展上升为重大国家战略的机遇，把北京城市功能疏解和商贸流通产业向外转移，促进河北白沟、永青商贸流通产业升级，支持北京市丰台区与河北白沟新城的战略合作。北京市中心城区的批发市场处于转型调整的关键时期，对现有批发市场的布局情况要以经济手段为主导，以行政调控为辅助，以空间规划为依据，通过完善相关产业政策措施，推动中心城区批发市场转型升级、优化布局和调整疏解。

（3）完善规划和土地法律政策。国家层面需要制定全国流通节点城市布局规划，做好各层级、各区域之间规划衔接。北京市政府要科学编制商业网点规划，做好商业网点规划与控制性详细规划和修建性详细规划的相互衔接。加强商业网点建设指导，完善社区商业网点配置。统筹安排流通业用地，落实和完善支持流通业发展的用地政策。北京市应当农产品批发市场用地应严格按照规划合理布局，土地招拍挂出让前，所在区域有工业用地交易地价的，可以参照工业用地市场地价水平、所在区域工业用地基准地价和工业用地最低价标准等确定出让底价。

（4）完善优先鼓励创新批发业态的法规政策。北京需要完善相关扶持政策与措施，充分利用现有的资源去孵化和整合。除了转型升级批发市场以外，还可以利用有实力的区域总经销、总代理发展“委托批发”形式、鼓励和支持有潜力的批发商去开拓和完善“网络批发”形式，培育一批具备集团化、现代化及综合化属性的工业品集成商等。特别需要促进批发市场充分发展电子商务，促进产业优化升级。

3. 完善批发市场疏解调整相关措施

（1）优化调整农产品批发市场。北京农产品批发市场流通规模相对较小，渠道杂乱，亟须升级。通过新兴流通渠道进入消费领域的农产品比重太低；另外市场机能未能理顺，批发和零售功能在空间上混为一体，导致人流、物流混杂和环境污染；多数市场交易方式较为落后，现代化的交易方式亟须开展。农产品市场准入制度不完善，上市商品质量和渠道无法保证。对农副产品市场缺乏有效监管，市场交易行为不规范。上述问题的存在，制约了农副产品批发市场的有序、规范发展。北京市要进一步修改、制定和细化相关法律法规，促进农副产品批发市场的健康发展，以满足京城人民生活消费的需求。对农产品批发市场的布局进行了科学规划，实行严格的审批制度，从而为农产品物流创造良好的市场环境。

（2）优化调整小商品批发市场。北京小商品批发市场建设尚需完善。缺乏统一的发展和布局规划，与城市规划发展不协调。导致小商品批发市场在某些区域过度扎堆，市场层次低，恶性竞争现象严重。市场管理缺乏规范、监管不到位，扰乱了市场的经营秩序。北京中心区批发市场日益增长的物流需求对周边交通、环境和城市管理造成很大压力。小商品批发市场需要根据首都核心功能调整需要，进行相应的疏解，可有按照国家产业规划与市场规律，向河北进行产业转移。例如承接北京大红门市场转移的白沟大红门国际服装城就是很好的尝试。北京市政府需要完善相关政策措施，引导企业剥离业务，异地经营，将商务办公等高端零售、商业贸易等业务与批发、仓储等环节分离，中心区只保留部分高端功能，引导企业剥离部分商业功能疏解至郊区或城市周边产业承接区。北京需要进一步加强市场管理，科学规划城市商业布局。中心城区小商品市场的疏解退出，既要加快存量调整，更要严禁新增新建；既要加强存量管理，也要规划建设承接性替代性市场。落实《北京市新增产业的禁止和限制目录（2014 年版）》要求，禁止在首都功能核心区新建和扩建批发市场，遏制小商品批发市场的无序扩张。科学规划城市商业设施，在郊区新城、城市周边规划商业市场，承接中心城区小商品批发市场的转移疏解。

（3）优化调整特殊商品批发市场。北京特殊批发市场主要有家居建筑装饰材料市场、二手车市场、二手房市场尚需完善。由于信息不对称，带来的商品质量问题，诚信问题。特殊商品批发市场建设现状与京津冀一体化政策与北京核心城市功能定位不相符合，需要适时进行调整与疏解。北京应当积极实施京津冀一体化战略，为超负荷运载的城市“减肥”，将一些不符合首都功能定位的批发业态转移出去。北京中心城区的批发市场受到新兴业态的影响，经济成本提高也在倒逼批发市场的调整，发展连锁商店、超级市场、电子商务为代表的新兴商业模式，促进北京城市核心功能区批发业的升级和调整。北京中心城区批发市场的布局调整上，应坚持以经济手段为主导，以行政调控为辅助，以空间规划为依据，严控新增，消化存量，通过政策设计改变微观主体的经济预期，逐步实现城市批发市场布局的优化调整与疏解转移。河北、天津根据国家整体规划，有序承接北京物流基地、批发市场等非核心城市功能和产业疏解任务。

（三）完善物流法律法规政策措施

1. 促进我国现有物流法律法规之间的协调

物流业涉及领域和环节众多，这些立法涉及众多部门，如交通、铁道、航空、内贸、外贸、工商等，需要加强部门规章之间的统一协调，在制定相关法规时避免各自为政，保障物流法规统一性，克服规章相互冲突的现象。进一步疏理现有的有关物流方面的法律法规，对海陆空运输、装卸、仓储、信息处理等方面的法律以及各部委分别制定的有关规章、管理办法以及实施细则等开展立法后评估，解决多头而分散的局面，促进物流法律规定的体系化，保障物流市场规范运行。就运输法规体系建设而言，当前运输法规不一致，每种运输形式的赔偿责任不同，比如一批货物灭失了或者损失了，其在海运、内陆、内河运输的赔偿责任均不一致，就出现了同样的一批货物，发生同样的事故，在不同运输阶段责任方需要承担的法律责任不同的情形。因此要进一步疏理运输法律法规规章，解决法律责任不一致的现象。

2. 完善物流园区建设政策措施

当前，北京物流园区的发展尚需升级，物流园区的规划、建设和运作尚未形成理想的成熟模式。要进一步发挥物流园发挥集中基础设施、集聚物流资源、集约物流业务的作用，提高物流运作的组织化和社会化程度。进一步提升在用物流园区的物流服务水平与运行效率，解决运营成本高等问题。物流园区的规范运营需要政府部门的引导、行业组织的自律和物流园区自身的科学管理，标准制定的目的在于为政府部门、行业组织和园区自身提供一种科学导向、规范运营和提升服务的可测量工具，通过本标准的实施来推进我国物流园区的规划、建设和运作的规范化进程，促进物流园区发挥“集中基础设施、集聚物流资源、集约物流业务”的社会功能。

3. 落实物流业发展规划与扶持措施

北京批发市场与物流基地调整疏解需要以市场化的手段推动布局调整，同时发挥好政府政策引导的积极作用，在调整批发行业和物流基地布局，引导优化已有批发业与物流业经营模式，促进产业结构调整与升级。落实物流业相关税收优惠政策。研究完善支持物流企业做强做大的扶持政策，培育一批网络化、规模化发展的大型物流企业。严格执行鲜活农产品运输“绿色通道”政策。研究配送车辆进入城区作业的相关政策，完善城市配送车辆通行管控措施。完善物流标准化工作体系，建立相关部门、行业组织和标准技术归口单位的协调沟通机制。

参考文献

[1] 王旭东. 以物流一体化为先导推动京津冀协同发展——在第八届中国北京流通现代化论坛上的讲话 [J]. 中国流通经济，2014 (12)：13.

[2] 邬跃. 物流成本控制在于流通体制改革 [J]. 中国物流与采购，2013 (6)：40.

[3] 赵弘. 京津冀协同发展的核心和关键问题 [J]. 中国流通经济，2014 (12)：20 –24.

[4] 唐鑫. 基于DEA的京津冀地区物流业效率分析 [J]. 中国社会科学院研究生院学报，2015 (4)：50 –55.

[5] 李春生. 京津冀协同发展中的产业结构调整研究 [J]. 企业经济，2015

(8)：141 – 145.

[6] 刘雪芹，张贵．京津冀产业协同创新路径与策略［J］．中国流通经济，2015（9）：59 – 65.

[7] 杨龙，胡世文．大都市区治理背景下的京津冀协同发展［J］．中国行政管理，2015（9）：13 – 20.

[8] 王茂林，刘秉镰．京津冀区域经济发展影响要素分析［J］．现代管理科学，2015（9）：9 – 11.

[9] 祝尔娟．北京在推进京津冀协同发展中应发挥核心引领带动作用［J］．中国流通经济，2014（12）：16 – 19.

[10] 周海娟，李兴光．基于成本控制的我国国际物流发展策略研究[J]．中国物流与采购，2013（7）：71.

[11] 刘生华．物流企业成本高企成因及应对策略［J］．中国流通经济，2012（7）：38 – 39.

[12] 骆庆国．物流立法应关注的几个问题及解决对策［J］．中国流通经济，2013（5）：113.

[13] 周帮扬，徐韬韡．借鉴国际经验完善中国农产品物流法律制度[J]．世界农业，2012（5）：25 – 26.

第四部分

交通·生态·体育协同发展

京津冀社会日常流动与交通行为制度安排①

倪东生② 金 骁③

摘 要：近些年通过对北京市日常交通行为进行调查，发现一些城市社会日常流动规律。本次调查发现：由于城市上下班时间过于集中，容易产生时点时空聚集，这种现象会逐渐积累叠加延长放大了交通拥堵现象。通过延长社会服务时间，安排弹性工作制度、远程办公、建立社区服务中心等一系列举措，再加上微循环制度的建立，通勤列车固定车次和座位的实现，将会改善京津冀区域交通的状况。

关键词：交通拥堵 弹性工作制度 区域微循环

一、引言

目前，京津冀有四通八达的交通主干线路网。它给人们的工作、生活以及与外界的联系带来了方便。但持续不断的交通拥堵，也给人们对这种一味

---

① 此报告受到2014年首都经贸大学特大城市经济社会发展研究协同创新中心课题——“首都城市交通拥堵的现状与对策研究”的资助；也得到北京社科规划项目暨北京市教委社科计划重点项目（SZ201510037018）北京市政府购买公共服务交易规范研究的资助。2012年曾得到北京市自然科学基金项目（9123026）“城市交通运输瓶颈的技术创新与共生系统协同突破研究”的资助还得到北京物资学院高级别项目培育基金2015年项目：北京市交通拥堵综合治理顶层设计与重点突破研究支持。且得到首都经济贸易大学特大城市经济社会发展研究协同创新中心资助（TDJD201404）：首都交通拥堵治理的现状与对策研究。同时得到北京社科规划项目暨北京市教委社科计划重点项目（SZ201510037018）北京市政府购买公共服务交易规范研究资助。

② 倪东生，北京物资学院教授，北京市国资委外部董事，首都经贸大学特大城市研究院研究员（兼）。

③ 金骁，北京物资学院硕士研究生。

摊饼扩路的模式提出了科学反思——“当斯疑问①”。从2011年起，北京物资学院城市交通拥堵研究课题组转变以往对交通问题研究的角度和解决思路，以北京城市社会流通、早晚交通高峰、路口等关键节点为观测对象，开展创新研究。希望通过北京市社会流通的合理调配以及关键节点的现代化设施和管理方式来解决积累的问题，改善城市高峰期交通状态。以此解决北京城市的交通效率、容量、状态、行为和方式，最终改善人们在城市的生存状态，使人们获得在首都生活的幸福感，从而对北京市政府治理交通的方法产生认同。从2011年开始至今，课题组先后得到了北京自然科学基金项目“城市交通运输瓶颈的技术创新与共生系统协同突破研究”和2014年下半年首都经贸大学特大城市研究院“首都交通拥堵治理的现状与对策”项目的支持，开展了北京市交通特征和措施调查。调查主要采用的是假期大学生到交通枢纽站点实地调查，网络调查，学生家长座谈会调查。前后一共在北京发放了2500份的调查问卷，收回了2260份，未收回问卷240份。在收回的答卷中，其中有效的问卷为1935份，无效的为325份。本次调查希望通过对京津冀区域具有共性的社会运行方式产生的时点时空集聚以及由此现象导致的城市交通拥堵问题做一个清晰的研究，来改善区域交通。从现象来说就是要解决区域交通日常潮汐拥堵的共性问题。

二、出行特征与行为分析

过去，人们总是习惯就交通谈交通，找交通部门解决交通问题。实际上这种理念和行为是解决不了城市交通拥堵的。城市交通是表象，社会流通是根本。课题组认为：通过了解北京市民出行情况，分析其特征，可以

① 这个疑问有两个内容。第一，当斯－托马斯悖论（Downs－Thomson paradox）是道路交通拥堵研究中的一个知名悖论：私人汽车在道路网络上的平衡速度取决于人们使用公共交通方式从门到门的平均出行速度，采用增加道路通行能力来改善交通拥挤情况会更糟。因为改善路况会吸引更多的人放弃公共交通，运营商只好采取减少服务频率或提高收费的方式来收回成本，进一步导致公共交通乘客减少，造成公共交通走向没落。而使用私人汽车的人越来越多，又会导致交通拥挤的加剧，似乎还要再修建或扩建道路，继续在交通拥堵的困境中演绎悖论。第二，当斯定律的另一种解读为：“在政府对城市交通不进行有效管制和控制的情况下，新建的道路设施会诱发新的交通量，而交通需求总是倾向于超过交通供给”。或者解读在政府不进行有效管控下，单纯靠增加道路来解决交通问题是无效的，新建的道路设施会诱发新的交通量，而交通需求总是倾向于超过交通供给，会陷入一个恶性循环的怪圈。

揭开京津冀拥堵现象产生的原因。通过分析北京一地交通拥堵的本质，可以尝试把握京津冀日常社会流动规律，开展有利于交通拥堵解决的系统分析和顶层设计。依据以往科研的经验认为，造成交通拥堵不在交通本身，而是背后的社会流通制度和行为选择问题所导致的。最早建设世界领先水平快速公交系统（BRT）的波哥大，其前任市长恩里克·佩那罗舍曾说过"交通不是一个技术问题，而是个政治问题①"。解决京津冀交通拥堵问题的切入点是寻找京津冀社会流通的特点和规律，以此为突破点，寻找解决交通拥堵背后的原因和规律，在社会流通系统中，寻找答案。下面是北京日常出行数据归纳②说明。

（一）常规出行的主要目的

图1中可以看出，大部分人出行的目的是上班、上学和购物，占了社会流通量的近80%。按照二八原则，这就是交通拥堵问题的关键出行事

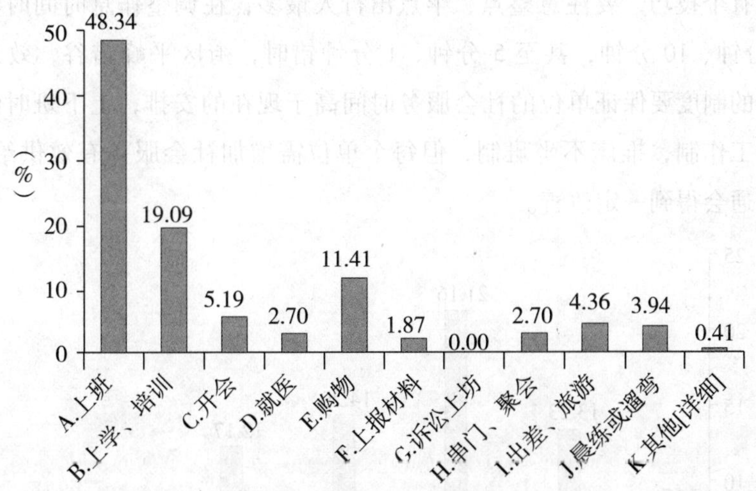

图1　人们出行目的研究

---

① 最早建设快速公交系统（BRT）的波哥大，其前任市长恩里克·佩那罗舍在全世界交通论坛上提出的新观点——"交通不是一个技术问题，而是一个政治问题。"实际它是一个综合问题，社会流通与道路通行的系统性复杂问题，需全面、动态、即时的解决。

② 数据主要由时任科研助手管晓薇研究生和北京物资学院交通拥堵研究课题组部分教师整理。

项。这也解释了交通拥堵一般发生在上下班、上下学及一些商业密集区域。有效调整这三者人群的出行时间，让后几项（开会、晨练、就医、上报材料等）主要项不与前三项流通重叠，也将有效地改善早晚交通状况。这里面还要将购物和为购物服务的工作人员的出行途径和时点与担负社会准点任务的社会流通主要时间错开。合理安排接送孩子并上班人群的时段等情况将会缓解交通。具体可由单位和社区在双赢的情况下调整。各单位的社会服务时间可适当地延长或者通过有效的网络环境辅助工作进行。

（二）每天外出的时间

由图2可知，早上六点到八点这个两个小时中外出的人群比较集中，尤其在七点钟，有21.16%的人会选择在七点外出，人群集中外出给交通带来了压力，所以有效地调整人们的外出时间可以有效地缓解早高峰的交通压力。这里面有个技巧，要注意整点、半点出行人最多，在调整作息时间时注意运用15分钟、10分钟，甚至5分钟、1分钟错时，街区平峰错谷，效果会更好。新的制度要保证单位的社会服务时间高于现在的安排，上下班时间可实行弹性工作制，推广不坐班制，但每个单位需增加社会服务有效供给时长，这样交通会得到一定改善。

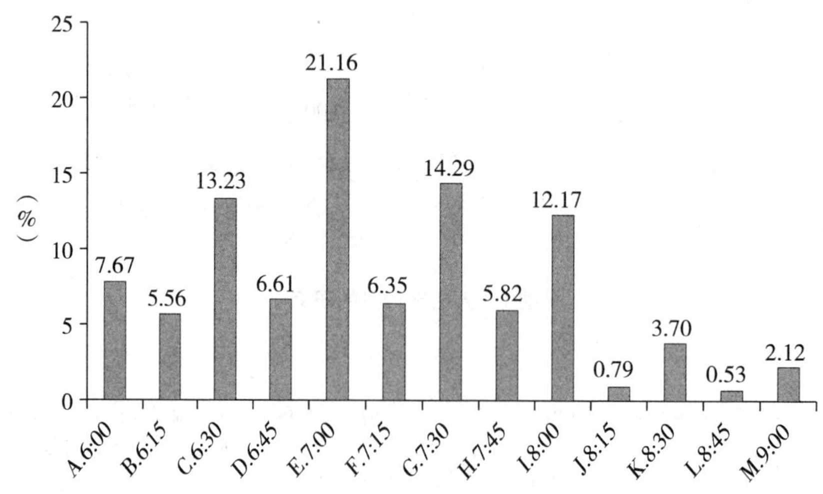

图2　外出时间统计

（三）下班时间

从图3可以看出，30.37%的人在17：00下班，17.54%的人在17：30下班，这个时间一般个人无法改变，而是公司的制度、社会需要调整的。如果政府、社区和公司联合发力，可以根据自身与交通环境的状况，考虑员工的上下班时间分散且与早晚高峰错开，将会有效地缓解高峰。注意北京城市中心区可以做到，因为它不是大工业化流水作业，在流水线上一起工作一起休息的情况，可以个性化调整。全社会要适当延长社会服务时间，保证在单位的社会服务时间只能增加不能减少。每个单位要增加业余文化活动和倡导新的生活理念，包括夜生活理念，可以改善集中出行，上班—回家两点一线带来的交通压力。这里面除接送孩子的家长需要按照准点工作与下班以外，实际上大多数职工可以灵活调整，错开高峰。

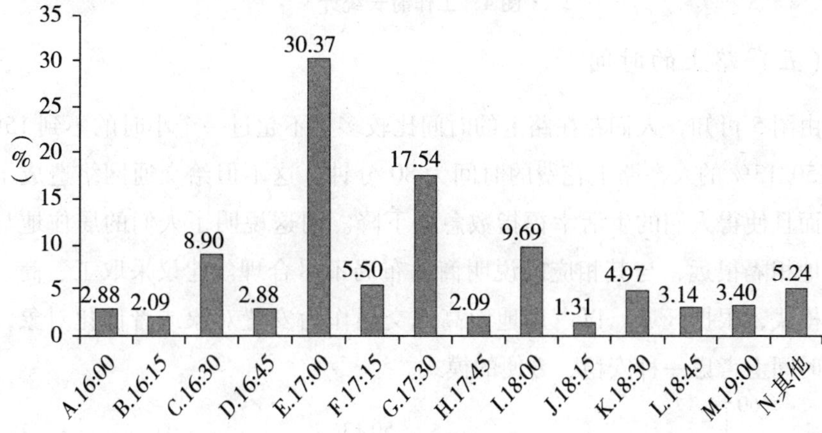

图3　下班时间统计

（四）工作时间

从图4可知，50.36%人的工作时间是8小时，如果公司考虑员工上下班的时间，则会与其工作时间和工作性质要求联系起来。过去，对于工作时间我们都是按照工业化社会的要求，统一进行安排的。实际上，在网络时代，社会应该要求或者协调各个单位服务社会的时间。这个时间可以8个小时以上，社会仅应要求最低保证时间就行。对于人手多于两个人的单位，原则上可以考虑有早来的，有晚走的，实行弹性工作时间，保证社会服务时间的延续即可。服务也可采取网上预约与分配。还需按照行业划优先序，从重要而且不得不集中上下班，或者集中度较高的行业作为社会作息基准开始，比如学校，流水线上的职工，公共交通承担者，执勤可以优先安排，而商场、医院不急于安排，需错开社会大流通时间段。

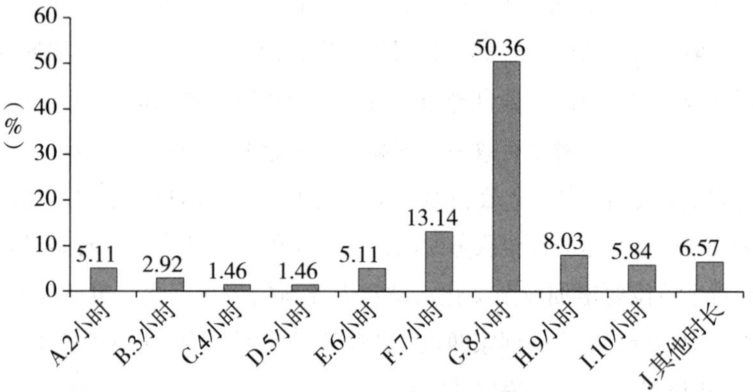

图4　工作时长统计

（五）路上的时间

由图5可知，人们花在路上的时间比较多，不超过一个小时的不到15%，而有50.13%的人在路上花费的时间为80分钟，这不但给交通网络造成了压力，而且使得人们的生活幸福指数急剧下降。而这说明了人们的居住地与其目的地相隔很远，与其相应的说明商业布局不尽合理。建议采取工、商、住混搭模式，根据区域，以占用地面高峰交通作为安置对象或者优化对象，在工作时间上考虑一种安稳、方便的模式。

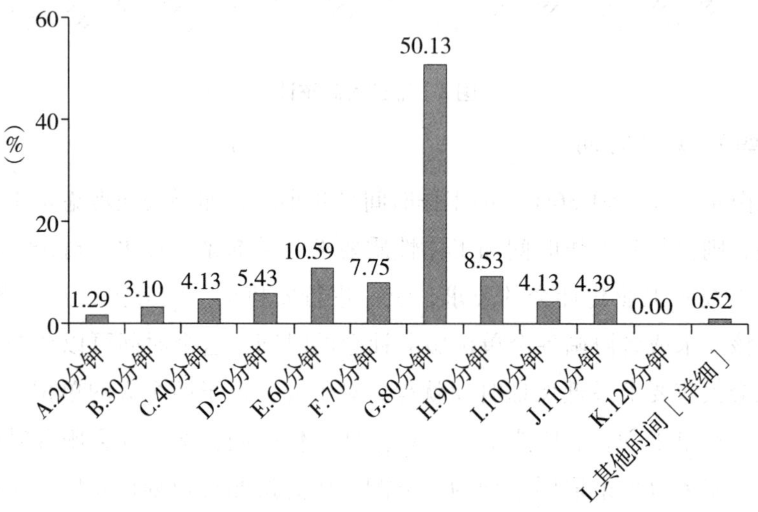

图5　路上时间统计

（六）出行主要方式

由图 6 可以看出，有近 80% 的人使用机动车上路。其中有 17% 的人选择自驾车，有 54% 的人选择公共交通出行，这说明大力发展公共交通是有必要的，并且开辟公交车专用道也是必要而有效的。但之前的调查仅有 14% 的人坐地铁，今后需继续加大地铁建设力度，并解决地铁与目标地的最后一千米联结，引导更多的人坐地铁，这将有效缓解路面交通拥堵。社会需关注占用道路交通量最大的交通工具。

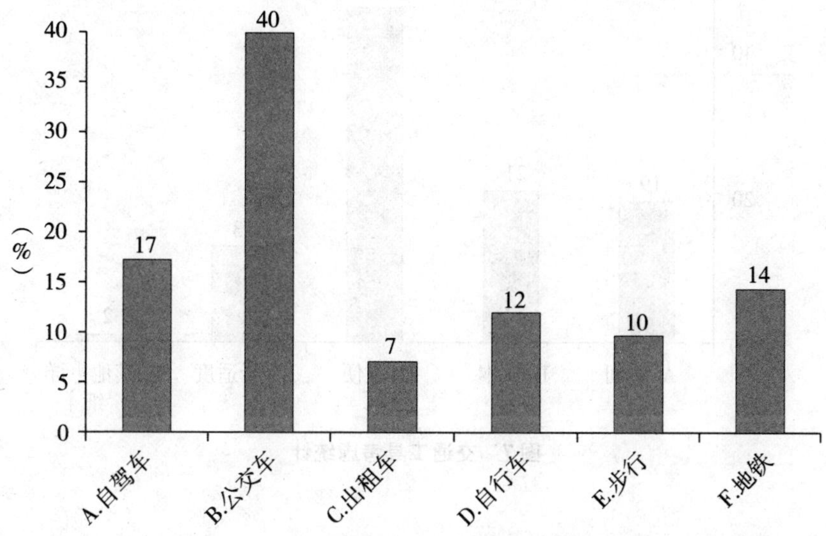

图 6　出行方式统计

然而，这里面居于第二位的自驾车，虽然比不上坐公交车的人，但他们却占有道路 70% 左右的高峰交通资源，解决城市交通拥堵问题摆脱不掉对这部分车流和人流的状态安排。这些人碍于开会、谈判、身体不适或者生活水平高，需要在乘用公共交通时考虑到他们的切实需要，提供个性化、便捷性、舒适性、安全性的特别通道公共交通。也就是保留他们的需要，让他们分担合理的建设与运行费用，便于社会化流通的自组织建设。

（七）选择出行交通工具的考虑因素

从图7可知，46%的人在出行时考虑的是方便，考虑时间与成本的人数相差不是很大。13%的人考虑舒适度，可能这部分人群更多使用的是自驾车。上述分析可以提醒我们，使用收费手段不能从根本上解决交通拥堵问题，因为它不是A类因素。

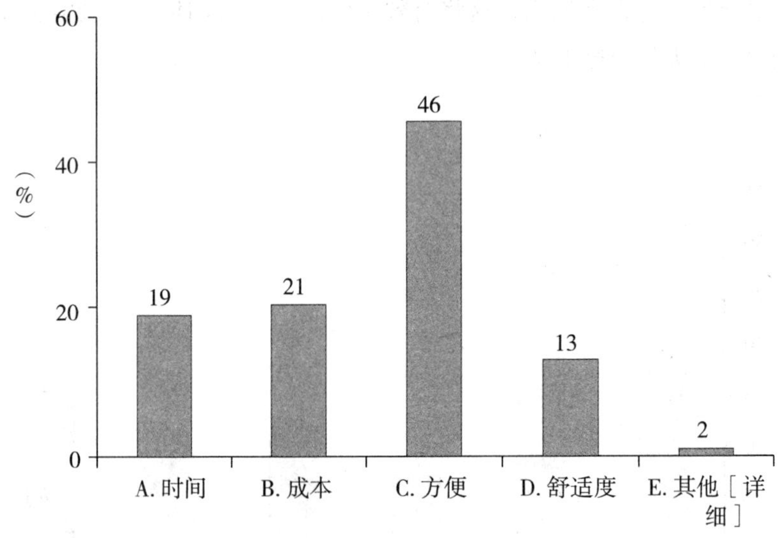

图7　交通工具考虑统计

（八）每天出行的次数

由图8可知，有52%的人每天的出行次数≤2次，也意味着人们主要以上班、上学、办事为主。大多数的人出行次数＞2次，将3～5次，4～6次，6次以上的加起来有48%。这是一部分流动的群体，他们或是记者、或是快递，或是业务，或是办事，或是专职接送领导或者是客人。人们频繁的出行给交通带来了一定的压力，今后如何减少或者调整这部分人的出行次数、时间、方式，合并同类项，间或代办、合办，也是缓解交通的一个思考方向。

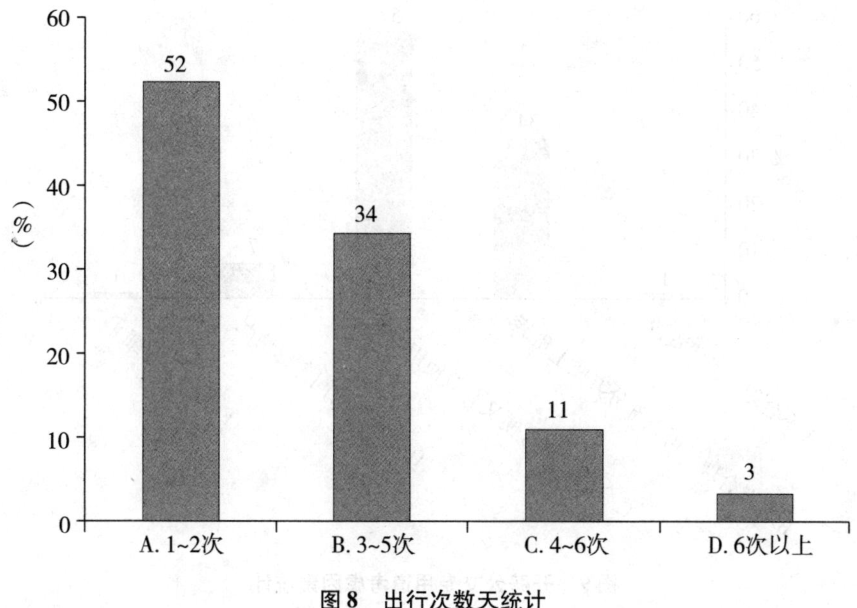

图 8　出行次数天统计

三、对交通拥堵问题及其相关解决政策的调查

（一）开辟公交车专用车道所考虑的因素

从图 9 可知，开辟公交车专用车道大部分人都认为是合理的，可以有效地使用资源。如果结合实际情况，将公交对接必要上下班，分时段设置，临时借用超车等结合起来，效果会更好。也就是按照实际的执行效果，由这条路段的使用者组成的评议组织定期分析，改进会更令人满意。另外，如前文所分析，如果在解决占 17% 出行方式的小汽车以及其中的人流合理需要，安排一些他们的特殊需求，调整他们与上班一族的作息时间等，效果会更明显。它既人性化，也腾出公共出行的主要时间，又可以多收费，增加解决交通问题的经费，达到双赢的效果，不应该把公共交通当做铁板一块，可做调整。另外，对于上一个问题的延续和时间的把控，课题组又做了“您同意全天开辟公交车专用道吗？”的深度调查，具体情况如下：

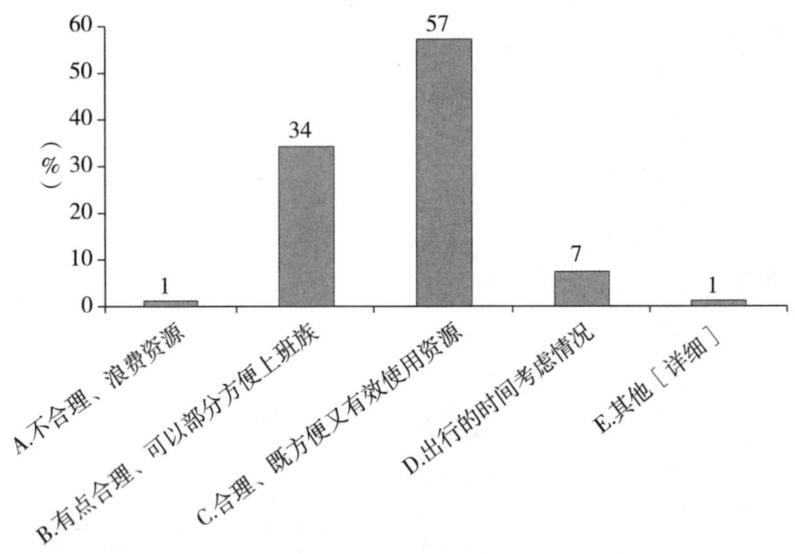

图 9　开辟公交专用道考虑因素统计

从图 10 可知，对于全天开辟专用车道，57% 的人表示同意，而 17% 的人表示介于同意与不同意之间。看来这个问题并不是单一一方希望看到的情况，需要组织进行平衡以及技术和组织的安排与调整。为了进一步研究百姓所关注的改革问题，课题组针对开辟公交车专用车道，调查了群众的出发点调查。

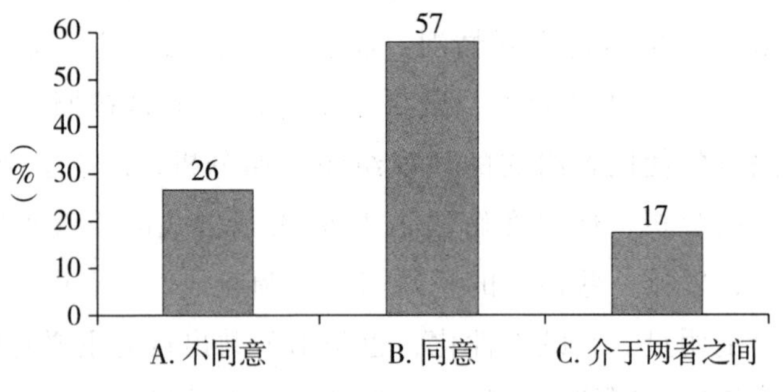

图 10　对于公交专用道的意见统计

从图 11 可知，大家认同开辟专用车道更多的是从公众出行方便情况选择的，而从资源使用情况考虑的只有 16%，这说明今后还需从科学的决策和客观的宣传来考虑拥堵问题的解决。北京早晚交通高峰的交通拥堵更多地是小汽车占道拥堵，今后应该围绕着本质问题入手。

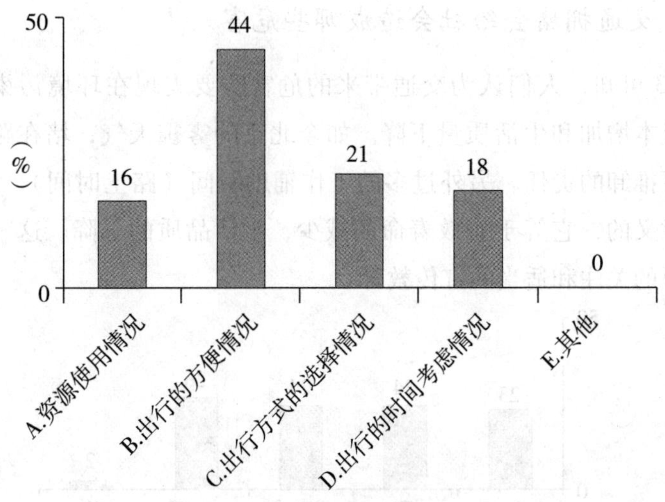

图 11　对于专用车道使用出发点统计

（二）对北京市区交通状况的评价

从图 12 可知，认为北京交通较好的只有 5%，而认为北京交通较差的为 48%，非常差的为 22%，这说明北京的交通拥堵给人们的工作和生活带来不便。所以缓解北京交通拥堵问题是迫切的。实际上考虑交通拥堵的关键问题是早晚交通高峰的问题，这一问题的解决还没有出现转机，对于依靠小汽车出行的人们可能对这一问题的认识更加深刻和悲观。

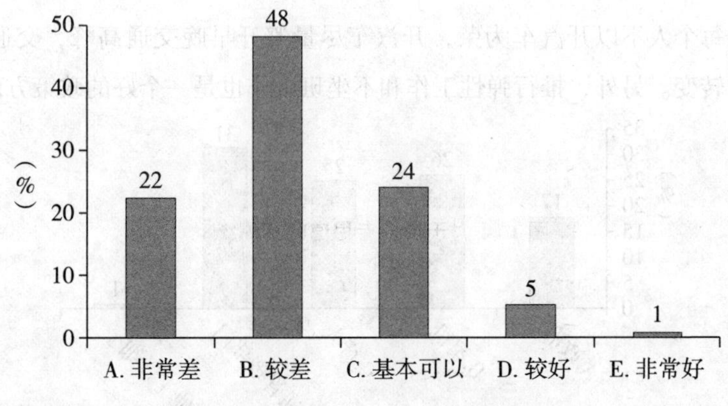

图 12　对于北京交通状况评价统计

（三）交通拥堵会给社会造成哪些危害

从图 13 可知，人们认为交通带来的危害主要表现在环境污染、资源浪费、社会成本增加和生活质量下降。如今北京的雾霾天气，堵在路面上的小汽车有不可推卸的责任。另外过多的工作辅助时间（路上时间），对于工作、生活是无意义的，它等于有效寿命的减少，生活品质的下降。这一问题需引起社会广泛的关注和适当的宣传教育。

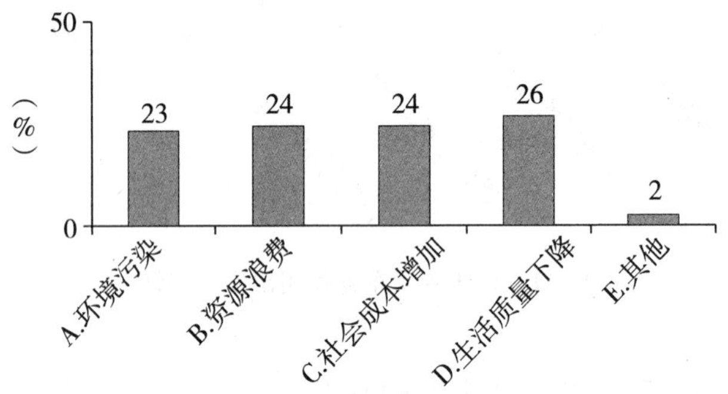

图 13　交通拥堵带来危害汇总

（四）造成交通拥堵的主要责任主体

从图 14 可知，人们认为造成交通拥堵的主要责任主体有政府、司机、行人和交通管理部门，政府的一些城市规划商业布局不合理；司机和行人的不文明行为，不遵守交通规则的行为；交通管理部门设置的一些红绿灯和路标不合理。这些都将会造成交通拥堵。对于这一问题的解决，需要政府主导下各方的合力协同。若每个人不以开汽车为荣，开汽车尽量避开早晚交通高峰，交通就会往好的方向转变。另外，推行弹性工作和不坐班工作也是一个好的政策方向。

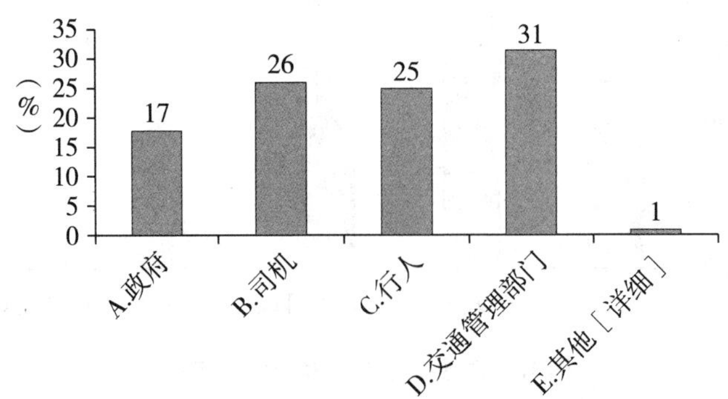

图 14　交通拥堵制造者统计

（五）解决交通拥堵的主要措施

从图 15 可知，要缓解北京交通拥堵问题，靠一两个措施独立推出是无法完成的，这需要很多措施共同进行，对其进行系统的分析，协同缓解此问题，开展顶层设计是必须的。目前，从制度上解决微循环，从规划和执行上解决居住、工作通道问题，从宣传上倡导弹性工作制度，不见面也能完成工作和办事，还要知道交通资源的预警管理，这真正是社会管理和服务的艺术问题和效率问题。这也是当前的主要问题，对这些问题的解决，将会从根本上改变早晚高峰的拥堵。

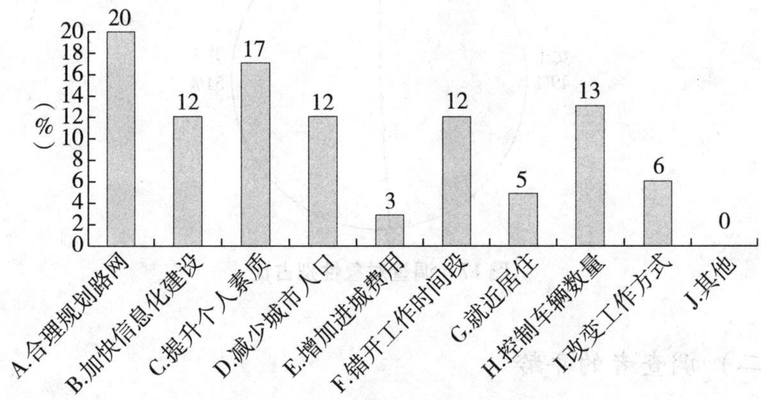

图 15　解决交通拥堵措施统计

（六）在城市道路建设方面减少交通拥堵的主要措施

从图 16 可知，从道路建设方面减少交通拥堵的措施也不能是单一的，而需要采取多项措施。

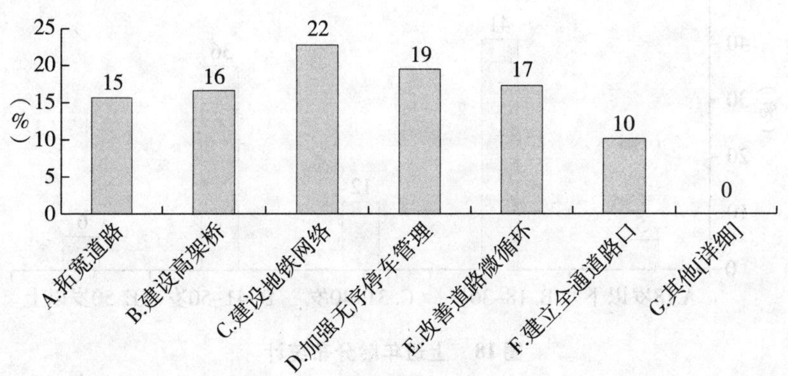

图 16　改善交通意见占比

四、调查对象说明

（一）调查对象的性别

从图 17 中可以看出，此次调查中男士与女士的比例相差不大，说明此次调查是合理而有效的。

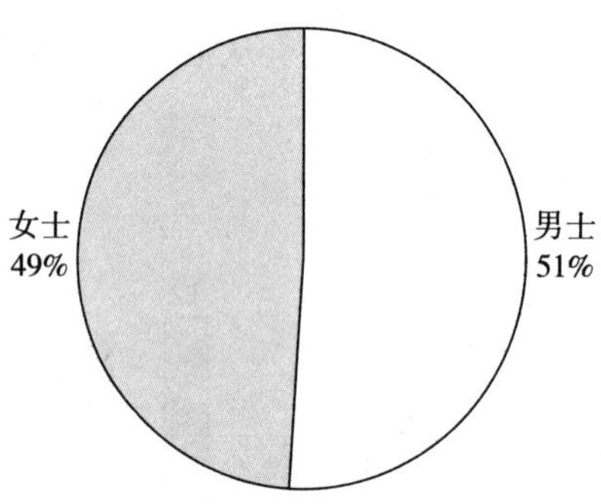

图 17　调查对象性别占比

（二）调查者的年龄

从图 18 可知，此次调查对象的年龄主要集中于 18～30 岁和 41～50 岁。这些被调查人员的生存状况符合社会上班族，是交通拥堵问题的主要体验者，因此调查是客观、公正的。

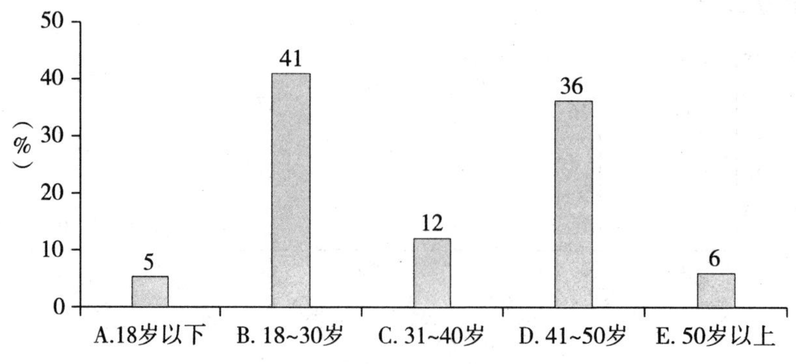

图 18　上班年龄分布统计

（三）职业

从图19可以看出：70%的是上班一族，这是每天形成早晚交通高峰的主流，但按照帕累托定律，70%的人流所形成拥堵问题，可能还得从使用占道最多的小汽车乘坐者考虑。企业的老板再加上机关政府事业单位的高层用车占用10%左右，但却影响道路交通拥堵问题，这恰恰就是A类问题，需重点关注。

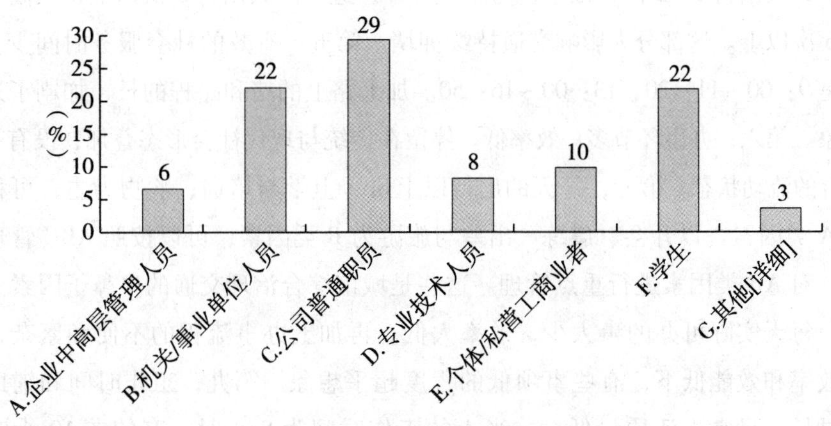

图19　职业分布统计

（四）被调查者的收入

从图20中的收入可以看出，与职业调查是吻合的。佐证了调查的客观性，这对将来研究交通拥堵问题、收费问题具有积极的意义。

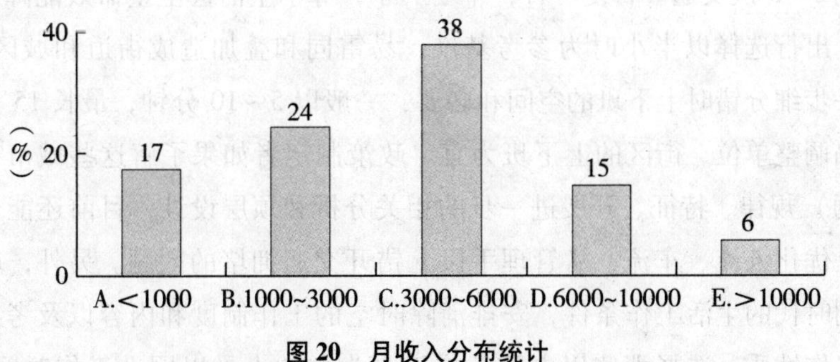

图20　月收入分布统计

综上所述，从上面的调查分析可以看出，北京的出行有特大城市的特点。第一，出行早。每天从6点开始，7点已进入出行高峰，而且目前在城乡主干道上，6：30就进入满负荷状态。第二，出行时间长，一般单项出行在80分钟以上，最多在110分钟以上，大多数从市郊，甚至于周边省份进入中心区，主要集中在环线周边，以2环、3环、4环下道和其周边人流、车流居多。第三，上班晚，集中度过高，容易产生时点时空积聚和叠加。一般在8：30~9：00集中到岗，占到总社会流通量的85%左右。第四，一半人以上，每天出行1~2次，以上班为主。另外，近一半人出行3次以上，最高一类在6次以上。这部分人影响交通持续拥堵。第五，有效的社会服务时间少。一般是9：00~11：20；13：00~16：50。加上路上的堵和路程的长，加剧了这一现象。第六，办事环节多，效率低。停留在传统与现代社会形态叠加，没有有效融合的流动状态。第七，每天的出行以上班、上学与培训、购物为主，可称其为A类因素，以开会、晨练、出差与旅游为B类因素，可以按照ABC管理方法，对AB类因素进行重点管理。这些是城市综合治理交通的牛鼻子因素。第八，每天实际可办的事太少，效率太低。再加上办事流程的不便和繁杂，实际效率和效能低下，有些事项低的程度超乎想象。第九，工作时间和辅助时间过长，日常生活质量低。一半人的工作时间为8小时，有的在10小时以上，另外，每天还需安排2小时20分钟上下班时间。上班人日常几乎没有休闲的业余生活，更谈不上夜生活。这种现象完全保留在工业革命时代的社会状态。第十，大多以“方便”为标准，选择交通工具。80%的人选择机动出行方式（不含电动自行车），20%选择非机动方式（含电动自行车）。第十一，早晨以乡—城方向汇聚，晚上，以城—乡离散。平均移动空间在30千米，倒2~3次交通。日复一日，年复一年，等于生活甚至生命效能降低。第十二，出行选择以半小时为参考基准，易雷同和叠加造成街道和城区拥挤，有进一步细分错时上下班的空间和必要，一般以5~10分钟，最长15分钟设置间隔调整单位、街区的上下班为宜。政策制定者如果了解这些城市社会流动（通）规律、特征、开展进一步的相关分析和顶层设计，目前还能从空间效能上优化人流、车流，从管理手段上错开交通拥堵的问题。另外，应按照互联网时代的生活工作条件，安排消除时空的工作制度和内容以及考核。如按照工作性质，选择那些以电脑工作工具为主的人员以网上工作时间为准，推动在单位外办公。对于无法脱离本单位工位环境和条件的，可以对其试行弹性工作制度。再比如，延长社会服务时间和增加服务途径，甚至推行基于互联网+配送+共同收发的全天候工作运行，还可以倡导一切从简，网上办理。再比如，建立面向社区的现代服务中心，解决现代办事，信誉担保，收发点公共平台等，降低快递的忙碌和接发货的不便。提供生活必备的服务。另外，可以以社区街道办事处为中心，制订适合本街区的错峰作息时间组织和调度，以10分钟左右为标准调开大家集中进入街区的时间。改变考勤途径和方式，以工效和结果为准进行考核。最后，需要政府结合市场需求出台政策引导解决早晚出行的城乡通勤途径和方式，时点和时长。需要调开A、B类拥堵因素，不要叠加（通过出行时序制度安排来解决，给出一个高峰交通社会流通作息制度指导，可以先分7个时序点，6个时间间隔，以10分钟为单位调整上下班时序）。另外，对已经拥堵源头方向试行交通资源透支管理办法，抑制叠加流量，还可以通过停车位与购车和验车挂钩，科学地管理并为公共交通的完善积累基金。最后关注点要放在影响交通拥堵的小汽车出行方式上，以限制管控转变为疏导和服务，注意这类人员公共交通条件的改善和提高，因为他们驾车出行，占了城市公共交通通道的70%左右的空间，是交通拥堵的主要因素，在道路节点上注意引用自动过桥消除主交通干线的流动阻滞，用智能化的机械过桥，带动小汽车的通过。也要鼓励非机动出行方式和条件的改善，建立联网的城市绿道。另外，要格外注意，在交通问题的解决上，要跳出就交通研究交通解决交通的小圈子，要从社会流动（通）本质上考虑它的产生、发展和扩散与消失。通过全面社会流通管理和即时组织来提高社会流通的质和量。

京津冀协同发展市郊轨道交通多方式出行模型①

汪芸芳②　陈丽华③

摘　要：世界各大型城市中，交通拥堵是不可避免的城市病之一。随着我国城市化进程的加快和汽车产业的发展，大中城市由于私家车数量逐年增加，加重了城市道路交通拥堵。倡导利用城市地铁和市郊轨道快线等公共交通出行的通勤方式可避免这类问题，同时轨道交通有经济性及准时性的优势。论文通过轨道交通私家车换乘、轨道交通自行车换乘等方式避免部分城市及市郊轨道快线线路覆盖不足的问题，达到社会净收益最大化的目标。同时，对此假设建立模型并进行了案例分析及研究，对辅助交通设施定价给出了参考意见。

关键词：运筹学　最优化　城市轨道交通　晚高峰　经济出行模型

一、引言

在京津冀协同发展过程中，城市内部及城市间交通流畅通是不可避免需要考虑的问题。随着我国城市化进程的加快和汽车产业的发展，私家车数量逐年增加，加重了城市道路交通拥堵。面临此问题，政府提倡引导城市居民通过地铁及市郊轨道快线等公共交通方式出行来避免道路车辆过多引起的晚高峰交通拥堵，同时地铁及市郊轨道快线有经济性及准时性的优势。

到 2020 年，以北京为中心，50～70 千米半径范围内，京津冀将形成“一小时轨道快线交通圈”，其中约 1000 千米区域快线连通京津冀三地。首条市

---

① 基金项目：国家自然科学基金资助项目［71262022］；北京市促进项目［892－7JG04］。

② 汪芸芳（1982—），博士，北京物资学院讲师，研究方向：城市交通与物流管理。

③ 陈丽华，北京大学光华管理学院教师。

郊区域快线为平谷线，将成为京津冀三地市郊区域快线的样板线，方便居民出行。京津冀三地之间轨道快线交通互相连通，采用速度更快、站间距更大的城际铁路与区域快线连接京津冀地区重点城市群，构建高铁、城际铁路、区域快线、城市轨道快线几个层级的快速轨道快线交通网络是未来京津冀地区交通一体化的重要方式。

北京市区内开通的轨道快线和城铁，平均站间距在1千米左右，列车时速为35千米，可以解决短途通勤的需求，但对较长距离的中心城与卫星城之间的交通往来需求，则不能有效满足。一是与普通轨道快线相比，区域快线列车，最高时速能达到160千米，比普通轨道快线交通快；二是站间距大，轨道快线平均站间距为1千米左右，区域快线间距平均6~7千米。对于平谷及燕郊地区部分居民来说，市郊区域快线的建立，可以方便居民高峰期及非高峰期的交通需求。

平谷线全长72千米，其中约22千米穿过河北。初步设计方案为：从东四环东风北桥出发，沿途经过北岗子、曹各庄北和宋庄，出北京在燕郊北和三河西分别设站，再到平谷马坊，经马昌营到平谷西，之后分别停靠平谷和洵河湾站。京内设站较密集，出京后站间距拉大，预计全程40~50分钟。

大中城市交通压力尤其明显需要交通系统服务创新和系统智能化来满足居民公共交通出行需求。轨道快线出行能避免城市主要道路晚高峰瓶颈问题。随着城市居民生活水平的提高，城市规模的扩大，房价的攀升，许多城市居民拥有私家车的同时居住于远离工作区的城市郊区。这些居民拥有私家车的同时，养车带来的经济压力与准时出行压力并存。

平谷郊区快线开通后，将大大满足京津冀大都市圈居民出行，市郊快速轨道可选择12节车厢的大容量来满足晚高峰大型居住社区居民通勤的需求。面临的问题也包括市郊铁路设站间距大带来的乘坐区域快线的居民不能直接方便到达轻轨站所引致交通需求不足问题。在此认为高峰期及非高峰期的交通需求可通过多方式换乘来满足。通过轨道快线私家车换乘、轨道快线自行车换乘等方式避免部分城市及郊区轨道快线线路覆盖不足的问题，达到社会净收益最大化的目标。

在城市交通问题中Sumi（1990）提出了大容量公共交通系统下的出发时间和路径选择模型。Alfa（1995）设计了一个算法，解决了晚高峰通勤者出发时间选择问题，研究了一条路径上多起点多终点通勤者出行的情形。Kraus（2002）研究并证明了晚高峰最优的发车频率与出行人数之间的关系。国内学者田琼（2005）分析了早高峰公交车出行最优成本模型，秦萍、陈颖翱（2014）等通过对交通需求弹性和北京市交通需求的实证分析，认为影响人群出行的重要因素为时间成本，韩烈、张宁（2014）分析了公共交通系统单起点多终点下的早高峰乘车均衡性质。

在高峰期，公共交通车辆内通常十分拥挤，而在不同的车箱内，不同的班次之间的调查结果显示乘车时车厢内的拥挤和上车时车站上的拥挤会给出行者带来不便，Lo 和 Nielson 等（2003，2000）学者们通过乘车时间、车内人数和车容量的函数形成不舒适函数（Discomfort function）来表示不同公共交通工具内人们的拥挤成本。

在此基础上把拥挤函数引入轨道快线出行模型，通过依靠轨道快线的多种经济换乘方式及社会净收益最大化时的晚高峰出行均衡状态来分析轨道快线换乘服务设施的最优定价及出行人数。同时，对此假设建立模型并进行案例分析及研究，通过运筹学最优化方法建立实现社会收益最大化的基于轨道快线多方式经济出行模型并进行求解，对城市轨道快线出行经济模式和轨道快线站联合运营停车场定价给出了参考性意见。

二、问题的分析与假设

在京津冀大都市圈中，晚高峰出行的人群可通过地铁或市郊轨道快线回到居住区，这部分人群对晚高峰出行人数变化具有一定影响。

假设晚高峰有 N 位通勤者从工作区 W_1、W_2 下班乘轨道快线，通勤者回到距离轨道快线轻轨站一段距离的大型生活社区 H_1、H_2、H_3、H_4，如下图所示。

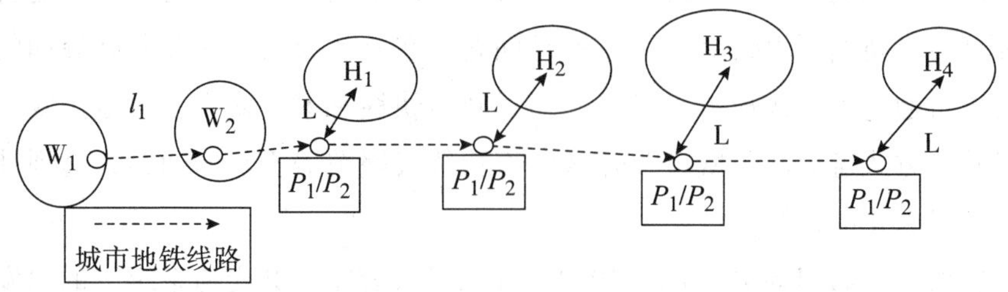

晚高峰工作地与居住地之间轨道快线通勤方式的模拟网络图

假设：

假设1：同一时段轨道快线发车时间间隔相等，轨道快线容量满足人群出行需求，暂不考虑在轨道快线站里的满员等待时间。

假设2：轨道快线线路出行的票价与出行路段长度相关。

本研究将使用下列符号和参数：v_1 为轨道快线的平均时速，v_2 为步行速度，v_3 为自行车速度，v_4 为私家车平均时速；l_i^q 为轨道快线站 q 到第 i 个轨道快线车站的距离，q 为轨道快线多起点个数，$P(l_i^q)$ 表示轨道快线票价和乘车路段 l_i 有关；T 为停车换乘时间。L_i 为居住区到轨道快线站的距离，C_{p1} 为轨道快线站自行车的停车费，C_{p2} 为轨道快线站私家车的停车费。K 为主要目的地个数，α 为出行者出行中的单位行驶时间费用，γ 为出行者单位时间晚到成本。τ_i 表示从工作地到居住区轨道快线站 i 之间站点的行驶时间，以及居住区轨道快线站 i 与居住区轨道快线站 $i+1$ 之间站点的行驶时间。$g(n,l_i^q)$ 为拥挤函数，反映了轨道快线的拥挤程度，它和乘轨道快线的人数 n 正相关，$g(n,l_i^q)=(\frac{l_i^q}{v_1})(0.05n^2+0.25n)$。$\pi$ 为拥挤函数率，反映了拥挤程度给出行者造成的成本，而轨道快线公司通过提高服务水平，也可以影响乘客的拥挤成本，所以它也反映了轨道快线的服务水平。

F_1 为轨道快线运营的固定成本，F_2 为自行车停车场运营的固定成本，F_3 为使用私家车的固定成本，c_1 为运营公司运营轨道快线的变动成本，c_2 为自行车停车场运营的变动成本，c_3 为私家车停车场运营的变动成本，P_1 为轨道快线站自行车的停车场，P_2 为轨道快线站私家车的停车场。

三、城市晚高峰轨道交通出行模型

（一）晚高峰轨道交通出行成本模型

晚高峰市郊轨道快线出行时，具有回家晚到成本，由于中央商务区集中大部分工作岗位造成了乘坐轨道快线晚高峰出行人数大量出现于同一时刻，乘客轨道快线出行的变动成本为：

$$C_j^i=\sum_{s=1}^{i}\left[\sum_{j\in Z}g(N_i-\sum_{m=1}^{s}n_j^m,l_i^q)\tau_s\right]+\sum_{j\in Z}n_j^iP(l_i^q) \quad (1)$$

其中，$q=1,2$；$i=1,2,\cdots,K$；$j\in Z$；n_j^m 表示 W_i、B、H_i 站搭乘 j 班市郊轨道快线的人数。

在本研究中，$\delta(j)$ 的具体形式如下为：

$$\delta(j)=|j|\gamma tj<0 \tag{2}$$

在给市郊定轨道快线发车频率 t 和发车时间安排情况下，求解动态用户均衡（DUE）条件的乘客出行流量分布 $n_i=\{n_j^i\ j\in Z\}$，等价于求解下面的数学规划模型，即：

$$\min L(n)=\sum_{s=1}^{i}\left[\sum_{j\in Z}g(N_i-\sum_{m=1}^{s}n_j^m,l_i^q)\right]\tau_s+\sum_{j\in z}(\sum_{i=1}^{K}n_j^i)\delta(j)+\sum_{j\in Z}n_j^iP(l_i^q) \tag{3}$$

约束条件为：

$$\sum_{j\in Z}n_j^i=N_i \tag{4}$$

$$n_j^i\geqslant 0 \tag{5}$$

$$\sum_{s=1}^{i}n_j^s\leqslant N_0 \tag{6}$$

其中，$q=1,2$；$i=1,2,\cdots,K$；$j\in Z$，$n_i=\{n_j^i\ j\in Z\}$。

目标函数式（3）是所有乘客拥挤成本函数的积分和与他们所承受的所有延误时间成本之和，优化变量 n_i 为站点 W_i、H_i 处各班次搭乘轨道快线的人数。式（4）是站点 W_i、H_i 处乘车的人数守恒条件，式（5）是人数非负条件，式（6）是车厢容量约束条件，表示市郊轨道快线离开站点 W 后车内人数不超过容量极限。

（二）晚高峰轨道快线出行经济模式

1. 晚高峰轨道快线居民步行出行成本

居住于市郊轨道快线附近的居民，有部分居住于离市郊轨道快线地铁站距离较近的居民区，这部分居民可选择步行来满足高峰期的通勤需要。晚高峰轨道快线居民步行出行的整体成本，如式（7）所示。

$$C_a=\alpha(\frac{l_i^q}{v_1}+\frac{L_i}{v_2})+\pi g(n,l_i^q)+P(l_i^q) \tag{7}$$

式（7）表示的晚高峰轨道快线的总成本，包括出行时间成本、出行拥挤成本及轨道快线票价。其中，第一部分表示出行的时间成本，第二部分表示轨道快线出行的拥挤成本，第三部分表示票价。因晚间参加休闲娱乐及商务活动后选择出租车或轨道快线较晚返回的成本存在于非交通高峰时段，不计入该项总成本中。

2. 晚高峰轨道快线自行车换乘出行成本

在大型居住社区中，有部分居民处于大型居住社区的中间或偏远位置，处于经济性和方便性的考虑，部分居民可选择轨道交通和自行车换乘出行的方式。如果市郊轨道快线地铁站旁边，轨道交通运营公司建有地铁站自行车停车场，满足居民轨道快线自行车换乘出行的需求，部门居民晚高峰自行车市郊轨道快线换乘出行的总体成本，如式（8）所示。

$$C_b = \alpha(\frac{l_i^q}{v_1} + \frac{L_i}{v_3} + T) + \pi g(n, l_i^q) + C_{p1} + P(l_i^q) \tag{8}$$

式（8）表示高峰时期轨道快线出行自行车换乘的总成本，包括出行时间成本、出行拥挤成本、自行车停车点停车的费用及轨道快线票价。

3. 晚高峰轨道快线私家车换乘出行成本

同理在大型居住社区中还有一部分居民处于大型居住社区的偏远位置，或居住于距离轨道快线地铁站较远的乡镇临时出行，处于方便性和准时性的考虑，这部分居民可选择轨道交通和私家车换乘出行的方式。如果市郊轨道快线地铁站旁边，轨道交通运营公司同时建有地铁站私家车停车场，满足居民轨道快线私家车换乘出行的需求，居民晚高峰私家车市郊轨道快线换乘出行的总体成本，如式（9）所示。

$$C_c = \alpha(\frac{l_i^q}{v_1} + \frac{L_i}{v_4} + T) + \pi g(n, l_i^q) + C_{p2} + P(l_i^q) \tag{9}$$

式（9）表示的晚高峰轨道快线出行私家车换乘的总成本，包括出行时间成本、出行拥挤成本、私家车停车场停车的费用及轨道快线票价。

（三）晚高峰轨道快线交通多方式出行均衡的公式

在 $P(l_i)$ 、C_{p1} 、C_{p2} 都给定的情况下，我们取对数需求函数为交通需求函数，假设市中心与城郊交通需求函数为 $D(N) = -G\ln N - G\ln N_{\max}$ ，其中，G 值为需求弹性系数，G 值变化反应交通需求变化，$(\ln N + 1)/\theta + D(N)$ 表示了边际出行效用，且有 $\mathrm{d}D(N)/\mathrm{d}N < 0$ 。平衡时，我们可以建立下面的等式，即：

$$(\ln N_a + 1)/\theta + C_1 = (\ln N_b + 1)/\theta + C_2 = (\ln N_c + 1)/\theta + C_3 = (\ln N + 1)/\theta + D(N) \tag{10}$$

θ 是出行者对各种出行方式成本估计的误差，θ 值越大，则出行者对出行效用的理解误差越小，越倾向于选择成本低的出行方式。式（10）给出了满足 Logit 模型的均衡解，下一小节将推导社会净收益最大化情况下，轨道快线与私家车自行车停车场联合运营公司的最优收费组合模型。

四、晚高峰社会净收益最大化分析

考虑我国大型城市圈高峰期出行的特点，在中央商务区与大型居住社区基于市郊轨道快线出行的社会净收益最大化问题如下为：

$$
\begin{aligned}
\max SNI = &\int_0^N D(\varpi)\mathrm{d}\varpi + \left[\frac{N\ln N}{\theta} - \frac{N_a\ln N_a + N_b\ln N_b + N_c\ln N_c}{\theta}\right] - \\
&\left\{N_a^q\alpha\left(\frac{L_i}{v_1} + \frac{l_i^q}{v_2}\right) + N_b^q\alpha\left(\frac{L_i}{v_3} + \frac{l_i^q}{v_2} + T\right) + N_c^q\alpha\left(\frac{L_i}{v_4} + \frac{l_i^q}{v_2} + T\right) + \right. \\
&(N_a + N_b + N_c)\pi g(N_a + N_b + N_c, l_i^q) + \\
&\left.(N_a + N_b + N_c)c_1 + N_b c_2 + N_c c_3 + F_1 + F_2 + F_3\right\} \qquad (11)
\end{aligned}
$$

其中，$N_a + N_b + N_c = N$，并且 $N_a \geqslant 0$，$N_b \geqslant 0$，$N_c \geqslant 0$。

式（11）中，积分项是所有出行者所得到的出行效用；方括号中的项是效用成本；大括号中是该系统中总的社会成本，其中 c_1 和 F_1 分别是市郊轨道快线运营的变动成本和固定成本，c_2 和 F_2 是自行车停车场运营的变动成本和固定成本，c_3 和 F_3 是私家车停车场运营的变动成本和固定成本。

由式（11）的一阶条件 $\frac{\partial\ SNI}{\partial\ N_a} = 0$ 得：

$$
\begin{aligned}
D(N) + (\ln N + 1)/\theta = (\ln N_a + 1)/\theta + \alpha(L_i/v_2 + l_i^q/v_1) + \pi g(N_a + N_b + N_c, l_i) + \\
\pi(N_a + N_b + N_c)g'(N_a + N_b + N_c, l_i^q) + c_1 \qquad (12)
\end{aligned}
$$

将上式与式（7）和式（10）

比较，得：

$$
P(l_i^q) = \pi(N_a + N_b + N_c)g'(N_a + N_b + N_c, l_i^q) + c_1 \qquad (13)
$$

由式（11）的一阶条件 $\frac{\partial\ SNI}{\partial\ N_b} = 0$ 得：

$$
\begin{aligned}
D(N) + (\ln N + 1)/\theta = (\ln N_b + 1)/\theta + \alpha(L_i/v_3 + l_i^q/v_1 + T) + \pi g(N_a + N_b + N_c, l_i^q) + \\
\pi(N_a + N_b + N_c)g'(N_a + N_b + N_c, l_i^q) + c_1 + c_2 \qquad (14)
\end{aligned}
$$

将式（14）与式（8）和式（10）比较，得：

$$P(l_i^q) + C_{p1} = \pi(N_a + N_b + N_c)g'(N_a + N_b + N_c, l_i^q) + c_1 + c_2 \tag{15}$$

由式（11）的一阶条件 $\frac{\partial\ SNI}{\partial\ N_c} = 0$ 得：

$$D(N) + (\ln N + 1)/\theta = (\ln N_c + 1)/\theta + \alpha(L_i/v_4 + l_i^q/v_1 + T) + \pi g(N_a + N_b + N_c, l_i^q) + \pi(N_a + N_b + N_c)g'(N_a + N_b + N_c, l_i) + c_1 + c_3 \tag{16}$$

将式（16）与式（9）和式（10）比较，得：

$$P(l_i^q) + C_{p2} = \pi(N_a + N_b + N_c)g'(N_a + N_b + N_c, l_i) + c_1 + c_3 \tag{17}$$

式（12）、式（14）和式（16）描述了社会期望净收益最优下的随机均衡。由式（13）、式（15）和式（17）可以得到均衡时的定价组合。Logit 模型的均衡解（$N_a{}^*, N_b{}^*, N_c^*, N^*$），可以从式（12）、式（14）、式（16）及人数守恒条件 $N_a + N_b + N_c = N$ 中得到。

五、求解算例

在地面路段晚高峰期，拥挤成本和延误时间成本越小的轨道快线班次，搭乘的乘客越多。截至 2014 年，上海金山市郊铁路日均开行动车数量已经由每天 15 对增加到 36 对，运营时间从 6 时至 22 时。其中，上海南站至金山卫站开行一站直达列车 17 对，全程运行时间 32 分钟；站站停列车 19 对，全程运行时间 60 分钟。

本算例将北京市郊轨道平谷线路规划及上海金山市郊铁路运营班次作为参数输入样本的参考对象，从而对样本进行估计。居民可通过市内地铁换乘至平谷轨道快线，因此工作地起始站为望京站，平谷轨道快线工作地起始站为东风北桥站。市内居住地区为北岗子站、宋庄站，市郊居住地选为燕郊北站、三河站。轨道快线乘车人次依据轨道快线出行人数总体数据结合各站长度轨道快线出行交通需求函数 $D(N) = -G\ln N - G\ln N_{\max}$，进行估算。其中 $N_{\max} = 20000$，随着 G 值增大，需求对成本的弹性变小。

输入的参数是 $\boldsymbol{K} = 4$ 为 4 个主要轨道快线停车点地区北岗子、宋庄站、燕郊北站、三河站；$q = 2$ 为轨道交通望京站、东风北桥站多起点个数，$\gamma = 10$（元/小时），$\alpha = 20$（元/小时），高峰期发车间隔 0. 25 小时，$\tau_1^1 = 0.3$ 小时，$\tau_2^1 = 0.2$ 小时，$\tau_3^1 = 0.25$ 小时，$\tau_4^1 = 0.2$ 小时；$\tau_1^2 = 0.15$ 小时，$\tau_2^2 = 0.2$ 小时，$\tau_3^2 = 0.25$ 小时，$\tau_4^2 = 0.2$ 小时，$N_0 = 2640$ 人是一列市郊轨道快线的最

大客容量，l_1^1 = 10.5（千米）（望京—北岗子），l_2^1 = 21.5（千米）（望京—宋庄），l_3^1 = 31.5（千米）（望京—燕郊北），l_4^1 = 42.5（千米）（望京—三河）；l_1^2 = 5（千米）（东风北桥—北岗子），l_2^2 = 16（千米）（东风北桥—宋庄），l_3^2 = 27（千米）（东风北桥—燕郊北），l_4^2 = 37（千米）（东风北桥—三河）。$L_1 = L_2 = L_3 = L_4 = 5$（千米）。票价 $P(l_1^1) = 7$ 元，$P(l_2^1) = 9$ 元，$P(l_3^1) = 10$ 元，$P(l_4^1) = 11$ 元；$P(l_1^2) = 5$ 元，$P(l_2^2) = 7$ 元，$P(l_3^2) = 8$ 元，$P(l_4^2) = 9$ 元。拥挤函数取 $g(n, l_i^q) = (\frac{l_i^q}{v_1})(0.05n^2 + 0.25n)$（元/小时）。$v_1 = 90$（千米/小时），$v_2 = 5$（千米/小时），$v_3 = 10$（千米/小时），$v_4 = 25$（千米/小时），$T = 0.2$（小时），$\pi =$ （元/单位拥挤）。参考北京城市轨道快线设站线路密度，$\theta = 0.5$，$c_1 = 1.2$（元/人），$c_2 = 0.5$（元/人），$c_3 = 1.0$（元/人）。

下面讨论票价和轨道快线站私家车、自行车停车费变化时对社会净收益最大化的影响。当轨道快线和自行车及私家车停车场运营公司联合利润最大化时的定价基本等同于社会收益最大化。

自行车、私家车停车费较低时出行人数如表 1 所示。

表 1　自行车与私家车停车费较低时出行人数　　单位：人

班次 \ 出行人数	N	N_a	N_b	N_c
C_{p1} =2 元，C_{p2} =8 元，G 值 =100	18217	9739	4410	4068
C_{p1} =2 元，C_{p2} =8 元，G 值 =200	19050	9772	5160	4118
C_{p1} =2 元，C_{p2} =8 元，G 值 =400	19452	9885	5415	4152
C_{p1} =2 元，C_{p2} =8 元，G 值 =600	19811	9910	5713	4188
C_{p1} =2 元，C_{p2} =10 元，G 值 =100	18036	9606	4455	3975
C_{p1} =2 元，C_{p2} =10 元，G 值 =200	18896	9628	5253	4015
C_{p1} =2 元，C_{p2} =10 元，G 值 =400	19316	9721	5440	4055
C_{p1} =2 元，C_{p2} =10 元，G 值 =600	19659	9786	5758	4115

自行车、私家车停车费较高时出行人数如表 2 所示。

表 2　　自行车与私家车停车费较高时出行人数　　单位：人

出行人数 班次	N	N_a	N_b	N_c
C_{p1} =3 元，C_{p2} =12 元，G 值 =100	18063	9740	4385	3938
C_{p1} =3 元，C_{p2} =12 元，G 值 =200	18428	9833	4638	3957
C_{p1} =3 元，C_{p2} =12 元，G 值 =400	19161	9898	5246	4017
C_{p1} =3 元，C_{p2} =12 元，G 值 =600	19424	9982	5375	4067
C_{p1} =3 元，C_{p2} =15 元，G 值 =100	17841	9694	4357	3790
C_{p1} =3 元，C_{p2} =15 元，G 值 =200	18715	9798	4640	3877
C_{p1} =3 元，C_{p2} =15 元，G 值 =400	18937	9813	5151	3933
C_{p1} =3 元，C_{p2} =15 元，G 值 =600	19171	9862	5264	4055

表 1 与表 2 为不同定价策略下的市郊轨道交通出行人数，我们可以看出在交通需求弹性系数 G 值变化的情况下，不同出行方式的人数变化。晚高峰总体交通出行人数增加时，各种交通方式的出行人数也相应增加，多种换乘公共交通方式可吸引人群选择公共交通出行达到社会净收益最大化，通过减少通勤者同时选择私家车出行的方式间接缓解交通拥堵，同时减轻通勤者出行经济压力。选择换乘方式出行的通勤人数与换乘方式的便捷性及价格相关，其中换乘方式的多样性、准时性及便捷性为选择换乘方式出行的主要影响因素，当停车费保持在低赢利水平时，对通勤人数影响大于通过停车场停车费变化所带来的影响。

此外，通过不同的市郊轨道快线站私家车停车场及自行车停车场定价方式的改变可以看出，在维持低赢利水平的停车场定价在交通晚高峰可吸引更多通勤者忍受相对拥挤的乘车环境采用市郊轨道快线换乘方式通勤。这种方式也对城市轨道交通晚高峰最大客运量提出了挑战，城市市郊轨道快线每班次 12 节车厢相对于市内地铁每班次 6 至 8 车厢所导致的最多乘车人数的增加，能够间接吸引通勤者采用公共交通出行。

六、结论

通过城市晚高峰依赖市郊轨道快线的多方式公共交通出行模型及模拟数

据结果，我们可以看出建立市郊轨道快线站私家车停车场及自行车停车场，使得部分居民采用换乘轨道交通方式出行，避免私家车通勤在中央商务区加重城市主要道路拥堵现象。城市轨道快线多方式换乘出行除了考虑票价、换乘停车场停车费等影响社会净收益最大化的目标外，还可结合城市主要轨道快线站附近公共自行车出租、公交车与轨道快线无缝对接等方式共同引导人群非高峰时间选择公共交通出行。通过多方式出行完善京津冀城市群“1 小时轨道快线交通圈”，方便居民出行同时达到社会净收益最大化。

参考文献

[1] 陆化普，隋亚刚，郭敏，等．城市道路混合交通流分析模型与方法［M］．北京：中国铁道出版社，2009.

[2] 中国交通部，国家发展与改革委员会．京津冀协同发展交通一体化规划［R］．2015.

[3] 平谷线初步设站燕郊、三河［EB/OL］．人民网，［2015－06－16］．http：//society. people. com. cn/n/2015/0616/c136657－27159207. html.

[4] 田琼，黄海军，杨海．瓶颈处停车换乘的 Logit 随机均衡选择模型［J］．管理科学学报，2005，8（1）：1－6.

[5] 秦萍，陈颖翱，徐晋涛，等．北京居民出行行为分析：时间价值和交通需求弹性估算［J］．经济地理，2014，34（11）：17－22.

[6] 韩烈，张宁．单起点多讫点公共交通系统早高峰乘车均衡性质研究［J］．系统工程理论与实践，2014，34（7）：1847－1856.

[7] 田琼，黄海军．高峰时期出行动态均衡及其经济行为研究［M］．北京：科学出版社，2010.

[8] SUMI T，MATSUMOTO Y，MIYAKI Y. Departure time and route choice of commuters on mass transit systems［J］．Transportation Research B，1990，24：247－262.

[9] ALFA A S，CHEN M. Temporal distribution of public transport demand during the peak period［J］．European Journal of Operational Research，1995，83：137－153.

[10] KRAUS M，YOSHIDA Y. The commuter's time－of－use decision and opti-

mal pricing and service in urban mass transit [J]. Journal of Urban Economics, 2002,51: 170-175.

[11] LO H K, YIP C W, WAN K H. Modeling transfer and non-linear fare structure in multi-model network [J]. Transportation Science, 2003, 18: 362-384.

[12] NIELSEN O A. A stochastic transit assignment model considering difference in passengers utility functions [J]. Transportation Research B, 2000, 30: 377-402.

[13] OPPENHEIM N. Urban Travel Demand Modeling: From Individual Choices to General Equilibrium [M]. New York: John Wiley & Sons, Inc., 1995.

[14] YANG H, HUANG H J. Road-use pricing: how does it work in general networks? [J]. Transportation Research A, 1998, 32: 45-54.

[15] HUANG H J, LAM W H K. Modeling and solving the dynamic user equilibrium route and departure time choice problem in network with queues [J]. Transportation Research B, 2002, 36: 253-273.

（原作《城市化进程中公共交通出行经济模型》于2015年收录于《工业工程与管理》杂志中）

京津冀发展的综合实力分析与对策建议[①]

毛文富[②]

摘　要： 本文重点对京津冀都市圈从资源禀赋、经济实力、产业基础、城镇体系以及主要问题等五个方面进行综合实力分析，研究现状和趋势，找到差距和问题，为探寻北京依托京津冀都市圈建设的有效路径提供思路和依据。

关键词： 京津冀　发展评估　对策建议

一、京津冀都市圈综合实力分析

1. 资源禀赋——优势明显，压力增大

京津冀都市圈在区位、人力、技术和资源方面具有天然互补优势，是我国最重要的政治、经济、文化与科技中心，也是国家自主创新战略的重要承载地。京津冀都市圈因其核心城市之一是首都北京，因而具有其他城市群所不具有的首都优势，是国家政治中心、信息中心、国际交流中心，拥有总部经济优势，全国市场优势，以及全国科技教育最发达、智力资源最密集等优势，在我国区域发展中具有极其重要的战略地位。

区位优势独特，拥有丰富的自然资源。京津冀都市圈地处东北亚核心区域和环渤海城市群的核心地区，是中国北方的经济重心和引擎地区。京津冀地区拥有丰富的自然资源，铁矿、黄金等资源在全国占有一定的优势，拥有

---

① 本文为北京市教委重点项目暨北京市社科规划项目（项目编号 SZ201110038020）的阶段性成果。

② 毛文富（1981—），男，首都经济贸易大学城市经济与公共管理学院博士研究生，北京物资学院讲师，主要研究方向为区域经济、区域物流。

丰富的油气资源和海盐资源。

海陆空立体交通体系便捷发达。区域内基本形成了覆盖京津冀1小时都市交通圈，拥有天津港、秦皇岛港、京唐港、曹妃甸港和黄骅港等在内的港口群。首都国际机场2012年年客运量已突破8000万人次，随着首都第二国际枢纽机场的建成及运营，预计到2040年北京的大型国际枢纽机场的年客运量将居世界第一。北京市轨道交通运营总里程及线路也是全国领先。

科技教育最为发达，高端人才最为密集。北京在教育水平、教育经费投入和科研投入三个方面具有绝对优势。天津的教育科技水平也处于全国前列。京津冀是中国科技和智力最密集地区，科技人才荟萃之地。

总部经济聚集效应明显，是全国金融总部、央企总部及跨国公司总部集聚地。北京集聚了中国人民银行、中国银监会、中国保监会、中国证监会这"一行三会"，也是我国四大商业银行总部所在地。总部首选位置是北京。就总部基地来说，跨国公司在北京设立投资性公司居全国之首，约占跨国公司在全国设立的投资性公司总数的60%，多是全球500强企业所设。

资源环境承载压力巨大，水资源和大气污染是突出"短板"。随着京津冀都市圈进入高速发展阶段，资源环境的承载压力越来越大。京津冀都市圈水资源短缺形势日趋严峻，土地资源超载严重。除资源制约外，近年来严重的大气污染已在威胁着人民的生命健康，成为制约区域可持续发展的又一突出"短板"。

2. 经济实力——中国第三大经济引擎，但总体实力仍有待提升

中国的第三大经济引擎，技术研发优势显著。2011年京津冀都市圈土地面积占全国的1.9%，人口约占全国的8%，GDP占全国的10.03%（2012年为11.04%），财政税收收入占全国的5.80%，工业企业的研发机构经费支出占全国的7.04%，全社会固定资产投资占全国的8.25%，国内发明专利授权数占全国的17.69%，实际利用外资额占全国的21.71%，技术市场成交额更是占到全国的43.78%，以上数据表明，京津冀都市圈作为中国第三大经济引擎的实力，特别是在科技创新、技术研发等智力资源方面具有显著优势。

与世界级大都市圈比较，具有总量优势，但人均水平不足。京津冀都市圈在人口、土地面积、财政支出、外贸进出口、轨道交通里程、入境旅游人数等总量指标方面，都具有规模优势，但人均指标都远低于其他世界级都市圈的水平。如京津冀都市圈人均 GDP 只有国外著名都市圈的 10% 左右；人均轨道里程和轨道交通密度排在最后一位，与世界级都市圈之间存在明显差距。

与长三角、珠三角比较，总体实力有差距且区域内发展不平衡。2012 年国内三大都市圈比较，其中长三角经济发展水平最高，不仅在 GDP 总量上，而且在人均 GDP、社会消费品零售总额、全社会固定资产投资总额指标上均远高于其他两大都市圈。京津冀与珠三角相比，在 GDP 总量、社会消费品零售总额、全社会固定资产投资总额指标均有优势，而人均 GDP 低于珠三角，其主要原因是河北省的人均 GDP 远低于京津两市，也低于全国平均水平。

3. 产业基础——重化工业基础雄厚，新兴产业和高端服务优势明显

京津冀重化工业在全国具有举足轻重的地位，尤其有本土资源优势的重化工业优势明显。在京津冀地区重化工业的结构中，装备制造工业和冶金工业比重最大，能源工业和化学工业次之，而建材工业比重相对较小。具有本土资源优势的重化工业优势明显，石油和天然气开采业占全国同行业比重的 13.10%（2008）；黑色金属矿采选业占全国同业产值的近 1/3；黑色金属冶炼及压延加工业在全国也有较大比重。

产业升级步伐加快，战略性新兴产业快速成长。随着产业结构的调整和优化，京津冀地区以其教育科技等优势资源带动了高科技产业的发展，电子信息、生物制药、新材料等高新技术产业已成为京津冀地区新的主导产业。北京的高技术产业、研发创新与科技服务居全国前列。天津的绿色能源产业全国领先，环保科技产业已成规模。河北的现代医药产业在我国具有重要地位，新能源汽车及新能源产业居全国前列。

高端服务优势明显，尤其北京科技研发、文化创意、金融服务全国领先。北京研发产业各项指标在全国均居领先地位。区位商平均达 4.6，在全国位居第一。北京市研发产业产值规模全国最大，技术市场交易量也最大，占全国的 40% 以上；北京向全国其它省市的技术输出远远多于对技术吸纳。

4. 城镇体系——“中心—外围”格局显著，区域内不平衡性加剧

城镇体系结构呈“哑铃形”，人口分布结构呈“倒金字塔形”。京津冀城市群共有城市 35 个，其中中央直辖市 2 个，地级市 11 个，县级市 22 个。城市规模等级的划分由市区常住人口规模决定，2011 年京津冀城市群 35 个城市中，100 万以上的大城市 8 个，50 万至 100 万的中等城市 3 个，50 万人口以下的小城市达24个，城市数量呈“哑铃形”（见表1）。2011年京津冀城市群的各等级规模城市人口比例计算结果表明，两个特大城市北京和天津常住人口容纳了整个地区60.82%，远大于大城市和中等城市容纳的市区人口总和。超大城市人口过于集中，其他等级城市人口规模偏小，人口规模呈“倒金字塔形”。

表1　　2011年京津冀城市群城市等级规模分布

等级规模（万人）	城市数量		城市名称
	个数（%）	比例（%）	
>100（大城市）	8	22.8	>500万城市2个（北京、天津）；200万~500万城市2个（唐山、石家庄）100万~200万城市4个（邯郸、保定、张家口、秦皇岛）
50~100（中等城市）	3	8.6	邢台、承德、沧州
<50（小城市）	24	68.6	20万~50万城市8个（廊坊、三河、衡水、任丘、定州、迁安、涿州、泊头）<20万城市16个（高碑店、遵化、沙河、黄骅、辛集、河间、冀州、霸州、南宫、深州、武安、安国、鹿泉、晋州、新乐、藁城）

资料来源：中国城市统计年鉴（2012）和河北省城镇化发展报告（2012）。

城市群“中心—外围”格局显著。京津冀城市群的经济空间结构呈现出明显的“中心—外围”特征和空间上的非均衡性。北京、天津和廊坊不仅在地理位置上处于京津冀城市群的中心，而且在经济空间结构中也处于核心位置，它们之间的经济联系量一直远大于其他城市；而其他城市为外围，经济联系量主要沿着北京—天津、北京—唐山、天津—唐山等重要干线展开。

京津“双核”极化效应明显，区域内不平衡性仍在加剧。为分析各城市在整个区域经济联系中的地位和作用发挥的程度，我们计算了各年份京津冀都市圈主要城市的经济区位度①。表 2 显示，从 2000—2012 年，北京和天津作为区域中心城市的主导地位得到明显增强，两者的经济区位度远远高于其他城市。廊坊、保定因为距离北京和天津较近，与北京和天津的经济联系量比较大，所以经济区位度也比较高。观察各城市经济区位度变动，除了北京、天津以及与它们接邻的廊坊、承德、唐山的经济区位度有所上升，其他城市的经济区位度都呈下降趋势，即它们对整个城市群总的经济联系量的贡献比重有所下降。由此可见，北京和天津两市在城市群中的空间集聚效应大于扩散效应，极化效应仍然较大。

表 2　2000—2012 年京津冀城市群主要城市的经济区位度（%）

	2000 年	2005 年	2010 年	2012 年
北京	22. 69	23. 58	24. 93	24. 92
天津	17. 39	18. 4	20. 32	21. 15
廊坊	13. 42	13. 22	13. 92	13. 94
保定	7. 57	6. 99	6. 37	6. 3
邢台	7. 27	6. 65	5. 59	5. 31
邯郸	6. 78	6. 39	5. 53	5. 27
石家庄	6. 26	5. 66	4. 93	4. 84
沧州	6. 21	6. 78	6. 5	6. 46
唐山	5. 96	6. 22	6. 39	6. 41
衡水	2. 98	2. 72	2. 12	2. 07
张家口	1. 36	1. 25	1. 27	1. 23
承德	1. 25	1. 29	1. 36	1. 35

二、京津冀都市圈发展存在的突出问题

1. 总体实力不强，且内部发展不平衡

京津冀总体经济实力不强与区域内发展不平衡有关。长期以来，中心城

① 经济区位度是指某一区位在所处区位体系中相对其他区位的优劣程度，可以用其经济联系势能的相对大小来表征，即用该城市与区域内其他城市经济联系势能的总和占区域内所有城市经济联系势能的比例来测量某一城市的经济区位度的优劣程度。

市对优势资源的高度集聚所形成“虹吸效应”，远大于其对周边的辐射效应，导致区域内发展极不平衡。2012 年京津两市城市化率均已超过 80%，已迈入高度城镇化阶段，而同期河北省的城市化率只有 46.8%，尚在城市化中期阶段；2012 年北京和天津人均 GDP 分别达到 14027.13 美元和 15129.04 美元，而同期河北省人均 GDP 仅为 5838.95 美元，甚至低于同期全国平均水平（6094 美元）。这种区域内经济发展极度不平衡的现象，甚至在北京周边形成的“环首都贫困带”，不仅拉低了区域平均水平，经济断层也使城市间产业难以有效链接，致使整个区域经济实力难以迅速提升。

2. 经济关联度不高，尚未摆脱行政区经济各求发展的旧有模式

京津冀区域内经济发展落差大、不平衡，与现行的行政区划及地方利益、各自规划、自成体系等体制政策有关。长期以来京津冀三地一直在构筑各自的城市体系，调整各自的产业结构，培育各自的联系腹地，拓展各自的对外联系方向，打造各自的中心城市，建设各自的出海口，城市之间联系相对松散，至今尚未完全摆脱单体城市或行政区经济各求发展的旧有模式，尚未真正形成区域经济一体化、合理分工、共赢发展的局面。从更深层来说，与京津冀地区的市场化程度较低、行政干预力量过强、大量中小民营企业发展不足有关，这些因素给区域的产业融合、链接、集群带来阻碍。

3. 城镇体系不合理，超大城市集聚过度而中小城市吸纳力不足

如前所分析，京津冀城镇体系结构呈现“哑铃形”和人口分布结构“倒金字塔形”、中心城市集聚过度与中小城市吸纳力不足等突出特征，在超大城市与中小城市之间出现“断层”。这种情况，一方面，会导致北京等中心城市人口、产业和城市功能疏解不出去，“大城市病”日趋严重，也难以通过功能疏解与周边城市建立紧密的产业协作关系以及合理的功能分工，进而发挥中心城市对区域的辐射带动作用；另一方面，区域内众多中小城市由于无力承接，无法借助承接中心城市功能疏解的契机迅速发展起来，而其优势资源却继续被中心城市所吸纳，从而与中心城市的发展差距越拉越大。

4. 缺乏有效的区域协调机制

在京津冀地区，行政强势而市场弱势，产业聚集与城市发展主要依靠政府推动，一体化发展的区域协调机制不健全。从横向协调来看，尚未形成京津冀三地就共同关注的重大项目和重大议题进行平等协商和谈判机制；从纵向协调来看，缺乏一个高于行政区划、能进行统一协调、统一规划的顶层设计和仲裁机构；从机制协调来看，尚未形成区域利益分享机制、成本分摊机制与生态补偿机制等。

三、京津冀发展思路及实现路径

1. 发展思路

以京津冀区域规划为导向，推进三地重大举措的战略对接。以京津冀三地区域规划为引领，深入推进京津冀三地在产业、市场、基础设施等重大举措方面的全方位合作对接，促进要素便捷流动，推进三地重大举措的战略协同。

以打造首都经济圈为核心，推进三地产业、城镇、生态一体化。围绕首都经济圈建设，发挥京津冀科技研发、产业、土地等互补优势，开展全方位的产业转移和对接合作。深化京津冀三地企业间上下游合作，通过产业链相关企业的转移和项目合作，完善各自优势产业链，实现共同发展。依托北京新机场等跨区域重大项目建设，按照区域开发和空间布局需要，加快推进北京城市东南部和南部地区的京津新城、京冀新城与津冀新城开发建设的衔接，共同规划建设京津冀合作示范区，积极引导产业沿京津唐、京保石、京唐秦等发展轴节点城市向外辐射发展。推进京冀生态水源保护林建设、森林防火、林木有害生物联防联治等生态合作项目。加强京津冀环境治理方面的深入合作，建立重污染天气的应急联动预案，进一步改善京津冀地区的生态环境。

以构建跨界治理协调机制为保障，实现区域一体化的战略突破。迫切需要健全三地区域协调、规划制定实施、社会政策衔接、财政税收共享等方面的体制机制。一是充分发挥中央政府、地方政府、企业和社会团体等方面的作用，进一步健全区域协调机制，构建多方参与、高效运转的区域协调保障机制；二是着眼消除地方行政壁垒，实现区域城乡一体化、经济一体化、交通一体化、市场一体化和环保一体化发展，推进区域发展规划制定与实施的多方衔接机制，建立“规划—实施—监督”的完整区域规划制定实施体系；

三是推进财政税收政策创新，设立针对京津冀经济圈的特别税收政策，建立地方政府间的横向生态补偿财政转移支付制度。加快社会政策一体化势在必行，推进京津冀地方之间社会保障、教育、医疗卫生等社会政策的相互衔接，推进公共服务的一体化发展。

2. 实现路径

按照新型产业分工理论，重构区域产业分工格局。产业一体化是区域一体化的核心和关键。京津冀产业一体化，应以新型产业分工为基础，强调部门内部分工，突出产品专业化和功能专业化，重构京津冀都市圈产业分工体系，形成错位竞争、链式发展的整体优势。正在迈向工业化后社会的北京，产业的层次较高，是区域内现代制造业的研究开发中心、技术创新中心、营销中心及管理控制中心，产业发展的重点是现代服务业，制造业处于发散阶段；而处于工业化中后期的天津和河北，重化工业和高技术产业还在集聚、极化阶段。天津的优势在于拥有先进的制造技术和完备的制造业基础，处于产业链条的中端位置；河北省具有低价商务成本优势和基础制造业优势，处于产业链和价值链的低端。北京的生产性服务业与天津、河北的制造业互有需求，具有很强的互赖性。同时，京津冀内部的“一散一聚”，也恰好为区域产业整合提供了重要契机和发展空间。因此，以新型产业分工为基础，京津冀完全有可能形成错位竞争、优势互补、共赢发展的区域产业分工格局。

按照承载力和吸纳力情况，重构京津冀大中小城市合理格局。针对北京市在京津冀区域首位城市不突出的现实，应强化龙头带动，提高津、唐、石的支撑能力，带动京津冀区域的发展。近期应重点发挥北京、天津与河北廊坊的地缘优势，突出顺义（怀柔、密云、兴隆）组团、通州（燕郊、三河、大厂、香河、蓟县、宝坻）组团、房山（涿州、涞水、高碑店）组团、昌平（延庆、怀来、涿鹿）组团、大兴（固安、永清、廊坊、武清）组团等城市新城组团建设，通过区域统一规划和建设，实现三地融合化，同城化发展。中期应积极培育京津冀区域的特大城市，弥补现有城市体系中特大城市的数量不足和质量不高的缺陷。远期应大力促进大城市向特大城市转变，完善城市体系层级，着力培育推进张家口、秦皇岛、廊坊、邢台、承德、沧州六个城市向特大城市转化。

按照资源生态有偿共享原则，共建低碳绿色生态宜居家园。推进生态产业发展。发展生态农业，推进绿色有机农产品供应基地建设，积极发展高端农业和循环农业。大力发展生态工业，积极在生态功能区推广应用现代生态节能技术，打造多层次、多结构、多功能、低消耗、高质量和高效益的生态工业。积极推进生态旅游与生态文化产业在生态功能区的发展，推进节能环保产业向生态功能区的转移。推进生态宜居家园建设。构建纵横结合的区域财政转移支付制度，提升生态功能区县城和中心城镇的公共服务水平，积极引导生态功能人口向发展条件较好的县城和中心镇集中，限制人口大规模向生态功能区的流入，支持生态功能区劳动力自愿到其他经济发达地区就业。建立和完善区域生态环境补偿与水资源利用协调机制。按照“谁受益、谁补偿”的原则，建立区域生态建设支持基金、水资源配置基金和经济发展补偿基金，妥善解决好京津冀地区生态建设资金缺乏，生态环境人工修复、维持难以继续，地方经济发展受到制约的问题。建立水资源利用协调机制，逐步转变区域行政性计划分水、地方政府强制分水等水资源分配机制，建立以市场为导向的水资源分配机制。

按照市场导向、政府服务原则，完善跨界治理与区域协调机制。组建京津冀区域发展委员会。组建由中央政府、京津冀两市一省地方政府共同参与的区域协调机构，共同磋商区域合作发展重大事项，统筹推进世界城市与京津冀一体化发展的各项工作。委员会主任由国务院主管领导担任，京津冀政府主要领导及部委主要领导为成员。委员会办公室设在国家发改委；京津冀三方分别成立各自的区域协调常设机构，对接国家及对方有关联系部门，定期沟通并落实区域发展的重要议题和事项。探讨建立地方之间横向的分税制，以合理解决要素流动和产业融合过程中的经济利益问题。完善人才流动的人口管理制度，重点完善区域社会保险转移接续、医疗保险异地就医结算、公积金异地互贷等制度，搭建规范统一的人力资源市场信息平台。建立区域基本公共服务均等化协调机制，推动区域内基本公共服务协作、资源共享和制度规则对接。统筹区域基本公共服务标准，逐步实现区域基本公共服务设施建设、设备和人员配置、服务质量标准的对接，推进社会保障、教育、医疗卫生等社会政策的一体化发展。

参考文献

[1] 方创琳，宋吉涛，蔺雪芹．中国城市群可持续发展理论与实践[M]．北京：科学出版社，2010.

[2] 齐心，张佰瑞，赵继敏．北京世界城市指标体系的构建与测评[J]．城市发展研究，2011，18（4）：1－7.

[3] 吴殿廷，朱桃杏，鲍捷，等．中国特色世界城市建设的空间模式和基本策略［J］．城市发展研究，2013，20（5）：98－104.

[4] 段霞，文魁．基于全景观察的世界城市指标体系研究［J］．中国人民大学学报，2011（2）：61－71.

[5] 张强，陈怀录．都市圈中心城市的功能组织研究［J］．城市问题，2010（3）：21－27.

[6] 徐颖．北京建设世界城市战略定位与发展模式研究［J］．城市发展研究，2011，18（3）：72－77.

[7] 王新新．北京建设中国特色世界城市的路径选择［J］．城市问题，2012（2）：30－36.

[8] 代帆，李婧．衡量“世界城市”的指标体系构建［J］．管理学刊，2011，24（1）：79－81.

[9] 封志明，杨玲，杨艳昭，等．京津冀都市圈人口集疏过程与空间格局分析［J］．地球信息科学学报，2013，15（1）：11－18.

京津冀体育产业一体化现状分析及发展策略研究

罗慧坚

摘　要：本文运用文献资料法、专家访谈法、数理统计法、逻辑分析法，以研究京津冀体育产业圈发展策略为出发点，对三地体育产业发展的优势与机遇、成绩与不足进行理论分析，并在此基础上提出加快京津冀体育产业一体化发展策略，统筹思想，走集群发展道路；大力发展优势体育产业，积极培育潜优势体育产业；整合资源，走非均衡协调发展的道路。

关键词：京津冀　体育产业　一体化

一、前言

近几年，中国正进行产业结构调整，面临国民经济发展方式的转型。经济面临下行压力的背景下，我们急于找寻新的经济增长点，尤其是服务性的消费需求。体育产业正是其重要的组成部分。近期，国务院总理李克强在国务院常务会议上，提出加快发展体育产业、促进体育消费推动大众健身等一系列举措。这更加彰显了体育产业之于国民经济的重要性。

2011 年是“十二五”规划发展的开局之年，在认真贯彻落实《国务院办公厅关于加快发展体育产业的指导意见》的基础上，来自京津冀三地的体育局官员、不同学界的专家、学者就京津冀地区的体育产业发展与合作问题进行了广泛的讨论，分析了京津冀体育产业联合发展可能带来的各种预期收益，同时也深入探讨了三地在加快体育产业发展进程中所面临得困惑和挑战。2014 年 7 月 2 日，由中国社科院社会科学文献出版社、首都体育学院共同主办的体育蓝皮书《中国体育产业发展报告（2014）》发布会在京举行。发布会上，体育蓝皮书主编、首都体育学院校长钟秉枢等专家学者就体育管理与体育治理、竞赛表演与职业体育、世界杯与中国足球未来发展，尤其是京津冀一体化与体育事业协同发展、生态体育旅游产业等热点话题进行了分析和讨论。

京津冀一体化上升为国家战略，而体育事业协同发展是京津冀一体化的应有之义。通过京津冀协同创新发展，可以促进京津冀体育与旅游、文化及生态环境资源之间的有效整合与凝聚，完善区域产业结构，打造区域都市休闲体育圈和体育产业经济带。2015 年年初，北京、张家口宣布联合申办 2022 年冬奥会，这是对京津冀一体化发展在体育领域的积极尝试。申办成功，将极大地促进京津冀地区冬季户外运动的普及、开展，并促进国内冰雪产业的发展契机。

当然，在我们满怀信心迎接“京津冀体育产业一体化”所带来的新的机遇与挑战的同时，我们也应理性的分析和思考三地体育产业发展的优势和不足，提出有利于激发京津冀地区发掘和发挥自身优势的意见建议，建立具有特色、适应资源环境、利于体育产业可持续发展的产业体系，以期为实现区域体育产业与区域经济协调发展提供有价值的参考。

二、研究方法

（1）资料法：查阅相关著作、论文。

（2）访谈法：利用外出学习、调研机会走访相关专家学者。

（3）数理分析法：对所获取的数据进行数理统计。

三、结果与分析

（一）京津冀体育产业一体化发展的优势分析

1. 经济发展优势

社会经济发展水平是体育产业发展的基础和前提。京津冀一体化的合作具有的先天优势会吸纳更多体育资源，会更有利于体育产业的发展。2013 年北京全市生产总值达 19500.6 亿元，人均 GDP 为 14888.93 美元；天津全市生产总值超过 12800 亿元。人均 GDP 达到 13539 美元；河北省 26575 亿元，人均5225美元。和很多省市相比，京津冀的社会经济总量和银行资本总量均有明显优势。体育产业的发展需要雄厚的经济基础，而两市一省都具备了利用区内社会资本集中发展体育产业的可能。

2. 政策支持优势

继“打造首都经济圈”上升为国家战略，写入国家“十二五”规划后，京津冀体育产业的合作也不甘落后。2010年8月3日下午，北京、天津、河北三省市体育局局长在国家体育总局秦皇岛训练基地（中国足球学校）举行《京津冀体育产业合作协议》签字仪式，标志着我国首个区域一体化发展的体育产业圈的诞生。

3. 区域优势

京津冀地区是中国政治、经济、文化的中心地带，是全国最具活力、最富潜力的经济增长区域之一其交通便利、市场发达、信息通畅，属于沿海地区和经济较发达地区。北京和天津是现代化的国际化大都市，国际经济文化交流频繁，大众观念的更新速度和深度均超前于其他城市的民众，其法制观念、市场观念与竞争观念的水平较高。目前，随着“京津冀一体化”和“首都经济圈”上升为国家战略，河北省的环京津区位优势越发明显。

4. 人力资源优势

京津冀地区聚集了许多国内知名大学以及研究机构，特别是北京和天津两地，更是聚集了一大批国家重点大学和专业体育院校。保证了京津冀人力资源可持续发展的优势，这种可持续发展优势为体育产业合作与发展提供了基本保证。

5. 丰富的体育资源，发达的体育产业优势

京津冀地区具有比较丰富的体育资源。首先，体育设施比较完善。截至2012年年底，北京市共有体育健身设施13926处，全市100%的街道、乡镇、行政村和有条件的社区均配备了全民健身设施。天津已经基本形成了全民健身服务体系、全民健身路径覆盖全市1075个社区，占社区总数的77.34%。河北省已建成32个全民健身户外活动基地，建成各类公共体育设施40000余个，国家全民健身活动中心4个。其次，体育人才资源丰富。北京和天津是人才的聚集地，与其他省市相比，都市体育人才的总量较多，高水平体育人才也较多。《体育事业统计年鉴》显示，2003年北京体育科技人员已占全国总数6.59%，天津占4.01%。截至2010年年底，北京市注册社会体育指导员16802人，2015年有望达到35000人。截至目前，天津市活跃在一线的社会体育指导员已达26000多人。河北省2009年拥有社会体育指导员数量达到39300人。最后，京津冀地区体育产业发达。京津冀地区利用其经济优势和体育发展的良好基础，积极开拓体育市场，大力发展体育产业，努力把体育产业培育为国民经济新的增长点，充分发挥其在拉动社会消费、刺激经济和提供就业上的特殊作用。

6. “北京—张家口”申奥将对三地体育产业协同发展产生巨大推动力

体育产业发展受外在的区域优势以及政府大力支持是促进体育产业集聚的重要因素。继北京成功举办奥运会后，北京和河北的张家口市共同申办2022年冬季奥林匹克运动会无疑是京津冀体育产业集聚发展的催化剂。奥运会不仅为北京体育产业的发展提供了齐全的硬件设施，并且也将为北京体育产业集聚发展带来了百年难遇的发展机会。天津2013年东亚运动会的举办和成功申办2017年全国运动会，必将会吸引更多的优质体育资源向天津集聚。京张申奥的特殊机遇也为河北省体育产业的开发提供了无限空间。这也将大大地提高河北体育产业及相关产业的发展速度。

（二）京津冀体育产业发展的不足

1. 京津冀体育产业发展已开始起步，但发展不平衡

从大的经济格局看，虽然京津冀同处于经济较发达的东部沿海城市，但是体育产业发展速度存在一定的差距。从产业结构看，北京的体育服务业和体育用品制造业均处于领先地位。2008年之后，河北省体育产业每年总产出70亿元左右，从业人数为7万人，增加值为30多亿元，增加值占全省GDP的0.18%，与北京年均投入600多亿元相比，差距明显。由此可以看出，体育产业发展速度及规模与经济发展水平具有较强的相关性。

2. 京津冀体育产业各具特色，但均存在总体规模不足，产业结构不合理问题

由下表可以看出，北京与河北的体育产业规模偏小。主要发达国家体育产业产值一般都占本国GDP（国民生产总值）的3%左右，比如2010年美国体育产业总产值为4410亿美元，占GDP比重2.65%，而2010年北京体育产业增加值即便是加上奥运的助推作用，增加值占市GDP比重不足2%，总产值不到600亿元，差距很大。而河北省2010年体育产业总产值仅为80亿元左右，增加值不到0.2%。可以看出河北省体育产业对国民经济的贡献还偏小，其体育产业尚处在发展初期，总体规模不大，产值较低。而天津市体育事业“十二五”规划中指出到2015年达到1%，与发达国家的3%还有一定的差距。北京和河北的体育产业结构也不太合理，其中体育用品制造销售业的比重过高，分别接近60%和超过80%。而体育产业发达城市的体育本体产业（体育竞赛表演业与体育健身娱乐业）占体育产业产值比重应达到60%以上。因此，不管从体育产业总量上，还是体育产业结构合理性上来说，京津冀地区体育产业差距都非常明显。

2010年京津冀体育产业主要指标表

	增加值占省市GDP比例（%）	总产值（亿元）	体育服务业占总产值比例（%）	体育用品制造销售业占省市GDP比例（%）	从业人口（万）
北京	2	近113	32.1	58	11
河北	0.2	近100		80	6

资料来源：高峰论坛对话：京津冀体育产业圈的优势和机遇。

3. 京津冀对体育产业认识普遍增强，但沟通融合不够

近些年，京津冀各级政府对体育产业在拉动本地区经济发展、满足大众消费需求、增加就业方面的认识程度越来越高，试图借助体育产业促进本区域发展的愿望较为强烈。在2011年即“十二五”开局之年，各级政府和体育职能部门制定了5年体育产业发展规划，体现了政府和职能部门发展体育产业的决心，为当地政府决策提供依据，在过去四年中，体育产业作为三地第三产业中的朝阳产业，已经成为经济发展新的增长点。但是在2010年以前，三省市在共同发展体育产业上，体育局乃至各级政府部门并没有做到通力合作、共赢发展，甚至出现了资源争夺、恶性竞争的局面。2011年北京、天津、河北三省市体育局局长签署《京津冀体育产业合作协议》合作协议，京津冀三地终于达成加强体育产业战略合作、培育一体化格局的全新共识。

（三）京津冀体育产业一体化发展策略

1. 加强沟通融合，走集群发展道路

统筹区域发展是整合与提升区域竞争力的核心战略之一。一方面。京津冀体育产业一体化发展目标的制定应在科学性、可行性、阶段性一致上得到充分论证。目前京津冀体育产业一体化发展，利益是关键，因此三省市应该统一思想。京津冀体育产业圈应当加强与辽、蒙、晋、鲁、豫等省相邻各城市的合作，吸取长三角、珠三角体育圈发展的创意与先进经验，并参与大区域的竞争和区域性合作。另一方面，京津冀城市群内部资源整合与协调区域之间存在竞争冲突，通过竞争将带来各种类型的并构、资产重组等，从而实现三省市跨区域之间的合作，促进京津冀体育产业圈的可持续发展，共同打造中国“京津冀体育产业圈”这一极富价值的品牌，从而有效提高抵御经营风险与危机的能力。

2. 大力发展本地区优势体育产业

京津冀地区体育产业发展的规模和速度不尽相同，但由于环境和资源禀赋的差异，各地区都有各自具有自身发展的比较优势因此应该实现京津冀区域内资源的有效利用，避免体育产业结构重合。京津作为地区中心和次中心城市，具有本体产业发达，市场发育成熟，体育人才丰富，场馆设施先进，政策体制健全等诸多优势。同时京津地区拥有举办大型国际国内体育赛事高水平运动场馆及配套设施的存量资源，应该以体育竞赛观赏服务业作为主导产业部门。北京的优势是高端赛事、相关传媒及创意策划；天津的优势是国际体育商务与会展产业、滨海运动休闲产业；河北的优势则是生态运动休闲、旅游产业和冰雪运动产业。

积极培育潜优势体育产业。京津冀体育产业正处于发展期，很多体育产业仍处于探索和培育阶段。因此，政府部门应给予适当的扶持政策，制定长远发展规划，为这些产业的健康发展奠定坚实根基。目前如在河北，可以利用丰富的自然资源或独特的地理条件，开展适宜的体育旅游项目，政府部门应加强基础设施、政策引导等方面的支持，形成有区域特色的体育旅游产业，使之成为区域体育产业发展的切入点与着眼点，由此带动相关产业的发展，实现区域体育产业的全面发展。

3. 整合资源，走非均衡协调发展的道路

由于京津冀体育产业一体化尚处在起步与发展阶段，体育产业资源的极化效应较扩散效应更为明显，非均衡协调发展能较好地处理发展与协调的关系。京津冀三地各有优势，但在资本、技术标准、信息和人才等平台上存在差异，这就需要体育局乃至各级政府部门通力合作，搭建好一个合理的平台，通过重点项目和示范项目带动整个体育产业圈的发展。京津冀要形成以北京为中心，天津为副中心，河北为腹地的发展定位，错位化发展、差异化协同。京津作为地区中心和次中心城市，在区域合作中处于主导地位，能够对河北体育产业发展产生积极的辐射带动作用。非均衡协调发展可以使京津冀在较短的时间里积聚更多的体育产业资源、扩大产业规模。提升国内国际竞争力。

四、结论与建议

基于“京津冀一体化”这一大的战略背景下，构建体育发展协同创新平台，在休闲体育、体育赛事、青少年体育及体育文化四个领域寻找产业结构新的突破口和合作点，探索与建立京津冀协同发展的有效模式，是“京津冀体育产业一体化”的中心任务。只有加强沟通合作、搭建发展平台、创新、接触具体事项，而不仅仅停留在政策上、口头上，京津冀体育产业协同发展才可能更快更早地实现。

参考文献

［1］北京市统计局，国家统计局北京调查总队，北京市体育局，北京市体育及相关产业发展报告［R］．2010.

［2］国家体育总局体育科研所．中国体育产业发展报告（2014）［M］．北京：中国社科院社会科学文献出版社，2014.

［3］袁庚申，王昆仑，梁富银．京津冀体育产业对比分析及河北的发展策略研究［J］．成都体育学院学报，2011，12：34－37.

（本文于2014年12月发表于《首都高等学校体育改革发展的理论与实践》）